Nicht im Handel!

Sonderabdruck

aus den

Verhandlungen des 26. deutschen Juristentages.

Beilage zu den

Verhandlungen des 27. deutschen Juristentages

für die in der zweiten Hälfte des Jahres 1903 und im Jahre 1904 beigetretenen Mitglieder.

Inhaltsverzeichnis.

I.

Gutachten des Herrn Professor Dr. Karl Gareis in München.

über die Frage:

Wie weit ist ein Recht am eigenen Bild anzuerkennen und zu schützen?

Die Frage kann nach ihren beiden Richtungen hin in einem doppelten Sinne verstanden werden, nämlich vom Standpunkte des geltenden Rechts und vom Standpunkte einer Rechtsveränderung. Man kann den ersteren Standpunkt einnehmen, wie dies die Gerichte tun müssen, oder den zweiten, auf welchen sich die Gesetzgeber stellen und der Juristentag stellen kann und vielleicht auch muß, — in jedem Falle ist von dem bestehenden Rechtszustand auszugehen. Nicht bloß um des historischen Zusammenhangs willen, dessen Erfassung theoretisch wie praktisch nie zu unterschätzen, aber auch nicht zu überschätzen ist, sondern hier ganz besonders deshalb, weil bei genauer Betrachtung des bestehenden Rechtszustandes sich mindestens der Keim des künftigen, wenn nicht mehr, darin bereits erkennen läßt.

Der auf den gegenwärtigen Rechtszustand gelenkte Blick trifft zuerst auf zwei gesetzliche Bestimmungen, deren Inhalt unsere Frage wenigstens berührt, namentlich den § 8 des Reichsgesetzes, betreffend das Urheberrecht an Werken der bildenden Künste, vom 9. Januar 1876 und den § 7 des Reichsgesetzes, betreffend den Schutz der Photographien gegen unbefugte Nachbildung, vom 10. Januar 1876. Der zuerst erwähnte Paragraph setzt fest, daß bei Portraits und Portraitbüsten das Nachbildungsrecht gesetzlich auf den Besteller übergeht, und der erwähnte § 7 besagt, daß das Nachbildungsrecht bei photographischen Bildnissen (Portraits) auch ohne Vertrag von selbst auf den Besteller übergeht. Die Motive zum Entwurfe des zuerst genannten Gesetzes bemerken zu § 8 desselben: „Es kann nach Lage der gegenwärtigen Theorie als selbstverständlich betrachtet werden, daß die dem Urheber zustehende ausschließende Nachbildungsbefugnis von dem Recht des Eigentums am Werke selbst gänzlich zu unterscheiden ist, und daß daher die Übertragung des körperlichen Eigentums einen Schluß auf die gleichzeitige Übertragung jener Nachbildungsbefugnis nicht begründet. Die Übertragung des Urheberrechts muß daher ausdrücklich oder stillschweigend durch konkludente Handlungen geschehen. Eine Ausnahme hiervon ist nur in Betreff der Bildnisse (Portraits) und Büsten festgesetzt, indem bei derartigen Kunstwerken das Vervielfältigungsrecht auf den Besteller des Bildnisses rc. auch ohne Vertrag übergehen soll. Es beruht dies auf der Erwägung, daß bei bestellten Portraits der Besteller ein unzweifelhaftes Recht und ein persönliches Interesse daran hat, daß sein Bildnis nicht ohne seinen Willen oder sogar gegen denselben in die Öffentlichkeit gelange. Auch das bayrische Gesetz vom 28. Juni 1865 enthält eine gleiche Bestimmung." Das eben erwähnte bayrische Gesetz vom 28. Juni 1865 zum Schutze der Urheberrechte an literarischen Erzeugnissen und Werken der Kunst spricht in der Tat wörtlich aus: (Artikel 35.) „Bei Bildnissen (Portraits) geht das Recht zur Vervielfältigung auf den Besteller über." Der Artikel entstand aus Artikel 35 des bayrischen Entwurfes und wurde vom Landtag ohne Debatte angenommen. Er stimmt wörtlich überein mit § 35 des Frankfurter Entwurfes; (dazu sind zu vergleichen § 19 des österreichischen Entwurfes und § 46 Absatz 3—5 des Entwurfes der Buchhändlervereinigung.) Der Kommentator des bayrischen Gesetzes, Mandry, bemerkt hierzu, daß auch vor der Übergabe des bestellten Portraits an den Besteller, der Künstler dasselbe wider den Willen des Bestellers nicht vervielfältigen darf. Mandry macht ferner noch auf eine Äußerung in den Protokollen der bayrischen Kammern (Seite 157) aufmerksam: Aus der Fassung ergibt sich, daß das natürliche, auch in der Hand des Bestellers veräußerliche und vererbliche Vervielfältigungsrecht von demselben beliebig mit oder ohne Portrait ausdrücklich oder stillschweigend übertragen werden kann.

Die Motive zu dem Entwurfe des Reichsgesetzes über den photographischen Schutz sagen zu § 7 desselben: „Um dem vielfach hervorgetretenen Mißbrauch entgegenzutreten, daß photographische Portraits ohne oder gegen den Willen des Bestellers vervielfältigt und verbreitet werden, bestimmt § 7 zugleich, daß bei derartigen Porträits das Nachbildungsrecht nicht dem Photographen, sondern dem Besteller der Portraits zustehen soll."

Beide gesetzlichen Bestimmungen legen scheinbar den Nachdruck auf die Bestellung und dieses scheinbar maßgebende Moment ist in der Tat bestimmend geworden für die Praxis: Das Reichsgericht hat am

26. Juni 1900 ein Urteil erlassen, welches in aller Schärfe das Recht des Bestellers entscheiden läßt: Ein Herr ließ bei einem Photographen ein Bild eines Fräuleins anfertigen, zu welchem das Fräulein saß, und nahm mit Zustimmung des Fräuleins dies eine Bild mit sich; aber ohne Zustimmung des Fräuleins stellte sodann der Photograph weitere Abzüge von dem Bilde her und verbreitete diese; deshalb stellte das Fräulein auf Grund der §§ 1, 7 und 9 des Reichsgesetzes vom 10. Januar 1876 Strafantrag gegen jenen Photographen. Hierzu hielt das Reichsgericht aber das Fräulein nicht für berechtigt, da es das Bild nicht bestellt hatte, sondern der Sache nach, nur als Modell für das anzufertigende Bild gedient habe, weshalb ihr keinerlei Rechte gegen den Photographen zuständen (Entscheidungen des Reichsgerichtes in Strafsachen Band 33, Seite 295 ff.). In der Begründung zur Entscheidung wird auseinandergesetzt, daß die Gesetzgebungsfaktoren, den vielleicht wünschenswert erscheinenden rechtlichen Schutz des Portraitierten selbst, wie ihn gegenwärtig der § 7 des Gesetzes enthält, für ausreichend gewährt erachteten, indem sie sich hierbei von der Meinung leiten ließen, daß der Besteller des Bildes in der Regel der Portraitierte selbst oder doch ein naher Angehöriger desselben sein wird. Mag nun auch, so fährt jene reichsgerichtliche Entscheidung fort, diese Erwägung für zahlreiche Fälle nicht zutreffen, und für diese der Portraitierte für seine Person des Rechtsschutzes entbehren, so bleibt doch für die Auslegung des § 7 immer entscheidend, daß der Gesetzgeber erkennbar nur dem Besteller in dem allgemein gebräuchlichen Sinne dieses Wortes seinen Rechtsschutz habe gewähren wollen, nicht aber dem Portraitierten selbständig, und das vielleicht Unzureichende der für den Gesetzgeber bestimmend gewesenen Erwägungen berechtigt den Richter nicht, in dem einzelnen, seiner Entscheidung unterbreiteten Falle die hier einschlagende gesetzliche Vorschrift gegen den an sich klaren Wortlaut und gegen die aus der Geschichte der Entstehung des Gesetzes erkennbare Absicht des Gesetzgebers in einem weiteren, als dem sich aus dem Gesetze ergebenden Umfange anzuwenden. Man sieht aus diesen Worten des Reichsgerichtes, daß dasselbe nicht verkennt, daß eine gewisse Kalamität vorliegt; hätte sich jener Herr, der das Bild des Fräuleins bestellt hatte, durch die ohne seine Erlaubnis erfolgte Herstellung und Verbreitung weiterer Abzüge des Bildes in seinem Rechte verletzt gefühlt, so würde er den Strafantrag haben stellen und gegebenen Falles auch Schadenersatz verlangen können. Infolge der einseitigen Betonung der Bestellung wird aber dem Urbilde der betreffenden Photographien, nämlich jenem Fräulein, der Rechtsschutz gegen weitere Nachbildungen und Verbreitung derselben versagt.

Stellen wir neben die Erwähnung dieses Rechtsfalles die Erinnerung an die bekannten Prozesse, welche wegen der unberechtigten Entnahme eines Bildes des Fürsten von Bismarck auf dem Sterbelager angestrengt wurden: bekanntlich waren zwei Hamburger Photographen, Wilke und Priester, in der auf den Tod des Fürsten Otto von Bismarck folgenden Nacht in Friedrichsruh widerrechtlich, gegen den Willen der Erben des Verstorbenen, in das Zimmer eingedrungen, in welchem die Leiche desselben ruhte, und hatten bei Magnesiumlicht eine photographische Aufnahme von der Leiche gemacht. Vergleiche Entscheidungen der Ferien-Zivilkammer des Landgerichts Hamburg vom 8. September 1898 und des IV. Zivil-Senats des Hanseatischen Oberlandesgerichtes Hamburg vom 21. November 1898 (Berliner Börsen-Zeitung 1898 Nr. 475 und Nr. 587) und dann die Entscheidung des Reichsgerichtes in Zivilsachen vom 28. Dezember 1899 (Entscheidungen des Reichsgerichtes Band 45, Seite 179 und ff.). Die Entscheidungen, die hierüber ergangen sind, sehen vom Standpunkte des geltenden Rechts aus das Objektiv-Rechtswidrige in dem Hausfriedensbruche, in der Verletzung des Hausrechtes, welches den Söhnen des Verstorbenen seit dem Tode ihres Vaters in Ansehung des Zimmers zustand, in welches die genannten Photographen eingedrungen waren; die photographische Aufnahme eines umfriedeten Raumes — sagt das Reichsgericht — und folgeweise deren Veröffentlichung zu verhindern, hat der Inhaber des Hausrechtes an sich das Recht und die Macht, und diese Möglichkeit haben hier die Beklagten durch ihr rechtswidriges Tun den Klägern zunächst entzogen, indem sie gleichzeitig für sich die tatsächliche Verfügung über das in Frage stehende photographische Bild erlangt haben. Es wird niemandem entgehen, daß sich die Gerichte mit dieser Betonung des Hausrechtsbruches nicht auf denjenigen Standpunkt gestellt haben, von dem aus der Kern der Frage getroffen werden kann: daß jene Photographen ohne Erlaubnis in jenes Zimmer kamen, ist natürlich auch rechtswidrig, aber viel mehr, sollte man meinen, müßte ins Gewicht fallen, daß sie ohne Erlaubnis der Kinder den entseelten Vater photographierten, und gerade in diesem Punkte versagten die Rechtsausführungen aller einschlägigen Entscheidungen.

Das Gleiche ist zu sagen — nämlich daß die Entscheidungen den Kernpunkt nicht treffen — von den Urteilen, welche in einem Falle gefällt wurden, der sich in dem Ostseebade Cranz ereignete:

Hier wurde eine im Badeanzug in das Bad gehende junge Dame von jemandem widerrechtlich ohne ihren Willen photographisch aufgenommen, das Bild vervielfältigt und in mehrfachen Übertragungen, auf

Briefbeschwerern usw., gewerblich verkauft. Der Photograph wurde vom Landgericht Königsberg zu 6 Monaten Gefängnis wegen Beleidigung verurteilt und das Reichsgericht verwarf die gegen das Urteil eingelegte Revision. Die Beleidigung der Dame wird in dem Ausstellen, Feilhalten und Verkaufen der inkriminierten Bilder erblickt, „weil dadurch bei Dritten die Annahme hervorgerufen werde, die Dame habe sich freiwillig in einem so intimen, nicht für die Öffentlichkeit bestimmten Kostüm, wie es ein Badeanzug sei, photographieren lassen und sei damit einverstanden gewesen, daß die davon angefertigten Abbildungen öffentlich ausgestellt und feilgeboten würden, — was ein bedenkliches Licht auf das Scham- und Sittlichkeitsgefühl werfen und sie in der Achtung bei anderen schwer schädigen würde. Damit ist eine Handlung festgestellt, welche eine vorsätzliche, die Ehre der Dame verletzende rechtswidrige Kundgebung an andere enthalte und somit der Begriff der Beleidigung im Sinne des § 185 des St.G.B. erfüllt." Vergl. Entscheidungen des Reichsgerichts Band 3, S. 434—435.

Der zweite Straffenat des Reichsgerichts, der dieses Urteil am 29. November 1898 erließ, operiert mit dem Begriff der Beleidigung, indem er diese gewissermaßen auf einen Tatbestand gründet, der dem des § 186 des St.G.B. näher kommt, — nämlich die Behauptung einer Tatsache, welche den Angegriffenen verächtlich zu machen, oder in der öffentlichen Meinung herabzuwürdigen geeignet ist. Auch darin muß, meiner Ansicht nach, das Hereinziehen eines fremdartigen Elementes in die hier allein zu erörternde Frage erblickt werden, wie das auch in den beiden vorher erwähnten Fällen gerichtlicherseits geschehen ist. Die vortreffliche Abhandlung, welche Keyßner bereits im Jahre 1896 „Über das Recht am eigenen Bilde" der deutschen Rechtsliteratur geschenkt hat, nimmt in umfassender Begründung ein dem Urbilde zustehendes Persönlichkeitsrecht an dem Abbilde ein und vollendet damit einen Ideengang, zu welchem bereits Gierkes Erörterungen über die Persönlichkeitsrechte in seinem Handbuche des deutschen Privatrechts § 81 u. ff., dann Andeutungen bei Kohler im Archiv für bürgerliches Recht, Band 5 u. ff., dann von F. Stolze (Photographische Nachrichten 3. Jahrg. 1891) und Ludwig Schramm (Der Schutz des Urheberrechts an Photographien, 1893) führten. Die Mehrzahl der Ausführungen Keyßners verdienen unbedingten Beifall, aber er erklärt, daß das Persönlichkeitsrecht am eigenen Bilde doch erst im Werden sei, und verzichtet darauf, einen Gesetzesentwurf abzufassen. Gleichzeitig meint er jedoch, daß eine umsichtige Rechtssprechung die einzelnen Streitfälle zu einer befriedigenden Entscheidung führen könne, so werde allmählich dann für die Gesetzgebung die Zeit der Reife herankommen (Hugo Keyßner: Das Recht am eigenen Bilde, Berlin 1896, S. 49). Der nämliche hochverdiente Jurist nimmt aber in der Besprechung des zuerst erwähnten reichsgerichtlichen Urteils (Reichsgericht in Strafsachen, Band 33, S. 295) doch Anstand, der Jurisdiktion die Möglichkeit zuzugestehen, das Recht am eigenen Bilde ohne Änderung der Gesetzgebung praktisch wirksam anzuerkennen. Denn was das Strafrecht anlangt, „so kann", sagt Keyßner in Soergels Zeitschrift „Das Recht" 1901, S. 43, „der Strafrichter dasselbe nicht erweitern"; der Straffenat müßte sich also an dem Bedauern des unzureichenden Gesetzes Genüge sein lassen. Was aber das bürgerliche Recht anlangt, so biete es wenigstens insofern Schutz, als die in ihrem Persönlichkeitsrecht verletzte Person, wenn auch nicht einen Schadensersatz-Anspruch, so doch wenigstens den Anspruch auf Unterlassung weiterer Bildabdrucke und der Verbreitung solcher geltend machen könne. Dem Schadensersatz-Anspruche, meint Keyßner, stünde wohl § 253 des B.G.B. entgegen; es würde somit auch nach Keyßners Meinung das Persönlichkeitsrecht praktisch wirksam doch vor Änderung der Gesetzgebung durch die Rechtsprechung kaum anders als wie in den vorerwähnten dreierlei Fällen anzuerkennen und zu schützen sein.

Es wird aber nicht zu viel gesagt sein, wenn man behauptet, daß schon der gegenwärtige Rechtszustand zu einem anderen Resultate führt: Das Persönlichkeitsrecht existiert bereits und die richterliche, — auch die strafrichterliche, — Anerkennung ist gesetzlich möglich, weil der Begriff der Beleidigung, ohne vom Gesetze selbst definiert zu sein, so weit gefaßt werden kann, daß die Verletzung des Rechts am eigenen Bilde darunter fällt. Persönlichkeitsrechte haben überhaupt das Eigentümliche, daß sie sich zuerst und zumeist im verletzten Zustande bemerklich machen, eine Eigentümlichkeit, auf welche ich bereits vor 24 Jahren aufmerksam machen zu müssen glaubte. (Gareis: Das juristische Wesen der Autorrechte in Buschs Archiv für Theorie und Praxis des allgemeinen Handels- und Wechselrechts, Band 35, 1877, S. 185 u. ff. und Gareis: Grundriß zu Vorlesungen über das deutsche bürgerliche Recht, Gießen 1877, S. 60 u. ff.).

Was den Beleidigungsbegriff aber anlangt, so hat das Reichsgericht auf vollen Beifall zu rechnen, wenn es in dem vorerwähnten Urteil Band 3, S. 434 sagt: „ob eine konkrete Kundgebung, sei dieselbe durch Handlungen — durch mündliche oder schriftliche Äußerungen — erfolgt, als Beleidigung aufzufassen ist, hat der Instanzrichter zu entscheiden und diese von ihm zu treffende Entscheidung ist eine wesentlich tatsächliche, welche nicht nur Inhalt und Tragweite der Kundgebung zu ermitteln, sondern zugleich die begleitenden Umstände und die einschlagenden konkreten Verhältnisse zu berücksichtigen hat und in tatsächlicher Würdigung aller dieser Momente festzustellen ist, ob die betreffende Kundgebung sich als Beleidigung darstellt .... nämlich als eine gegen die Ehre eines Anderen gerichtete vorsätzliche und rechtswidrige Kundgebung." Gegen die Ehre eines Anderen gerichtet aber ist jedes „non jure factum", welches rein zur Verhöhnung eines Anderen begangen wird, in Nichtachtung der Person als solcher, also das absichtliche Ignorieren der fremden Rechtssphäre in ihrer primitivsten Erscheinung, nämlich im Rechte der Persönlichkeit an sich selbst; dieses ist aber nicht bloß der Gegenstand der mit der Actio injuriarum aestimatoria einzuleitenden Rechtsverfolgung, wie ich in meiner Abhandlung „Über das Recht am menschlichen Körper" (Königsburg 1900, s. unten S. 16) gezeigt habe, sondern auch der Tatbestand der Beleidigung im modernen strafrechtlichen und bürgerlich rechtlichen Sinne. Wer, ohne von der portraitierten Person hierzu ausdrücklich oder stillschweigend ermächtigt zu sein, Abbildungen derselben herstellt oder verbreitet, der zeigt damit mindestens, daß ihm das Wollen dieser Person gleichgültig sei, mindestens in der Richtung der Verfügung über das eigene Abbild. Dieses Ignorieren, dieses absichtliche Ignorieren des Willens der zunächst beteiligten Person ist das Verletzende, Kränkende, Beleidigende für diese; das Recht aber, welches als das hierdurch gekränkte angesehen werden muß, ist, positiv betrachtet, das Recht der Persönlichkeit selbst und zwar hier näher ausgedrückt: Das Persönlichkeitsrecht am eigenen Bilde.

Die Anerkennung dieses Rechts ist im Wege der Gewohnheitsrechtsbildung in Deutschland wie in anderen Kulturländern erfolgt; das Gewohnheitsrecht ist keine „Consuetudo legi contraria", sondern ein lückenausfüllendes und darum, vom Standpunkte unseres Gesetzes-Rechtes aus, nicht im mindesten in seiner Geltung zu bezweifeln; vor allem liegt die Rechts-Überzeugung vor, ohne welche kein Gewohnheitsrecht entstehen kann, das kann Niemand leugnen, der die Stimmung im Volke kennt, die ja auch in der Begründung des § 8 des Reichsgesetzes vom 9. Januar 1876, wie erwähnt, in den Worten durchbricht: „daß bei bestellten Portraits der Besteller ein unzweifelhaftes Recht und ein persönliches Interesse daran hat, daß sein Bildnis nicht ohne seinen Willen, oder sogar gegen denselben, in die Öffentlichkeit gelange." Der Bundesrat, der für diese Begründung einzustehen hat, nahm hiermit — was wohl zu beachten ist — jenes „unzweifelhafte Recht" als schon vor dem Gesetz vom Jahre 1876 bestehend an. Der Beleidigungs-Paragraph des St.G.B. bietet nun zweifellos ein Mittel, diese Anschauung und somit das wirklich entstandene Gewohnheitsrecht praktisch zur Geltung zu bringen, nicht minder bietet aber auch B.G.B. § 823 ein solches Mittel, insoweit das Persönlichkeitsrecht auch unter dem Begriff des bekannten „sonstigen Rechts“ jenes Paragraphen fällt und aus der Verletzung desselben ein Schaden entstanden ist.

Die nähere Abgrenzung des Gewohnheitsrechts scheint auf Schwierigkeiten zu stoßen, weil heutzutage ein weitreichender Gebrauch von photographischen Momentaufnahmen zu billigen scheint, daß alles, was sich dem photographischen Apparat zur Aufnahme bietet, auch aufgenommen, vervielfältigt, abgebildet und in dieser Vervielfältigung verbreitet werden dürfe, Berge und Häuser, Bäume und Tiere, Schiffe und Menschen natürlich auch; aber diese Gebräuchlichkeit hindert nicht, daß wir Unterschiede machen müssen. Niemand braucht sich gefallen zu lassen, daß von ihm Zerrbilder, unwahre Bilder hergestellt werden und Verbreitung finden, und die überwiegende Mehrzahl der sogenannten Momentaufnahmen liefert Zerrbilder und unwahre Darstellungen, — denn es braucht nicht daran erinnert zu werden, daß die Momentaufnahme jede Bewegung in Teile zerlegt, die das freie menschliche Auge nicht einzeln sieht, wir sehen das Gesamtbild einer Bewegung, z. B. des gehenden Menschen, des galoppierenden Pferdes u. s. w. und dieses ist für uns das wahre Bild; in der Zerlegung, die in der Momentaufnahme geboten wird, erscheint etwas, was wir im Leben **nicht** sehen, das den Eindruck des Unnatürlichen, Gekünstelten, manchmal des Lächerlichen, Trottelhaften macht. In einem solchen Bilde verewigt und verbreitet zu werden, braucht sich kein Mensch gefallen zu lassen.

Selbstverständlich gibt es auch sehr wohlgelungene photographische Momentbilder, solche, die den abgebildeten Menschen in einem ruhigen Zustande treffen und dann gerade deshalb schön und angenehm wirkend sind, weil sie das Objekt, ohne das Absichtliche oder Erwartende der Pose, in Lebensähnlichkeit wiedergeben; andrerseits aber ist es auch denkbar, daß die photographische Aufnahme noch weitere Fortschritte macht und damit ihre Bilder noch schrecklicher gestaltet, als jetzt die eine Bewegung zerlegenden zeigen. Man braucht ja nur anzunehmen, daß es in irgend einer Weise gelingt, Bilder des Menschen darzustellen, wie die mittelst Röntgenstrahlen gewonnenen Skelettbilder, und wir könnten dann erleben, daß wir lebende Menschen, einen Holbein'schen Totentanz aufführend, dargestellt werden, vielleicht sogar unter Festhaltung ihrer Gesichtszüge bis zur Portraitähnlichkeit. Es ist klar, daß sich kein Mensch das gefallen zu lassen braucht, in solcher Weise abgebildet zu werden, sei es in einem oder in mehreren Exemplaren von Bildern. Die Gesetzgebung duldet keine Indiskretion, welche beleidigend wäre; würde Jemand mittelst eines Phonographen das Gespräch zweier Liebenden oder zweier Geschäftsleute belauschen und reproduzieren ohne deren Willen, so würde diese Indiskretion zweifellos strafbar sein. Die Gesetzgebung, welche das Briefgeheimnis schützt (siehe St.G.B. § 299), und welche den rechtmäßigen Besitzer eines Manuskriptes oder einer Abschrift desselben nicht für berechtigt hält, dieses Schriftwerk zu veröffentlichen, G. v. 11. Juni 1870 § 5 a, G. v. 19. Juni 1901 §§ 11, 19, muß selbstverständlich auch gegen jene Indiskretion einschreiten, wie sie Reden, welche in politischen und ähnlichen Versammlungen gehalten werden, andrerseits als öffentliche behandelt und der Öffentlichkeit Preis gibt. § 7, bezw. 17 der angeführten Gesetze.

Das Resultat der bisherigen Betrachtung ist demnach die Konstatierung des Rechts der Persönlichkeit am eigenen Abbilde, es folgt daraus die ausschließliche Herrschaft des Urbildes über die Abbildung und folgeweise Unerlaubtheit der Herstellung und Verbreitung von Abbildern des Urbildes, wenn diese Handlungen ohne die Zustimmung des letzteren geschehen. Dieses Recht und das ihm entsprechende Verbot folgt ohne Weiteres aus der Gierkeschen Auffassung des Persönlichkeitsrechts an dem Abbilde der eigenen Gestalt, sowie aus Keyßners gesamter Darstellung, aber was das Verbot der Herstellung und Verbreitung von Abbildungen anlangt, so wird man zweifellos dem Verkehr gegenüber Konzessionen machen müssen.

Vor allem:

1. in dem Falle, daß das Urbild seine Zustimmung zur Herstellung und einer gewissen Verbreitung der Abbildung gegeben hat, denn hier muß gelten: volenti non fit injuria. Die Zustimmung kann natürlich als vorhergehende Einwilligung oder als nachfolgende Genehmigung (B.G.B. § 182—184) ausdrücklich oder stillschweigend erteilt sein. Man kann sogar in sehr vielen Fällen vermuten, daß die Zustimmung erteilt wird, aber eine gesetzliche Vermutung spricht doch nicht dafür, und jedenfalls muß die Zustimmung innerhalb der Grenzen, in welchen sie erteilt wird, festgehalten werden. Es ist sehr wohl denkbar, daß ein von der Natur mit besonderer Schönheit ausgestatteter Mensch gestattet, eine Aufnahme seines Bildes herzustellen, an der sich etwa ein künstlerisches Auge oder ein intimer Freund soll erfreuen dürfen, während keineswegs gemeint ist, daß dieses eine Bild vervielfältigt in die weite Welt hinaus gehe, für Jedermann ein Schaustück werde.

Auch das dem Künstler sich zu ästhetischer Betrachtung bietende Modell hat noch sein Persönlichkeitsrecht und kann genau bestimmen, wie weit die Abbildung und die Verbreitung derselben reichen dürfe.

2. Eine zweite Ausnahme ist für den Fall zuzugestehen, daß ein Künstler die Abbildung des Urbildes, ohne daß dieses ihm sitzt und ohne daß eine Bestellung des Abbildes vorliegt, in durchaus freier, selbstständiger Weise durch Zeichnungen, Gemälde oder plastisch darstellt. In einem solchen Falle überwiegt die Geistesleistung des Künstlers den Anteil, welchen das Ich seines Objektes an dieser Arbeit hat, derart, daß das Persönlichkeitsrecht des abgebildeten Objektes nicht gegen das Urheberrecht der wahrhaft künstlerischen und durchaus eigenen Leistungen des Abbildners aufkommen kann. Wer die Erscheinung eines anderen Menschen im Gedächtnisse so festhält, daß er sie hinterher portraitähnlich zeichnen kann, oder den Eindruck, den die äußere Erscheinung eines Anderen ihm macht, so verwenden kann, daß er eine scherzhafte Auffassung einer fremden Persönlichkeit zu Papier bringt, der hat ein eigenes Werk geschaffen und daran sein eigenes Urheberrecht; es soll gar nicht geleugnet werden, daß in der Herstellung einer solchen Nachzeichnung oder einer Karikatur auch eine Beleidigung liegen kann, wegen welcher ein Strafantrag gestellt und die Unterdrückung der Weiterverbreitung verlangt werden kann, aber es sind alsdann Nebenumstände, wegen welcher ein solches Einschreiten gegen den Künstler veranlaßt werden kann, nicht das Recht am Bilde als solches. Ich weiche in dieser Beziehung von der Ansicht Keyßners ab (Keyßner: Das Recht am eigenen Bilde, S. 14, 15 u. a.) und gestehe dem freischaffenden Künstler ein selbständiges Urheberrecht an der Abbildung eines Menschen zu, wenn die äußere Erscheinung des letzteren dem Künstler nur gewissermaßen die Anregung zu einer freien Nachbildung gegeben hat, in der nichts Ehrenrühriges erblickt wird; so können selbst Abbildungen von großen Staatsmännern in Witzblättern wie „Kladderadatsch" und „Ulk" passieren! Anders liegt die Sache aber, wenn eine Bestellung die Veranlassung zu der, wenn auch künstlerischen Abbildung ist, denn das ist Keyßner ohne weiteres zuzugeben, daß, wer ein Gemälde bestellt, oder gar selbst dabei sitzt, in einer für den Maler verbindlichen Weise erklärt, daß das Gemälde nicht der Publizität überantwortet werden soll, außer mit seiner Zustimmung. Indem der Künstler die Bestellung annimmt, unterwirft er sich dem Recht des abzubildenden Urbildes insoweit, daß er über das Schicksal seines Werkes nicht verfügen kann. Das auf Bestellung gemalte Portrait ist, was den Stoff anlangt (Leinwand und Farbe), zunächst Eigentum des Künstlers auch nach B.G.B. § 950; von dem Augenblick an aber, in welchem der Pinsel des Malers die Portraitähnlichkeit des Urbildes auf dem Stoff hervorgerufen hat, ist auch das Urbild an dem Schicksal des Werkes beteiligt und es kann ohne seine

Zustimmung nichts weiter mit dem Werke unternommen werden, als was der Bestellung gemäß ist. Es ist also an dem Porträtgemälde ein dreifaches Recht vorhanden: Das Eigentum am Stoffe, das künstlerische Urheberrecht des Malers und das Persönlichkeitsrecht des Abgebildeten. Ist der Abgebildete nicht selbst der Besteller, so ist auch noch ein viertes Recht an jenem Werke gleichzeitig denkbar, nämlich das Recht des Bestellers neben dem Recht des Urbildes, so z. B. wenn ein Mann seine Frau porträtieren läßt, dann hat die Frau zweifellos das Recht des Urbildes, der Mann das Recht des Bestellers und zwar nicht bloß im Sinne des B.G.B. § 631 u. ff., sondern auch das gesetzliche nach Reichsgesetz vom 9. Januar 1876, § 8 zustehende Nachbildungsrecht des Bestellers im Sinne dieses Paragraphen, der Künstler aber hat Urheberrecht ohne Nachbildungsrecht und das Eigentum am Stoffe. Durch das Annehmen des Gemäldes seitens des Bestellers, dem es der Künstler nach der Vollendung des Werkes tradiert, ändert sich nur das Eigentum am Stoff. Wenn Stolze in seinem, — von Keyßner mit Recht als gediegen bezeichneten Aufsatz —: „Zum Schutz der Photographie" hervorhebt: „Da das Recht des Verfertigers nur ein fünfjähriges ist, so ist auch das Recht des Bestellers kein längeres und daraus folgt also, daß nach dem Wortlaut des Gesetzes ein Porträt dann auch ohne Einwilligung des Photographierten in den Handel gebracht werden kann. Es kann also, ohne daß irgend ein Mittel dagegen geltend gemacht werden konnte, geschehen, daß Bilder schöner Damen aus den anständigsten Kreisen nach fünf Jahren in Jahrmarktsbuden denen ausgehändigt werden, die ihre zukünftige Frau sehen wollen. Wie unangenehm das besonders bei Bildern in Balltoilette oder Maskenanzügen sein könnte, ist ohne weiteres klar" — so liegt dieser Ausführung ein Irrtum zu Grunde, denn es ist nicht richtig, daß das Persönlichkeitsrecht des Urbildes der Zeitdauer nach von dem Recht des Bestellers abhängig sei. Das Verbietungsrecht steht dem Urbilde unbegrenzt zu.

3. Eine dritte Ausnahme von dem ausschließlichen Rechte des Urbildes an seinem Abbilde ist zu Gunsten der im Interesse der Sicherheitspolizei und der Strafrechtspflege herzustellenden Abbildungen von Straf- und Untersuchungsgefangenen zu konstatieren: Wer aus Gründen der Strafrechtspflege oder aus polizeilichen Rücksichten mit Recht seiner Freiheit beraubt ist, demnach an dem Persönlichkeitsrecht der freien Bewegung gesetzlich eingebüßt hat, der muß sich auch den Maßregeln unterwerfen, welche die zuständigen Behörden zum Zweck der Feststellung der Identität und der Unterscheidungsmerkmale der in Frage kommenden Persönlichkeiten vornehmen. (Entscheidungen des Reichsgerichts in Strafsachen, Band 32, S. 199—203, vom 2. Juni 1899.)

4. Eine weitreichende Ausnahme von dem in dem Persönlichkeitsrecht liegenden Ausschließungs- und Verbots-Recht soll zugunsten der Öffentlichkeit gemacht werden; es ist das ein Gedanke, der namentlich von Seite der Photographen und Kunsthändler, aber auch von juristischer Seite, z. B. von dem Pariser Juristen A. Bigeon, geltend gemacht wird, eine Ausnahme von jenem Persönlichkeitsprinzip, die gerechtfertigt wird durch die Notwendigkeit und zweifellose Zulässigkeit der photographischen Aufnahme von öffentlichen Vorgängen und dem öffentlichen Leben, von Straßen, Plätzen und Landschaften, bei denen die Menschen nur die Rolle einer unpersönlichen Staffage zu spielen haben. Bigeon spricht der Zulässigkeit der Photographie aller dieser der Öffentlichkeit gehörenden Dinge in seiner ausgezeichneten Schrift: „La photographie et le droit" (Paris, Charles Mendel), in weitem Maße das Wort, insbesondere S. 173—179; allerdings erinnert er auch daran, daß, wenn jemand durch den Gebrauch seines Rechts in der Öffentlichkeit andere geniert, die Polizei am öffentlichen Ort gegen ihn einschreiten kann, und daß gegen Beleidigungen der wider seinen Willen Photographierte selbstverständlich gesetzlich geschützt sei. Auch ich bin in Bezug auf die Vorgänge, die dem öffentlichen Leben angehören, für die Freiheit der Nachbildung im weitesten Sinne, wie in dem Reichsgesetz, betreffend das Urheberrecht an Werken der bildenden Künste, die Nachbildung von Werken dieser Künste, die auf oder an Straßen und öffentlichen Plätzen bleibend sich befinden, jedermann freigegeben ist. So muß es auch hinsichtlich derjenigen Objekte der Abbildungen gehalten werden, welche ebenso wie die öffentlichen Straßen für die Öffentlichkeit bestimmt sind, wie z. B. öffentliche Aufzüge, Paraden, Schaustellungen auf öffentlichen Plätzen und dergl. Die Menschen, die etwa bei der photographischen Momentaufnahme solcher Bilder in den Wurf kommen, können gegen diese Abbildung und deren Verbreitung regelmäßig schon deshalb keinen Einspruch erheben, weil sie darauf nicht oder nur schwer kenntlich sind, wo keine Individualität, da ist auch kein Recht der Individualität oder Persönlichkeit mehr. Wer sich in die Öffentlichkeit begibt, sozusagen zu einem Stück derselben wird, hat keinen Anspruch auf Besonderheit, daher keinen Schutz seiner Individualität; nur wo letztere hervortritt, kann von einem Schutz gegen Abbildungen gesprochen werden; das Privatleben ist in allen seinen Teilen und Äußerungen als solches zu schützen, auch gegen die Öffentlichkeit, in die es die photographische Momentaufnahme gegen den Willen des Porträtierten zerren will; und dieser Schutz einer nicht gewollten Schaustellung muß auch den sogenannten öffentlichen Personen zuteil werden. Ich weiche darin namentlich von Kohlers Abgrenzung

dieses Persönlichkeitsrechts (vergl. Keyßner a. a. O. S. 14) ab. Niemand, auch der berühmte Staatsmann und der Held des Tages nicht, braucht sich gefallen zu lassen, daß sein Privatleben, wider gegen seinen Willen zum Schauspiel des Publikums werde. Dem Vorschlag von Dr. Stolze ist demnach im allgemeinen beizustimmen: „Auf öffentlichen Straßen, Plätzen, Wegen, in öffentlichen Parks ist das Photographieren gestattet, soweit dasselbe keinerlei Belästigung des Verkehrs zur Folge hat. Von den so gewonnenen Bildern dürfen jedoch solche, welche den Charakter des Porträts haben, nur mit der Einwilligung der Photographierten veröffentlicht werden. Bei Festzügen, großen Menschenansammlungen und überall, wo die Personen nur als Staffage der Landschaft dienen, ist eine solche Erlaubnis nicht erforderlich." Zu diesem Vorschlage Stolzes dürfte nur folgendes zu bemerken sein: Es ist denkbar, daß auch auf einem solchen, der Öffentlichkeit entnommenen Bilde eine einzelne Person kenntlich ist, welcher die Vervielfältigung und Verbreitung der Aufnahme im höchsten Grade unangenehm wäre: Nehmen wir z. B. an, es befände sich im Vordergrunde des großen Festzugsbildes die wohlkenntliche Abbildung einer Dame, an welcher sich soeben die deutlichen Symptome der Seekrankheit zeigen; diese wird der Vervielfältigung und Verbreitung der Aufnahme zweifellos entgegen treten können. Ich bin also der Meinung, daß auch in der Öffentlichkeit noch ein Recht der Individualität besteht, andrerseits aber erinnere ich daran, daß privatrechtlich wenigstens eine Rechtsausübung unzulässig ist, welche nur der Chikane dient, nur den Zweck haben kann, einem anderen Schaden zuzufügen. (Vergl. Gareis: Allgemeiner Teil des B.G.B., Berlin, Carl Heymanns Verlag, S. 260, 261. Kommentar zum Chikane-Verbot des § 226 des B.G.B.)

Blicken wir nach diesen Erörterungen unseres Prinzips und seiner Ausnahmen nunmehr zur Vervollständigung unserer Aufgabe zurück auf die drei der Praxis entnommenen Fälle.

a) In dem vorerwähnten Falle, den das Reichsgericht am 26. Juni 1900 entschied, über welchen sich Keyßner in Sörgels Zeitschrift „Das Recht" 1901, S. 42 u. 43 ausspricht, hätte den Ansprüchen des Fräuleins nachgegeben werden müssen, der Richter hat das Persönlichkeitsrecht des Fräuleins vollständig ignoriert in der Meinung, daß dasselbe von dem des Bestellers absorbiert werde, oder überhaupt nicht existiere; die Vorstellung von dem Verhältnis des Persönlichkeitsrechts und des Bestellerrechts zu einander, welche das Reichsgericht der Entscheidung in Band 33, S. 295 zu Grunde legt, ergibt sich nach meinen Ausführungen wohl von selbst; dieselbe Vorstellung hatte das Reichsgericht auch bereits in Band 15, S. 249 ff. zu erkennen gegeben. Dort wird angenommen, daß, weil der Photograph nur fünf Jahre lang gegen widerrechtliche Nachbildung seines Werkes geschützt ist, der Besteller das ihm durch § 7 letzten Satz des Gesetzes vom 10. Januar 1876 eingeräumte Recht auch nicht länger als fünf Jahre genießen könne. Es ist aber oben S. 13 bereits darauf hingewiesen worden, daß das Persönlichkeitsrecht als Verbotsrecht von unbegrenzter Dauer ist. Vergl. Stolze: Zum Schutz der Photographie a. a. O. Keyßner S. 39, 40.

b) In der Behandlung des Falles der unberechtigten photographischen Aufnahme im Sterbezimmer des Fürsten Otto von Bismarck ist als der juristische Ausgangspunkt mit Notwendigkeit das Persönlichkeitsrecht zu erachten, welches den Erben an der Leiche des Verstorbenen zusteht. Es ist von mir hierüber an anderer Stelle ausführlich gesprochen worden, nämlich in der „Festgabe der juristischen Fakultät zu Königsberg für ihren Senior J. T. Schirmer“: Gareis, Das Recht am menschlichen Körper (Königsberg 1900). Es ist an jener Stelle von mir ausführlich erörtert, daß eine Leiche zwar nicht zum Nachlasse gehört, daß sie aber darum doch nicht beliebiger Verfügung preisgegeben sei, sondern daß das über den Tod hinaus wirkende Persönlichkeitsrecht des Menschen an der eignen Person bestehe, zu dessen Ausübung die Erben oder diejenigen anderen Personen, denen die Bestattung zusteht, insolange berufen sind, als nicht eine der Aneignung im bürgerrechtlichen Sinne analoge Disposition über die Leiche stattgefunden hat. Gareis a. a. O. S. 93—95. Dieses Persönlichkeitsrecht wäre in dem erwähnten Falle durch die Photographen W. und P. auch dann verletzt worden, wenn sie nicht in das Sterbezimmer eingedrungen, sondern die Aufnahme etwa von der Außenseite des geöffneten Parterre-Fensters aus vorgenommen hätten.

c) In dem zuletzt erwähnten Falle, der unberechtigten photographischen Aufnahme im Ostseebade Cranz, würde die Beleidigung nach der hier vertretenen Meinung auch dann vorliegen, wenn die Schaustellung nicht den Verdacht eines mit dem Anstande nicht wohl zu vereinigenden Benehmens oder Verhaltens der betreffenden Dame in sich geschlossen hätte; gleichviel, ob die dem vom Reichsgericht gebilligten Urteil zu Grunde liegende Motivierung, durch das inkriminierte Bild werde die Annahme hervorgerufen, die Dame habe sich freiwillig in jenem, nicht für die Öffentlichkeit bestimmten Kostüme photographieren lassen, in der Begründung des Strafurteils steht oder nicht, ist die Beleidigung auch ohne jene Verdächtigung vorhanden, und das ist schon deswegen zweifellos, weil der Tatbestand des § 185 des St.G.B. keineswegs den des § 186 voraussetzt oder in sich schließt. Daß das Aushängen einer Photographie in einem Schaukasten wider den Willen des Porträtierten zweifellos eine Verletzung des Urheberrechts in sich schließt, hat das Reichsgericht in einem Urteil vom 21. September 1880, Entscheidungen in Strafsachen, Bd. 2 S. 250, ausgesprochen, in welchem es u. a. heißt: „Die entschiedene Regel bildet, daß der Besteller das Bildnis zum intimen Gebrauch verlangt und es jedenfalls von seiner Willensbestimmung abhängig gemacht sehen will, ob dasselbe auch anderen Personen, wenn auch nur zur Ansicht, zugängig sein soll. Es ist die menschlich vollständig verständliche und gerechtfertigte Abneigung, sich oder eine andere Person wider Willen vor die Öffentlichkeit gezogen und zum Gegenstand der Aufmerksamkeit und Kritik des Publikums gemacht zu sehen, welche die Ausnahme-Vorschrift hervorgerufen; und wenn diese Absicht auch in dem Wortlaut des § 7 keinen direkten und unmittelbaren Ausdruck gefunden hat, so läßt sich doch die Absicht des Gesetzgebers in der speziellen Beziehung auf Porträts aus den Vormaterialien unzweifelhaft feststellen."

Als Resultat der Erörterungen, welche vorstehend versucht worden sind, dürfte sich folgendes ergeben:

I. Jeder freie Mensch hat ein Persönlichkeitsrecht, wie an seinem Körper so an dessen Abbild.

II. Die photograhische Abbildung einer Person als Individuum und die Verbreitung einer solchen Abbildung setzt entweder die Zustimmung dieser Person oder eine polizeiliche Anordnung der zuständigen Behörde voraus; ist die abgebildete Person geschäftsunfähig oder in der Geschäftsfähigkeit beschränkt, dann kann die erwähnte Zustimmung, wie in Bezug auf eine Verfügung über das Recht am eignen Körper von Kindern usw. durch den gesetzlichen Vertreter erteilt werden.

Ist die Person, deren Körper lebend oder tot abgebildet wurde, verstorben, so findet der Absatz 3 des § 189 des St.G.B. entsprechende Anwendung.

III. Die Beleidigung im Sinne des § 185 des St.G.B. kann auch durch unbefugte Herstellung oder Verwendung eines Abbildes eines lebenden oder verstorbenen Menschen begangen werden.

II.

Gutachten des Herrn Geh. Justiz- und Kammergerichtsrat Dr. Keyßner

über die Frage:

Zum Schutz des Rechts am eigenen Bilde.

Bildnis, Abbild, auch kurzhin Bild, ist die von einer Person, dem Urbild, entnommene Nachgestaltung. Bei dem Bildniskünstler ist der Wille auf die Bildnisgestaltung gerichtet. Ich habe in einer kleinen Schrift: „Das Recht am eigenen Bilde" (Berlin, 1896, J. Guttentag) folgenden Satz zu begründen gesucht (S. 17):

> Das vom Künstler gefertigte Abbild gehört von dessen Entstehung an dem Urbild-Besteller S. 7, 17).

Den hiermit in ihrer Bedeutung ersichtlichen Wörtern „Urbild", „Abbild" ist ergänzend das ohne Genehmigung des Urbildes gefertigte fernere Abbild als „Nachbild" bezeichnet (S. 8).

Der Verfertiger einer photographischen Aufnahme kann, ohne seinen Willen auf die Bildnisaufnahme einer bestimmten Person gerichtet zu haben, ein Abbild auf der Platte, das Negativ (Phototyp), erlangt haben; ob hiergegen dem Urbild ein Einspruch gewährt werden kann oder durchaus zu versagen ist, hängt von der großen Mannigfaltigkeit der Tatumstände ab. So wird das Bewußtsein des Urbildes, es werde in der entwickelten Platte zur Erscheinung kommen, die Annahme einer Genehmigung rechtfertigen (S. 44). Der Teilnehmer an einem öffentlichen Ereignis, festgehalten durch Bildnisaufnahme, kann seine Anwesenheit im Ereignis nicht beseitigen und muß sich im Ereignisbild finden lassen, wobei eine etwaige Unschönheit, Verzerrung usw. im Bilde zu beseitigen ist, wozu sich mannigfache Mittel darbieten (S. 47).

Wenn in Landschaftsbildern oder Aufnahmen von Bauwerken ein Personenbild in die Erscheinung tritt, so hat die Anerkennung, daß mit der

Freiheit der Bildnisaufnahme nicht ein Recht, die Personen dauernd zur Anschauung zu bringen, verbunden ist, ohne daß zeither ein Verbot des Gesetzes zur Hand ist, den Photographen veranlaßt, in dem Urbild die Erkennbarkeit als bestimmte Person zu beseitigen (S. 47).

Daß dem Erwerbsphotographen mit der Empfangnahme des Urbildes auf der Platte nicht ein Verfügungsrecht über das Abbild und dessen weitere Herstellung zusteht, wird auf Grund des § 7 des Reichsgesetzes vom 10. Januar 1876, betreffend den Schutz der Photographen gegen unbefugte Nachbildung, nicht weiter bestritten; das Recht der weiteren Herstellung von Abbildern bei photographischen Bildnissen steht unmittelbar dem Besteller des Bildnisses zu.

Hiermit wird der Weg dahin gebahnt, daß das Negativ vom Bildnis nicht dem Photographen, sondern dem Besteller gehört, der, wie hier zunächst angenommen werden mag, selbst als Urbild sich auf die Platte gegeben hat. Vor Zeiten lieferte der Silhouettenschneider selbstverständlich dem Urbild das schwarze Abbild aus; das Daguerreotyp, das vom Urbild hergegebene Abbild, ward Eigentum des Urbildes, das den Herstellungslohn zahlte, wegen dessen dem Verfertiger ein Pfandrecht nicht angezweifelt ist. Ich bin für den Satz eingetreten, daß das Eigentum des vom Künstler gefertigten Abbildes vom Anbeginn von dem Urbild erworben ist*); ihm steht ein Aussonderungsrecht zu im Falle der Zwangsvollstreckung gegen den Künstler (Recht am eigenen Bilde, S. 7 ff.). Ich habe die Folgerung gezogen, daß das Negativ dem Urbild gehört (a. a. O. S. 17), wie diese Ansicht auch anderweit kräftig vertreten wird (Bruno Meyer in „Deutsche photographische Zeitung" 1896, Nr. 34—36). In einem französischen Flugblatte (P. Fleury, Paris) wird die Frage „les photographes ont-ils un droit de propriété sur les chlichés des portraits de leurs clients?" ebenfalls verneint.

Weshalb gewohnheitsmäßig der Photographierte die Platte bei dem Photographen liegen läßt, kann hier außer Ermittelung bleiben; das Eigentum steht dem Urbildbesteller zu, mag es auch noch nicht in

*) Es sei hier nach der Berl. Ger.-Ztg. vom 2. Dezember 1897, Nr. 180, folgender Vorfall mitgeteilt: Bei der am letzten Dienstag stattgehabten Versteigerung des Kunstnachlasses des verstorbenen Malers Robert Warthmüller im Kunstauktionshause Lepke in Berlin erhob eine Dame Einspruch gegen den Verkauf des unter Nr. 55 des Katalogs aufgeführten Bildes, ein Damenporträt darstellend, da sie selbst die Dargestellte sei. Das Porträt, von Warthmüller s. Z. in Paris gemalt, stellt die Dame in ganzer Figur in weißem Kostüm, auf einem Gartenstuhle sitzend, dar, während den Hintergrund eine Parklandschaft bildet. Das Bild wurde vom Verkaufe zurückgestellt.

einer Urteilsformel Gelegenheit gehabt haben, sich zur Anerkennuug zu bringen.

Wenn hiermit dem Urbilde gegen ungenehmigte Verbreitung seines Abbildes ein Schutz in Aussicht gestellt wird, so sei darauf aufmerksam gemacht, daß nach § 6 des Reichsgesetzes aber dem Schutz der Photographie gegen unbefugte Nachbildung eine zeitlich enge Grenze droht und zwar von fünf Jahren seit Erscheinen, womit sich die Frist möglicher Weise anf 10 Jahre verlängern kann, wenn das Erscheinen bis vor die Beendigung der Frist verschoben wurde (Entscheidungen des Reichsgerichts in Strafsachen, Bd. XV, S. 250). Ist ein „Erscheinen“ nicht zu Tage getreten, so würde mit Ablauf von fünf Jahren seit Entstehung des Negativs die Schutzfrist verlaufen. Danach wäre einer jeden Bildnisaufnahme nur ein zeitlich kurzer Schutz gewährt; mit Ablauf der Frist wäre das Urbild mit dem von ihm entnommenen Abbild ins Freie gefallen. Dem ist jedoch nicht so; hinter dem Schutz des in dem Negativ gewonnenen Bildes steht das Persönlichkeitsrecht des Urbildes, welches unabhängig von dem Gesetzesort eingreift und notwendig Anerkennung finden muß, soll nicht das Rechtsgefühl verletzt bleiben oder nur da geschützt werden, wo etwa eine Beleidigung herausgefunden wird.

Ich habe „das Recht am eigenen Bilde“ bei Prof. Dr. Otto Gierke, „Deutsches Privatrecht“ 2. Buch, 4. Kapitel, „Persönlichkeitsrechte“, eingeordnet und bekenne mich erfreut und dankbar, daß dieser allverehrte Rechtslehrer in seinem „Grundriß zur Vorlesung über Grundzüge des deutschen Privatrechts“ unter den Persönlichkeitsrechten „das eigene Bild“ aufgenommen hat.

Wie sehr das Persönlichkeitsrecht des Urbildes neben dem Gesetze, betreffend den Schutz der Photographien gegen unbefugte Nachbildung, vom 10. Januar 1876, anlangend die Rechte des Bestellers (dessen Bedeutung Prof. Dr. J. Kohler, Zur Konstruktion des Urheberrechts im „Archiv für bürgerliches Recht“, Bd. X, S. 278 entwickelt) der Anerkennung bedarf, beweist der vom III. Strafsenat des Reichsgerichts (Urteil vom 26. Juni 1900, Entscheidung Bd. XXXIII, S. 295 ff.) entschiedene und von mir bereits im „Recht“ Jahrg. 1901 Nr. 2, S. 42 ff., besprochene Rechtsfall, dessen Tatsächliches dahin angegeben sei:

Ein Mann führt eine Frau in eine photographische Werkstatt und bestellt von der Frau eine Bildnisaufnahme. Schweigend gewährt die Frau die Aufnahme und erhält der Mann die gefertigten Bilder, von denen der Photograph eigenmächtig eine größere Anzahl fertigt. Der Mann kümmert sich hierum nicht weiter. Der Frau, welche die Verbreitung ihres Abbildes verhindern will, wird die Rechtshilfe versagt, weil ihr die Eigenschaft als „Besteller" fehle. Ob die hierin liegende enge tatsächliche Auffassung eines „Bestellers" berechtigt war, bleibe dahingestellt; jedenfalls wird es sich empfehlen, daß das Urbild seine Miteigenschaft als Besteller zu erkennen gibt, um des Rechtsverfahrens einer solchen Eigenschaft nicht verlustig zu gehen. Mochte aber auch das schweigsame Urbild nicht eine Bestellereigenschaft haben, so wohnte ihm doch unentziehbar das Persönlichkeitsrecht bei. Mit der Geltendmachung dessen konnte das Urbild Schutz gegen den Photographen finden, nachdem der begleitende Mann seine Hilfe versagt hatte. Das Reichsgericht weist auf das Unzureichende der gesetzlichen Bestimmung hin, war aber im Strafverfahren eine Ausdehnung von dem Recht des Bestellers auf das Persönlichkeitsrecht des Urbildes zu gewähren, behindert.

Weithin Aufsehen hat erregt die unberechtigte Bildnisaufnahme des Reichskanzlers Fürsten Bismarck auf der Totenbahre. Es wird noch in der Erinnerung sein, daß zwei Photographen ohne Erlaubnis des Hausherrn, der Kinder und Erben des Fürsten Bismarck in die Räumlichkeiten eingedrungen waren und photographische Aufnahmen gemacht hatten. Hiergegen suchten die Kinder und Erben des Fürsten Bismarck Schutz und fanden ihn im Erlaß einer einstweilige Verfügung der Ferien-Zivilkammer des Landgerichts Hamburg vom 5. August 1898, durch welche die Benutzung der hergestellten Platten zur Bildverbreitung untersagt wurde. Die Prüfung der Berechtigung dieser einstweiligen Verfügung erfolgte durch Urteile des Landgerichts Hamburg vom 8. September 1898, Oberlandesgerichts Hamburg vom 21. November 1898 und in einem sich anschließenden Rechtsgange durch Urteil des Landgerichts Hamburg vom 20. Februar 1899, des Oberlandesgerichts Hamburg vom 5. Juni 1899 und des Reichsgerichts vom 28. Dezember 1899 (Entscheidungen des Reichsgerichts in Zivilsachen Bd. XLV, S. 170). Diese Entscheidungen sind seinerzeit in den Tagesblättern vielfach zum Abdruck gelangt. Prof. Dr. J. Kohler hat denselben in seinen „Autor- und industrierechtlichen Abhandlungen und Gutachten" Heft II, S. 55 ff. (1901) ein dauerhaftes Dasein gesichert (S. 61).

Die Berechtigung, ja Notwendigkeit der getroffenen Entscheidungen wurde seinerzeit allgemein, wie von Kohler, anerkannt. Das Urteil des Landgerichts Hamburg vom 8. September 1898 (bei Kohler S. 61 ff.) erwärmt sich zunächst für das Recht am eignen Bilde und erkennt in der unberechtigten Bildnisentnahme eine Verletzung der Persönlichkeit des Urbildes. Dann heißt es weiter: „Würde aber der Lebende gegen derartige Rechtsverletzung geschützt sein, so wird nach seinem Tode auch seinen nächsten Angehörigen das Recht zuzusprechen sein, gegen unbefugte

Abbildung und gegen unbefugtes Verbreiten von Bildern des Verstorbenen Einsprache zu erheben. Dieses Recht steht ihnen nicht etwa zu als Erben im rechtlichen Sinne, sondern als Familienangehörigen des Verstorbenen. Denn in dieser Eigenschaft werden sie selbst direkt durch derartige Handlungen getroffen. Es ist der Regel nach ein Eingriff in die Rechte der Persönlichkeit der Hinterbliebenen, weil eine Verletzung ihres Pietätgefühls, wenn man es unternimmt, ohne ihre Zustimmung ein Bildnis eines ihnen teuren Verstorbenen anzufertigen, um es der Öffentlichkeit zu übergeben."

Es durfte mir zweifelhaft erscheinen, ob in der Bildnisentnahme vom toten Fürsten Bismarck eine Verletzung der Persönlichkeit seiner Nachkommen, Erben, Angehörigen gefunden werden könne. Ich schrieb deshalb in der „Deutschen Juristen-Zeitung" vom 1. Dezember 1898 (Nr. 24 S. 488):

„Das Bedeutsame dieser Entscheidung liegt in dem Entschluß, auch gegen die Bildnisentnahme eines Toten Schutz zu gewähren. Bedenklich ist mir, ob in der Bildnisentnahme ein Eingriff in die Rechte der Persönlichkeit der Hinterbliebenen gefunden und empfunden werden kann. Wenn die ungenehmigte Bildentnahme vom toten Fürsten von Bismarck als rechtsverletzend bezeichnet und der Schutz durch eine gegen die Photographen erlassene einstweilige Verfügung gewährt wurde, so entspricht dies dem Rechtsgefühle des Volkes, selbst abgesehen von der Person, deren Leichenbild entnommen wurde. Wenn ich von dem Toten als einer Person spreche, so tue ich dies mit ruhiger Überlegung und glaube mich mit dem nicht unbeachtsamen Sprachgebrauch in Übereinstimmung zu finden. Man wird nicht ohne weiteres sagen wollen, daß mit dem Tode alles, was die Person anlange, aufgehört habe; man wird sich daran erinnern: hereditas personam defuncti sustinet. Mit dem Tode ist der entseelte Körper nicht einer von Anbeginn leblosen Sache gleich; der Leiche wird die Achtung, Ehre der Person des Verstorbenen gewährt. Die Persönlichkeit des Verstorbenen ist mit dem aus dem Körper entwichenen Leben nicht ins Freie gefallen, schutzlos. Daß dies nicht der Fall, beweist § 189 des R.St.G.B., der strafbare Angriff ist nicht gegen die Person derer gerichtet, denen der Gesetzgeber den Schutz anvertraut hat, sondern gegen das „Andenken" des Verstorbenen. Ich kann nicht denen folgen, welche ihre Zuflucht genommen haben zu einer Verletzung des sittlich-religiösen Gefühls, der Familienehre usw. Das Volksbewußtsein empfindet die Berechtigung der Strafbestimmung, weil in dem rein, unbefleckt zu haltenden Andenken die Person des Verstorbenen fortlebt. Notwendig stirbt die Person des Toten allmählich ab. Für die Bildnisentnahme ist sie mit der Einfriedung erledigt. Durch die unberechtigte Bildnisentnahme ist die Persönlichkeit des Fürsten von Bismarck verletzt worden, deren Schutz seine Kinder gefordert und gefunden haben. Ich freue mich dessen."

„Das zu schützende Recht reicht weit über das Gesetzeswort hinaus. Es ist Aufgabe der Richter, das Recht zu finden. Der Gesetzgeber möge das Recht gestalten, der Richter darf nicht warten in der Rechtsfindung, bis der Gesetzgeber ihm den Weg gebahnt hat. Das Landgericht Hamburg hat nicht gewartet, sondern das Recht gefunden."

Es darf mich freuen, daß Prof. Dr. J. Kohler in seinen oben angeführten „Abhandlungen und Gutachten" S. 57 zu demselben Ergebnis gelangt, indem es dort heißt: „Allerdings erlischt das Persönlichkeitsrecht in seiner Hauptbedeutung mit dem Tode; allein es erlischt unter Hinterlassung eines Residuums (?), und dieses geht auf die Hinterbliebenen über; sie üben es aus als ihr Recht, aber sie üben es nicht aus als ihr ureignes persönliches Recht, sondern als das ihnen überkommene Persönlichkeitsrecht des Erblassers. Es ist dasselbe Recht, wie dasjenige, das ihnen die Verfügung gibt über seinen Leichnam, wie dasjenige, das ihnen die Verfügung gibt über seine Briefe und die nicht veröffentlichten Schriften, dasselbe Recht, das ihnen die Befugnis verleiht, gegen die Verleumdung des Erblassers aufzutreten. . . ." Die Gleichstellung mit der Verfügung über Briefe und Schriften hätte ich, als nicht wesentlich zur Sache gehörig, hier vermissen mögen; verwahre mich hierbei dagegen, als hätte ich durch die Reihenfolge der Anführungen eine Andeutung unternehmen wollen, daß ich ein Vorgänger des Prof. Dr. J. Kohler gewesen sei. Betreffend das über den Tod hinausreichende Persönlichkeitsrecht an der eignen Person darf ich auf Prof. Dr. Karl Gareis' „Das Recht am menschlichen Körper" (Festgabe der juristischen Fakultät für ihren Senior Johann Theodor Schirmer S. 93) hinweisen.

Der Mitteilung des Urteils des Reichsgerichts läßt Prof. Dr. J. Kohler eine vernichtende, scharf entwickelnde Beurteilung folgen. Von den Gründen, welche die im strafbaren Hausfriedensbruch aufgenommenen Photographien, als auf verbotenem Boden entstanden, der Vernichtung überweisen, bleibt nichts übrig, als die erfreuliche Feststellung, daß das Erlangte, das Photogramm, etwas rechtswidrig Erlangtes gewesen sei. „Diese Rechtswidrigkeit", sagt Prof. Dr. J. Kohler, „kann aber nur eine Verletzung der Persönlichkeit sein, und damit hat das Reichsgericht indirekt das Persönlichkeitsrecht auch in dieser Verbindung anerkannt. Solches hätte allerdings der höchste Gerichtshof, ebensowie die Untergerichte, aussprechen sollen; allein er hat dies nicht getan . . ." S. 105).

Stillschweigend oder mittelbar hat sich demnach das Reichsgericht zum Schutz des Persönlichkeitsrecht am eignen Bilde bekannt, und Prof. Dr. J. Kohler rückhaltlos und ausdrücklich in dem hier in Rede stehenden Falle.

Es sei ein weiterer Rechtsfall hier mitgeteilt, in welchem der Gerichtshof sich gescheut hat, ein Persönlichkeitsrecht am eignen Bilde anzuerkennen und daraufhin dem Verletzten Schutz zu gewähren, während die Schutzbedürftigkeit anerkannt ist und, um zum Ziel zu gelangen, ein Fehlweg eingeschlagen ist. Das Tatsächliche des Falles ist dahin anzugeben:

Eine Ehegattin, welche von Eifersucht geplagt wurde, gab einem Detektiv P. den Auftrag, ein Fräulein F. zu beobachten. In Ausführung dessen gab der Angestellte K. dem Hilfsdiener N. einen photographischen Apparat mit dem Auftrage, das Fräulein F. bei passender Gelegenheit zu photographieren. N. führte das aus. Fräulein F., welche hiervon Kenntnis erhielt, erwirkte eine einstweilige Verfügung des Landgerichts Hamburg, VII. Zivil-Kammer, vom 2. August 1900 gegen P. und K. dahin:

1. das Gerichtsvollzieheramt wird angewiesen, die Platte der von dem Antragsgegner K. aufgenommenen Photographie der Antragstellerin mit allem Zubehör als Plattenabzügen, Negativen, Vergrößerungen usw. zu beschlagnahmen und an sich zu nehmen, die Antragsgegner werden verpflichtet, diese Gegenstände dem Gerichtsvollzieheramte herauszugeben*);
2. dem Antragsgegner wird bei einer Strafe von 500 Mk. untersagt, die Platte nebst allem Zubehör in irgend einer Weise zum Zwecke der Weitergabe an dritte Personen zu benutzen und die bereits gewonnenen Abzüge in irgend einer Weise zu verbreiten oder zu verwerten.

Die Antragsgegner P. und K. legten die Berufung ein, welche vom III. Zivil-Senat des hanseatischen Oberlandesgerichts zu Hamburg durch Urteil vom 20. November 1900 zurückgewiesen wurde. Die Gründe lauten dahin:

„Würde den Ausführungen Keyßners in seiner Schrift über „Das Recht am eignen Bilde" zu folgen oder ein solches Recht auch nur in der Beschränkung anzuerkennen sein, in der Kohler (z. vgl. namentlich

*) Die Frage, was weiter mit den Sachen geschehen soll, beantworte ich dahin: sie fallen der Bestimmung des Fräulein F. zu zur Vernichtung oder zum Erwerbe gegen Erstattung der Kosten des Stoffes.

seine sich mit dem Falle der Photographie der Leiche des Fürsten Bismarck beschäftigende Abhandlung in der Zeitschrift „Gewerblicher Rechtsschutz und Urheberrecht„ 5. Jahrg., S. 196 ff.) dem Bestehen eines solchen Rechtes das Wort redet, so wäre damit ohne weiteres eine rechtliche Grundlage für den Anspruch der Antragstellerin gewonnen. So Beachtliches die Ausführungen der Genannten aber auch de lege ferenda enthalten mögen: gegenüber dem positiven Rechte, wie es in dem Reichsgesetze, betreffend den Schutz der Photographien usw., vom 10. Januar 1876 und den Bestimmungen des B.G.B.s vorliegt, erscheint es untunlich, ihre Theorien der Entscheidung zu Grunde zu legen. Trotz der in einzelnen Rechtsfällen hervorgetretenen Unzulänglichkeit des Schutzes der photographisch abgebildeten Person, die nicht Bestellerin des Bildes ist, ist, wie auch das Reichsgericht III. Strafsenat in dem beigebrachten Urteile gegen Geitel und Genossen vom 26. Mai 1900 hervorhebt, eine Erweiterung des Rechtsschutzes über die Bestimmung des § 7 des Gesetzes hinaus nicht erfolgt. Bei der Entstehung des B.G.B.s lagen ferner die erwähnte Schrift Keyßners, wie die früheren Arbeiten Kohlers über das Persönlichkeitsrecht vor; auch Gierke in seinen Ausführungen über das Persönlichkeitsrecht, „Deutsches Privatrecht" § 81, ist hier zu nennen. Der Gesetzgeber ist auf diesem Gebiete jedoch nicht weiter gegangen, als daß er im § 12 des B.G.B.s eine allgemeine Schutzbestimmung gegen unbefugte Anmaßung eines Namens getroffen hat. Dem gegenüber erscheint es aber nicht angängig, den von der Antragstellerin geltend gemachten Anspruch auf ein allgemeines, neben dem kodifizierten Recht bestehendes Recht der Persönlichkeit zu stützen. Vielmehr kann nur in Frage kommen, ob der Anspruch sich auf Grund des B.G.B.s rechtfertigten läßt. Und dies war mit dem Landgericht auf Grund des Tatbestandes anzunehmen, von dem auch das Landgericht ausgegangen ist. Die behauptete und übrigens bis zum Beweise des Gegenteils anzunehmende Unbescholtenheit der Antragstellerin ist von den Berufungsklägern in erster Instanz nicht bestritten. Ohne einen irgendwie gegründeten Anhalt dafür, daß sie in unerlaubtem Verkehr mit dem betreffenden Ehemanne stehe, hat nach dem erstinstanzlichen Vortrage der Berufungskläger, der Angestellte R., die Antragstellerin, „welche dem P.schen Geschäftslokal gegenüber wohne und sehr hübsch sei", beobachten und durch den Berufungskläger K. photographieren lassen. Wenn R. dabei von der Ansicht ausgegangen sein soll, daß das Bild vielleicht für die Erledigung des dem Geschäfte gewordenen Auftrages dienlich sein könne, so kann dies nur heißen, daß die Photographie der Antragstellerin dazu dienen sollte, sie eventuell durch Vorzeigung des

Bildes als eine Person zu rekognoszieren, die mit dem betreffenden Ehemann einen unerlaubten Verkehr unterhalte. Daß dies die Absicht gewesen sei, wenn R. das Bild auch zunächst erst einmal selbst habe haben wollen, ist von den Berufungsklägern in der Berufungsverhandlung auch zugegeben."

„Gegenüber ihren Zugeständnissen in erster Instanz können die Berufungskläger aber nicht ohne weiteres mit ihren in dieser Instanz neu aufgestellten, mit jenen Zugeständnissen unvereinbaren Behauptungen gehört werden, daß die Antragstellerin eine leichtsinnige Person sei, betreffs derer begründeter Verdacht vorliege, daß sie mit dem betreffenden Ehemann unerlaubt verkehre. Vielmehr hätten sie die Beweiskraft der früheren Zugeständnisse nur dadurch beseitigen können, daß sie die behaupteten neuen Tatsachen, von denen sie auch nicht etwa geltend machen, daß sie dieselben erst durch spätere Ermittelungen in Erfahrung gebracht haben, mit geeigneten Beweismitteln, wie im vorliegenden Verfahren allein zulässig ist, glaubhaft machten. Dies ist nicht geschehen."

Wäre die Antragstellerin eine liederliche Person oder läge gar Beweismaterial dafür vor, daß sie mit dem betreffenden Ehemann verbotenen Umgang gepflogen hat, dann könnte sie allerdings nicht geltend machen, daß das Vorgehen gegen sie ihre Ehre verletzt habe. Andererseits muß dem Landgericht aber darin zugestimmt werden, daß es für ein unbeteiligtes, unbescholtenes junges Mädchen beleidigend ist, wenn sie durch Vorzeigung ihres Bildes zum Zwecke ihrer Rekognoszierung als des unerlaubten Verkehrs mit einem Manne verdächtig hingestellt wird. Sie wird dadurch, weil sie damit ohne gerechtfertigte Veranlassung in den Verdacht gebracht wird, auf ihre weibliche Ehre keinen Wert zu legen, in dieser ihrer weiblichen Ehre gekränkt. Die Behauptung der Berufungskläger, daß die photographische Aufnahme mißlungen und Bilder der Antragstellerin davon nicht herzustellen gewesen seien, kann ihnen, ohne daß sie die Behauptung durch Vorlegung der Platte oder auf andere Weise glaubhaft machen, nicht ohne weiteres geglaubt werden. Vielmehr spricht an sich die Wahrscheinlichkeit dafür, daß von der Aufnahme der beabsichtigte Gebrauch gemacht werden konnte und gemacht ist. Übrigens war eine Beleidigung der Antragstellerin auch nicht erst damit gegeben, daß die Photographie der Antragstellerin zu ihrer Rekognoszierung anderen Personen vorgelegt wurde. Vielmehr enthält auch schon die Betätigung des erwähnten Verdachtes gegen sie durch die zum Zwecke ihrer Rekognoszierung vorgenommene photographische Aufnahme ihres Bildes eine Beleidigung, d. h. eine unberechtigte Darlegung der Mißachtung ihrer Person, weil sie schon damit als eine Person hingestellt wird, der zuzutrauen sei, daß sie ihre weibliche Ehre preisgäbe. Wenn die Antragstellerin den beleidigenden Charakter der Handlung erst später erkannt hat, so ändert dies an dem Vorhandensein der Beleidigung nichts. Zum Tatbestande einer solchen gehört auch nicht notwendig die Absicht der Beleidigung. Vielmehr gehört dazu, abgesehen von der Vorsätzlichkeit der Kundgebung als Dolus, nur noch das „Bewußtsein" des ihr beiwohnenden ehrenkränkenden Charakters, sowie ihrer Rechtswidrigkeit. Es macht sich auch derjenige einer Beleidigung schuldig, der sich einer ehrenkränkenden Kundgebung als Mittels zu einem anderen Zwecke bedient; z. vgl. Oppenhoff, Anm. 27 zum § 185 St.G.B. An dem Vorhandensein des Bewußtseins von dem ehrenkränkenden Charakter der Handlung ist vorliegenden Falls nicht zu zweifeln. Und auch das Bewußtsein ihrer Rechtswidrigkeit muß bei der Frivolität, mit der hier — nach dem der Entscheidung zu Grunde zu legenden Tatbestande — gehandelt ist, und der Art und Weise, wie der Berufungskläger K. sich die Gelegenheit zu der photographischen Aufnahme verschafft hat und nach ihrer Ausführung davon geeilt ist, jedenfalls zunächst als vorhanden angenommen werden."

„Gegen die Handlungsweise der Berufungskläger ist der Antragstellerin auch der beantragte Rechtsschutz zu gewähren. Es ist streitig, ob die Bestimmung des § 823 Abs. 1 B.G.B. sich auf das Rechtsgut der Ehre bezieht. Endemann, „Lehrbuch des bürgerlichen Rechtes" § 200, und Kuhlenbeck, „Von den Pandekten des B.G.B." II, S. 153, nehmen es an. Wäre ihre Ansicht richtig, so würde es nicht darauf ankommen, ob der Tatbestand des § 185 St.G.B. vorliegt, sondern würde schon eine fahrlässige widerrechtliche Verletzung der Ehre der Antragstellerin durch die Berufungskläger sie nach der angeführten Bestimmung verantwortlich machen. Es kann aber dahin gestellt bleiben, ob der Ansicht der Genannten zuzustimmen ist und die Verletzung der Ehre eines Anderen nicht vielmehr nur nach Abs. 2 des § 823 insofern geschützt wird, als in der Ehrverletzung ein Verstoß gegen ein den Schutz eines Anderen bezweckendes Gesetz liegt; Planck, Anm. 2a zu § 823, und die von ihm daselbst Citierten. Denn den obigen Ausführungen nach ist hier der § 185 St.G.B., also ein Gesetz der oben erwähnten Art verletzt."

„Allerdings sprechen die Vorschriften des Titels des B.G.B.s von den „Unerlaubten Handlungen" nur von Ansprüchen auf Schadensersatz. Selbstverständlich kann die Meinung des Gesetzgebers aber nicht gewesen sein, daß zum Ausgleich der durch die unerlaubten Handlungen begangenen Rechtsverletzungen nur das Mittel der Schadensklage gegeben sein solle, dagegen ein Rechtsbehelf zur Beseitigung der Rechtsverletzungen selbst und der Gefahr einer weiteren Schädigung des Verletzten durch dieselben nicht gegeben sein solle. Ist, wie in den in Frage stehenden Vorschriften anerkannt ist, durch die unerlaubte Handlung ein Recht verletzt, so ist an sich selbstverständlich, daß der Berechtigte die Beseitigung des seinem Rechte widersprechenden Zustandes beanspruchen kann. Der Anspruch hierauf, der sich vorliegenden Falls etwa auf Vernichtung der an den Gerichtsvollzieher herauszugebenden Platte mit der photographischen Aufnahme nebst Abzügen usw. zu richten haben wird, geht also neben dem in dem Gesetze geordneten Anspruche auf Schadensersatz her; Planck, Vorbemerkung II zu dem fraglichen Titel."

„Der Anspruch und die Sicherungsmaßregel der einstweiligen Verfügung richten sich auch mit Recht gegen den Berufungskläger P. Dies schon deshalb, weil nach den obigen Ausführungen bis auf weiteres anzunehmen ist, daß die für sein Geschäft gemachte photographische Aufnahme in demselben auch die beabsichtigte, für die Ehre der Antragstellerin verletzende Verwendung findet. Geschieht dies aber trotz seiner Kenntnis der Sachlage in dem Machtbereiche, in dem seine Autorität gilt und die unerlaubte Handlung verhindern kann und muß, so ist er an ihr mitschuldig. Aber auch für die schon in der photographischen Aufnahme des Bildes der Antragstellerin den Umständen nach liegende Ehrverletzung ist der genannte Berufungskläger, selbst wenn er damals abwesend war und nichts davon gewußt haben sollte, zivilrechtlich allem Anscheine nach mit verantwortlich. Er verteidigt die Berechtigung der Handlungsweise seiner Angestellten und erklärt ihr Verfahren für richtig. Seine Angestellten haben dabei also in seinem Sinne und, wie nahe liegt, nach seiner ihnen allgemein erteilten Instruktion gehandelt. Danach kommt aber die Bestimmung des § 831 B.G.B. in Betracht. Nach dieser Bestimmung ist der Geschäftsherr für die Schädigung haftbar, die eine von ihm zu einer Verrichtung bestimmte Person in Ausführung der Verrichtung einem Dritten zufügt, wenn er bei der ihm obliegenden Leitung der Ausführung der Verrichtung nicht die im Verkehr erforderliche Sorgfalt beobachtet."

„Demnach hat das Landgericht, da auch die Voraussetzung des § 940 C.P.O. vorliegt, daß die in der einstweiligen Verfügung getroffene einstweilige Sachregelung zur Abwehr wesentlicher Nachteile von der Antragstellerin nötig erscheint, die Verfügung mit Recht erlassen." —

Zunächst darf es überraschen, daß der Gerichtshof sich nicht der Entscheidung des Reichsgerichts, VI. Zivil-Senat, vom 11. April 1892 (Entscheidungen Bd. XXIX, S. 124 ff.), betreffend die unbefugte Führung eines Familiennamens, entsonnen hat, welches in dem vielbesprochenen Urteil des Landgerichts Hamburg vom 8. September 1898 angeführt ist (Abdruck bei Kohler, S. 66). Ohne Gesetzesbuchstaben wurde das Recht am eigenen Namen anerkannt; der Mangel eines Gesetzeswortes war also im Gebiet des bürgerlichen Rechts kein Hemmnis, gegen eine Rechtsverletzung durch Entnahme eines Bildes einzutreten. Wer die vernichtende Beurteilung Prof. Dr. Kohlers über das Urteil des Reichsgerichts vom 28. Dezember 1899 gelesen hat, wird anerkennen, daß die dortige Vernichtung auch das vorstehende Urteil trifft. Wäre dem Richter die Ehre des Fräulein F. nicht makellos erschienen, so würde sie sich von den Hilfsbeamten des Detektives haben photographieren lassen müssen, mochte sie auch dem leichtlebigen Ehemann überhaupt nicht bekannt gewesen sein. Wurde ihr der Vorwurf einer ehebrecherischen Verbindung gemacht, so lag in diesem Vorwurf eine Beleidigung. Mit dem Bilde wurde eine solche Beleidigung nicht zum Ausdruck gebracht. Man gelangte sonst dahin, daß ein Photograph, der eine Person, welche sich nicht abbilden lassen will, mit den Worten anläßt: „Sitzen Sie doch ruhig, Sie Kameel," und dem es dann gelingt, ein Bild aufzunehmen, durch das Bild beleidigt habe.

Nahe liegt folgender Fall: Ein Lichtbildner oder ein Liebhaber, der für sich eine Sammlung schöner Frauen und Männer anlegt, hat das Bildnis eines viel bewunderten Fräuleins aufgenommen. Hiergegen würde dem Fräulein weder der Schutz auf dem Boden des Hausfriedensbruchs, noch der Beleidigung gewährt werden können. Das Persönlichkeitsrecht am eigenen Bilde ist also offen zu bekennen. Wenn gefragt wird, wieweit dasselbe reiche, so zieht hier Prof. Dr. J. Kohler eine enge Grenze. Es darf verwiesen werden auf die Abhandlung „Das Individualrecht als Namensrecht" (Archiv für bürgerliches Recht, Bd. V, S. 77 ff., daraus „Das Recht am eigenen Bilde" S. 12 ff.), „Die Konstruktion des Urheberrechts" (Archiv für bürgerliches Recht, Bd. X, S. 274), woselbst es heißt: „Niemand hat ein ausschließliches Individualrecht auf seine Züge und seinen Habitus, und nur dann wird die Veröffentlichung eines solchen Bildes in die Rechtssphäre der Person eingreifen, wenn sie in ungewöhnlicher, den Lebensverhältnissen widersprechender Weise stattfindet." In der oben bereits bezogenen Abhandlung „Der Fall der Bismarcks-Photographie" ist die Abgrenzung bestimmt getroffen. Es heißt dort:

„Ein Recht auf das eigene Bild in dem Sinne, daß Niemand ein Bild gegen seinen Willen veröffentlichen und aufstellen darf, ist nicht anzuerkennen. Wer in der Öffentlichkeit lebt, muß sich gefallen lassen, daß die Welt das Bedürfnis empfindet, sein Bild zu kennen, und daß sie diesem Verlangen entspricht. Aber man kann begehren:

a) daß das Bild keine beschimpfende Wendung enthält;

b) daß es nicht in eine Umgebung gebracht wird, welche die Persönlichkeit herabzieht und sie mit Gemeinem in Verbindung setzt;

c) daß kein unähnliches Bild gebracht wird, welches der Kenner notwendig refusieren muß;

d) daß das Internum des Privatlebens gewahrt bleibt: das Privatleben umgibt ein Schleier, den niemand zu durchbrechen berechtigt ist: la vie privée doit être murée."

„Dieses letztere ist ein Hauptpunkt: Niemand ist berechtigt, selbst eine in der Öffentlichkeit wirkende Persönlichkeit gegen ihren Willen aus ihren intimen Situationen des Privatlebens herauszureißen und der Öffentlichkeit preiszugeben."

„Zu den privaten Situationen gehört nun vor Allem die feierliche Stille des Todes."

Mit diesem letztmitgeteilten Satz wird dann auf die Rechtsverletzung durch Bildnisentnahme des Fürsten Bismarck auf der Totenbahre übergegangen.

Wo Prof. Dr. J. Kohler sogar eine Verletzung des Persönlichkeitsrechts zugibt, wird sie nirgend in Abrede gestellt werden. Mit Bestimmtheit muß ich aber dem entgegentreten, daß „Personen, die der Geschichte angehören oder sich im öffentlichen Getriebe bewegen", „in der Öffentlichkeit leben"*), in ihrem Persönlichkeitsrecht minder geschützt sein sollen als derjenige, von dem es heißt: bene vixit, qui bene latuit. Allerdings lassen sich Landesherren und sonst hervorragende Persönlichkeiten Bildnisfertigungen

*) Die „Kölnische Zeitung" brachte in Nr. 757 vom 9. August 1898 eine Erörterung „Unbefugtes Photographieren", daselbst heißt es: „Denn der Satz, daß, wer sich in die Öffentlichkeit begebe, sich auch gefallen lassen müsse, photographiert zu werden, selbst wenn er es nicht wünsche, ist nicht haltbar. Das Nehmen des Bildes einer Person ist ohne Zweifel ein Eingriff in das Recht der Persönlichkeit." Es sei weiter hier vermerkt die eingehende Abhandlung „Zur Neuregelung des Photographierechts," deren Verfasser mir unbekannt ist, in Nr. 1047 der „Kölnischen Zeitung" vom 7. November 1898. — Es sei ferner auf das Urteil des Landgerichts Hamburg vom 8. September 1898 aufmerksam gemacht, in dem es (Kohlers Abhandlungen und Gutachten Heft 2, S. 68) nach vorgängiger Erwähnung der in der Öffentlichkeit aufgenommenen Ereignisphotographie heißt: „Abgesehen von solchen und ähnlichen Ausnahmefällen wird man aber auch solchen Personen, welche der Geschichte angehören oder im öffentlichen Leben hervorgetreten sind, das Recht nicht versagen dürfen, die unbefugte Anfertigung und Verbreitung von Nachbildung ihrer Person zu untersagen."

und -verbreitungen stillschweigend gefallen, selbst solche, welche unähnlich (oben unter c), sogar unschön sind; ich vermag aber durchaus keine Folgerung dahin zu ziehen, daß dem hohen oder berühmten Urbilde wegen seiner Bedeutsamkeit ein Schutzrecht nicht zustehe, daß also mit dem Emporsteigen zur Berühmtheit das Persönlichkeitsrecht am eigenen Bilde allmählich schwinde. Vielleicht möchte mancher sein Persönlichkeitsrecht am eigenen Bilde aufgeben, wenn ihm damit die Eigenschaft der berechtigten Berühmtheit zuständig würde!

Abgesehen von dem im öffentlichen Sicherheitsdienst entnommenen Abbilde („Das Recht am eigenen Bilde" S. 42; Entscheidungen des Reichsgerichts in Strafsachen, IV. Straffenat, Urteil vom 2. Juni 1899, Bd. XXXII, S. 199 ff.) ist das Persönlichkeitsrecht am eigenen Bilde ein allgemein unentziehbar zuständiges. Auf Fälle der Genehmigung habe ich im Eingange hingewiesen.

Den richtigen Weg, wenn auch wohl in einer verbesserungsfähigen Fassung, hat das österreichische Gesetz vom 26. Dezember 1895, betreffend das Urheberrecht an Werken der Literatur, Kunst und Photographie eingeschlagen, woselbst es im § 13 Abs. 2 heißt:

„Bei Photographieportraits ist die Ausübung des Urheberrechts in allen Fällen an die Zustimmung der dargestellten Person oder ihrer Erben gebunden; ausgenommen sind Photographieportraits zu amtlichen Zwecken."

Ich war bemüht, die Berechtigung und Notwendigkeit der Anerkennung des Rechts am eigenen Bilde an Tatsachen nachzuweisen. Daß ich hierbei vornehmlich an die Photographie anknüpfte, begründet sich damit, daß in dieser Tätigkeit die Person häufigst der Rechtsverletzung ausgesetzt ist.

In den Ruf, mit rascher Gesetzgebung zu helfen, vermag ich nicht einzustimmen. Das Recht ist in der Rechtsprechung bereits zur Geltung gebracht; die entschlossene unabhängige Begründung wird folgen. Wenn dann aus der Mannigfaltigkeit der Fälle das Recht rückhaltlos zum Bewußtsein gebracht sein wird, hat die Gesetzgebung die Aufgabe zu erfüllen, dem gewonnenen Inhalt die schöne Gestalt zu geben.

III.

Gutachten des Herrn Professor Dr. Heinrich Waentig in Greifswald

über die Frage:

Welche Maßregeln empfehlen sich für die rechtliche Behandlung der Industriekartelle?

Die Industriekartelle (vertragsmäßige Vereinigungen selbständiger Unternehmer zur Erzielung höchstmöglichen Kapitalprofites durch monopolistische Beherrschung des Marktes), Trusts (Verbände früher selbständiger Unternehmungen zu dem gleichen Zwecke, jedoch unter Verschmelzung der einzelnen Betriebe und grundsätzlicher Vernichtung ihrer Unabhängigkeit) und ihre mannigfaltigen Spielarten sind als Erscheinungsformen derselben allgemeinen Tatsache zu betrachten, die man kurz als den Konzentrationsprozeß des Kapitals bezeichnet hat. Von einfacheren und loseren zu immer verwickelteren und fester gefügten Organisationen fortschreitend, entspringen sie regelmäßig dem Bestreben, die Widerstände zu überwinden, „welche der Tendenz des Kapitales, sich unter einem einheitlichen Unternehmerwillen zu wirtschaftlichen Kraftzentren zu akkumulieren, entgegenwirken.“ Naturgemäß setzt daher der Kartellierungsprozeß da ein, wo die Kapitalskonzentration im freien Wettbewerbe gewissermaßen an einem toten Punkte angelangt ist und im erbitterten Preiskampfe annähernd ebenbürtiger Rivalen der Kapitalprofit dahin zu schwinden droht.

Ist sonach die Tendenz zur Kartellierung überall da vorhanden, wo die Unternehmer den ungezügelten Wettbewerb als ihren Interessen schädlich, die friedliche Vereinigung aber als das geeignete Abhilfsmittel erkannt haben, so scheint ihre tatsächliche Verwirklichung doch noch an bestimmte objektive Voraussetzungen, insbesondere an die Möglichkeit wenigstens zeitweiligen Ausschlusses wirksamer Konkurrenz sowie die „Kartellfähigkeit" der zu kombinierenden Betriebe (annähernd gleiche Größe, ähnliche Organisation, gleichförmiger und übersichtlicher Produktionsprozeß usw.) gebunden, so daß schon hierdurch der Ausbreitung der Kartellbewegung über die gesamte Volkswirtschaft gewisse natürliche Grenzen gezogen scheinen. Immerhin ist sie so universeller Natur — Kohlen und Erzbergbau, Eisenindustrie und Metallurgie, chemische Industrie und Industrie in Steinen und Erden, Textilindustrie, Papierindustrie und Buchdruckerei, Industrie in Holz- und Schnitzstoffen, Leder- und Nahrungsmittelindustrie sind ihr allmählich, die einen mehr, die anderen weniger, zum Opfer gefallen —, daß die rechtssetzende Gewalt des Staates nicht länger untätig an ihr wird vorübergehen können. Ob diese sich bei ihrem künftigen Vorgehen fördernd, hemmend oder möglichst neutral verhalten soll, hängt natürlich in erster Linie ab von den spezifischen Wirkungen der Industrieverbände und deren praktischer Bedeutung für das nationale Wirtschaftsleben. Läßt sich nun zur Zeit hierüber ein abschließendes Urteil auch noch nicht fällen, so darf doch folgendes als vorläufig feststehend betrachtet werden*):

Daß zunächst der immanente Zweck aller Kartellierung, Erhaltung und womöglich Erhöhung des Kapitalprofites, vielfach, ja vielleicht in einem immer wachsenden Maße erreicht wird, hierauf deutet schon das langjährige Bestehen und die Festigung vieler derartiger Verbände, sowie die unaufhaltsame Ausbreitung der Kartell- und Trustbewegung hin. So weit jenes tatsächlich der Fall, besteht die Gefahr, daß die Kartellierung eine sozialpolitisch unerfreuliche Einkommensverteilung allermindestens begünstige, da sie, wie man gesagt, den „tendenziellen Fall der Profitrate" aufhalte, bezw. zu einer „Petrifizierung" des Unternehmereinkommens führe, in dem sie die industrielle Unternehmung in einer Art von Renteninstitut verwandele.

Noch unmittelbarer jedoch als durch die eventuelle Steigerung des Kapitalprofites wird die Volkswirtschaft durch die drei Methoden beeinflußt, vermittelst deren jenes Ziel vorwiegend angestrebt wird, oder doch werden kann:

1. Monopolistische Gestaltung der Preisbildung, sei es in Form des Preisdruckes gegenüber dem Vormanne im Verkehr, oder, noch häufiger, in Form absoluter oder relativer (im Verhältnis zum

---

*) Ich verweise hinsichtlich der folgenden summarischen Feststellung auf die weitere Begründung derselben in meiner Abhandlung „Industriekartelle und Trusts und das Problem ihrer rechtlichen Regelung" in Schmoller's Jahrb. f. Gesetzgebung u. Verwaltung, Jahrg. 1901, 4. Heft und auf die dort zitierte Literatur.

Sinken der Produktionskosten) Erhöhung der Produktpreise. Erfahrungsgemäß werden beide Arten vielfach angewandt. Auch scheint, soweit nur ein hinreichend großer Bruchteil der Gesamtproduktion zentralisiert ist, aktuelle, oder gar nur sog. potentielle Konkurrenz keinen genügenden Schutz gegen mißbräuchliche Preispolitik zu bieten, während endlich die angeblich durch die Kartelle herbeigeführte Stabilisierung der Preise entweder in dem behaupteten Umfange nicht eingetreten, oder, namentlich in Zeiten sinkender Konjunktur, von fragwürdigem Werte ist.

2. Ausnutzung der gesteigerten wirtschaftlichen Machtstellung der kartellierten Unternehmungen auf dem Arbeitsmarkte, insbesondere zwecks Kürzung des Arbeitslohnes, absoluter oder relativer (durch Verlängerung der Arbeitszeit). Daß die fortschreitende Kartellierung die Stellung des Arbeiters beim Abschlusse des Arbeitsvertrages verschlechtert hat, leuchtet ohne weiteres ein. Dies ist namentlich dann der Fall, wenn dem Unternehmerverbande kein entsprechend mächtiger Arbeiterverband gegenübersteht. Speziell in den Vereinigten Staaten hat die Entwickelung mehrfach zur Verdrängung des letzteren und angeblich in Folge dessen zur Verlängerung der Arbeitszeit geführt. Auch in dieser Hinsicht dürften besonders Zeiten sinkender Konjunktur verhängnisvoll werden.

3. Verbesserung der Produktionstechnik und der Absatzorganisation. Unbestritten hat die fortschreitende Konzentration industrieller Betriebe in dieser Hinsicht, wenn auch nicht ausschließlich, so doch überwiegend günstige Folgen gehabt. Auch scheint die Gefahr der künstlichen Erhaltung einzelner technisch minderwertiger Betriebe im Rahmen des Kartells verhältnismäßig gering. Immerhin dürften die Früchte dieser technisch-kommerziellen Fortschritte bisher in ungleich größerem Maße den Unternehmern als ihren Arbeitern und den Konsumenten zugute gekommen sein. Auch möchte man angesichts gewisser Erscheinungen im amerikanischen Eisenbahnwesen bezweifeln, ob auf die Dauer die Aussicht auf erhöhten Gewinn sich als genügender Ansporn zu technischen Fortschritten auch da erweisen wird, wo der Ausschluß wirksamer Konkurrenz schon dem in den alten Geleisen Ausharrenden hohe Gewinne sichert.

Die Kartelle und Trusts, ein notwendiges Produkt des wirtschaftlichen Entwickelungsprozesses, zeigen demnach ein Doppelgesicht. Eine schneidige Waffe im internationalen Wettkampfe der Völker, ein friedliches Mittel, die Produktivität der menschlichen Arbeit zu steigern, können sie ebenso gut zu Werkzeugen brutaler Willkür, schamloser Gewinnsucht und gehässiger Ausbeutung entarten. Und die Hauptgefahr der wirtschaftlichen Neugestaltung dürfte darin liegen, daß eine unberechenbare Gewalt, vorläufig ohne jede öffentliche Kontrolle, in die Hände von Männern gleiten könnte, die als unverantwortliche Privatleute, ihrer wichtigen Aufgabe wohl geschäftlich, aber unter Umständen nicht sittlich gewachsen sind. Nicht ihren gigantischen Erwerbs- und Schaffenstrieb zu lähmen, wohl aber ihm gewisse Schranken zu setzen, die es ausschließen, daß er sich auf Kosten bedeutungsvoller Gemeininteressen, anstatt zu ihrem Heile betätige, darin wird gegenwärtig die Hauptaufgabe des Staates zu suchen sein.

Allen Gemeinwesen vorangeschritten ist in ihrer Gesetzgebung die amerikanische Union. Von ihren 45 Statuten und 5 Territorien haben nicht weniger als 27 sog. Antitruste eingeführt; 15 haben entsprechende Bestimmungen in ihre Verfassungen aufgenommen, darunter 4, die auf weitere Normen verzichten. Die übrigen Staaten haben sich auf die Satzungen des common law verlassen, die von den Gerichten vielfach auch da angewandt worden sind, wo spezielle Trustgesetze ihnen zur Verfügung standen. Zu erwähnen ist endlich der 1887 vom Kongreß erlassene interstate commerce act und ein ebensolches Trustgesetz von 1890, beide bestimmt insbesondere zur Regelung des über die Grenzen der Einzelstaaten hinausreichenden Verkehrs. Am lebhaftesten war diese legislatorische Tätigkeit um 1890 und in den Jahren 1897 und 1899 im Anschlusse an die rapiden Fortschritte der industriellen Konzentration.

Hauptziel der ganzen Gesetzgebung ist es, die Bildung von dem Gemeinwohle schädlichen Industrieverbänden (combinations in trade) zu verhüten und die etwa vorhandenen zu zerstören. In einigen wenigen Fällen, so z. B. in Illinois, Iowa, Missouri, wird daneben auch der Versuch gemacht, durch zu diesem besonderen Zwecke bevollmächtigte Beamte genauere Information über die Trusts zu erlangen, um sie niederzuschlagen, falls sie sich als Monopole im Sinne des common law herausstellen sollten. Dagegen geht auffallender Weise kein einziges Gesetz darauf aus, durch detaillierte Berichte eine gewisse Publizität in der Geschäftsführung der Industrieverbände herbeizuführen, derart, daß diese Öffentlichkeit sich als selbsttätiges Heilmittel bewähren könnte. Wohl aber bemühen sich einzelne Staaten, so z. B. Illinois, Indiana, Michigan, Georgia, Louisiana, Tennessee, den Produzenten gewisser Erzeugnisse (Getreide und Vieh) oder einzelnen Gesellschaftsklassen (den ländlichen Unternehmern und den Arbeitern) eine sie begünstigende Sonderstellung einzuräumen, angeblich, weil ihre Verbände dem Publikum nicht schädlich seien.

Einigkeit herrscht nun darüber, daß diese Gesetzgebung ihren Zweck im Wesentlichen verfehlt hat. Allerdings beeinflußte sie mehr oder minder die formale Organisation der Industrieverbände; daneben aber zeitigt sie den gewiß nicht beabsichtigten Erfolg, die Tendenz zur industriellen Konzentration zu verstärken, das eventuell vorhandene Monopol zu stützen. Wenn von mancher Seite hierfür die nachsichtige Praxis der Gerichtshöfe verantwortlich gemacht wird, so betonen demgegenüber andere mit Recht, daß die Gerichte durchgängig die bestehenden Gesetze aufrecht erhalten haben, allerdings in dem Sinne, daß nur wirkliche „Monopole", allermindestens „virtuelle Monopole", von ihnen zu verfolgen seien. Hätten doch, wörtlich angewandt, viele der erlassenen Verfügungen Handel und Wandel zum Stillstand bringen müssen. So verbietet z. B. Maine alle „Verbände von Firmen oder Korporationen zwecks Produktion allgemeiner Gebrauchsartikel"; Tennessee „alle Verbände, die dahin tendieren, den freien Wettbewerb in der Produktion, der Einfuhr, dem Verkaufe von Gütern zu verhindern, oder die Preise festzusetzen und zu regulieren"; Illinois „jeden Verband und jedes Übereinkommen zwecks Regulierung und Festsetzung der Güterpreise, zwecks Festsetzung oder Beschränkung von Produktion und Verkauf sowie den Besitz oder die Emission von Trustzertifikaten" usw. Fast allenthalben finden sich als persönliche Strafen der Kontravenienten Gefängnisstrafen bis zu 10 Jahren und, meist damit komulierend, Geldbußen bis zu 10000 $. Hierzu treten regelmäßig sogenannte „corporation fines" bis zu 15000 $. Endlich wird vielfach Nichtigkeit der abgeschlossenen Verträge, Uneinziehbarkeit der erwachsenen Forderungen und Verfall der erteilten Konzession angedroht. Und dennoch hat sich wohl niemals das praktische Leben so stark, die seinen realen Bedürfnissen nicht Rechnung tragende Gesetzgebung so schwach gezeigt. Kein Wunder, daß die Industrial Commission in ihren jüngst veröffentlichten Vorschlägen auf ein weiteres Beschreiten desselben Weges verzichtet hat, um neben Maßregeln zur Bekämpfung von Eisenbahnmißbräuchen und gewissen Schwächen des amerikanischen Korporations- und Aktienrechtes vor allem zu empfehlen, die Trusts in Zukunft einer weitgehenden Kontrolle durch die Öffentlichkeit zu unterwerfen.

Viel milder als die amerikanische Gesetzgebung zeigt sich gegenüber den Industrieverbänden der im Januar dieses Jahres vom österreichischen Industrierate ausgearbeitete, beratene und veröffentlichte Referentenentwurf eines Gesetzes, betreffend die Regelung des Kartellwesens. Wie seine Vorgänger der neunziger Jahre anknüpfend an den vielbesprochenen § 14 des österreichischen Gesetzes vom 7. 4. 1870, wonach Verabredungen von Gewerbsleuten, welche auf die Hinaufsetzung der Warenpreise zum Nachteile des Publikums gerichtet sind, zivilrechtlicher Gültigkeit ermangeln, verleiht er „Vereinigungen oder Verbänden selbständiger

Unternehmer zu dem Zwecke, um durch gemeinsames Vorgehen, insbesondere durch einverständliche Beschränkung oder Beseitigung des freien Wettbewerbes, auf die Produktions-, Preis-, Bezugs- oder Absatzverhältnisse von Waren bestimmend einzuwirken", nach entsprechender Legitimation durch Anzeige an das Handelsministerium den Rechtsschutz. Der Entwurf erklärt also diese Anzeige, die sich nach § 4 desselben auf jedes notariell beurkundende Statut, jede notariell zu beurkundende Statutenänderung sowie auf die Auflösung des Kartells zu erstrecken und innerhalb bestimmter Fristen zu erfolgen hat, für fakultativ. Doch kann der Handelsminister in besonderen Fällen Kartelle bestimmter Waren unter Androhung von Ordnungsstrafen auch zu genannter Meldung zwingen. Dieselbe geschieht zu einem öffentlichen Kartellregister und ist ihrem vollen Inhalte nach unverzüglich in bestimmten Preßorganen zu publizieren (§ 5 d. E.). Doch kann der Handelsminister überdies unter besonderen Voraussetzungen Kartelle bestimmter Waren ausdrücklich verpflichten, auch alle Kartellbeschlüsse, die eine Festsetzung der Preise, Produktionsmengen, Verkaufs- und Absatzverhältnisse zum Zwecke haben, binnen 24 Stunden zur Anzeige zu bringen, Meldungen, deren Inhalt jedoch nicht zu veröffentlichen, sondern nur zur Kenntnis des sogenannten Kartellrates zu bringen ist (§ 7 a d. E.). Die Kartelle unterliegen der Staatsaufsicht, die sich übrigens bezüglich ihrer Geschäftshandlungen auch auf Einzelunternehmer erstreckt, deren — nicht patentierte — Waren dem freien Verkehr tatsächlich entzogen sind (§ 1 d. E.) Sie wird ausgeübt vom Handelsministerium und seinen hierzu bestellten Organen, insbesondere vom erwähnten Kartellrate (§ 7 d. E.). Dieser, zusammengesetzt aus Staatsbeamten und Vertretern von Gewerbe und Landwirtschaft, entsendet aus seiner Mitte einen Einigungssenat, der in besonderen Fällen durch lokale Einigungsausschüsse vertreten werden kann (§§ 9 und 10 d. E.). Seine Tätigkeit soll in der Regel durch eine Beschwerde ausgelöst werden, die dartut, daß die aus dem Bestehen von Kartellen oder der Tätigkeit ihnen gleichzustellender Unternehmer sich ergebende „Schädigung eine beträchtliche, die wirtschaftliche Lage oder Leistungsfähigkeit des Beschwerdeführers erheblich beeinträchtigende ist" (§ 8 d. E.). Über solche ist zunächst ein geheimes Einigungsverfahren, im Falle des Mißerfolges ein öffentliches Schiedsverfahren zu eröffnen. Bei Nichtunterwerfung der betroffenen Partei bleibt dem Handelsminister das letzte Wort. Insbesondere ist dieser berechtigt, wenn seitens eines Kartelles oder eines ihm gleichzustellenden Unternehmers „die Zwangslage anderer bei Herstellung, Bezug oder Absatz von Waren in einer offenbar rechtswidrigen oder wucherischen Weise ausgenutzt und eine schwere wirtschaftliche Schädigung derselben hierdurch verursacht wird", den Kartellen rc. auf Antrag des Kartellrates aufzugeben, diese Ausnutzung und Schädigung binnen acht Tagen zu beseitigen, eine Verfügung, die eventuell durch Ordnungsstrafen erzwungen werden kann (§ 18 d. E.).

Und derselbe darf ferner, „wenn Kartelle rc. ihre wirtschaftliche Stellung derart ausnutzen, daß andere bei dem Bezuge, dem Absatze oder der Herstellung von Waren in beträchtlicher, ihre wirtschaftliche Lage oder Leistungsfähigkeit erheblich beeinträchtigender Weise geschädigt werden", im Einvernehmen mit den jeweilig beteiligten Ministern eine Reihe allgemeiner Maßnahmen veranlassen (§ 15 d. E.), als da sind:

zeitlich begrenzte Aufhebung, bezw. Ermäßigung von Zöllen auf Waren, die Gegenstand eines Kartelles bilden;

Einführung von Ausfuhrzöllen bezw. Verboten für ebensolche Waren;

Erleichterung der Einfuhr von Konkurrenzwaren und Erschwerung der Ausfuhr von Kartellwaren durch Verbilligung bezw. Erhöhung der Frachttarife;

Begünstigung von zu gründenden Konkurrenzunternehmungen;

Förderung von Konsumentenorganisationen usw.

Vereinbarungen, durch welche auf Beschwerden gegen Kartelle usw. verzichtet oder diese Beschwerdeführung irgendwie eingeschränkt wird, sind rechtsungültig, desgleichen alle Abmachungen, die bezwecken, die angedrohten vermögensrechtlichen Nachteile ganz oder zum Teile durch andere als die nach dem Gesetze verpflichteten Personen tragen zu lassen (§ 19 d. E.).

Die Schwächen dieses Entwurfes liegen auf der Hand. Die fakultative Natur der grundsätzlich anerkannten Anzeigepflicht, ergänzt durch die diskretionäre Gewalt des Handelsministers, die relative Geringfügigkeit des veröffentlichten Tatbestandes, ausgeglichen durch eventuelle tiefgehende Eingriffe in die Sphäre einzelner mißliebiger Unternehmungen, der denunziatorische Charakter der Privatbeschwerde und der äußerst schleppende Gang des sich daran anschließenden Remedurverfahrens, die scheinbare Fülle der Machtmittel in den Händen einer naturgemäß nur mangelhaft unterrichteten und deshalb unentschlossenen Zentralinstanz und ihre weitere Abschwächung durch den vorwiegend aus Interessenten zusammengesetzten Kartellrat — diese und manche andere Bestimmungen des Entwurfs sind Fehlgriffe, die in einem deutschen Gesetz unbedingt zu vermeiden wären. Überhaupt aber wäre es irrig, den entscheidenden Erfolg allein von gesetzgeberischen Schritten zu erwarten, die höchstens als Teile und im Rahmen eines ganzen Systemes volkswirtschaftspolitischer Maßnahmen mannigfachster Art zu erwünschten Geltung kommen könnten. Schon in Rücksicht auf den internationalen Wettbewerb und auf unsere leider noch immer mangelhafte Kenntnis der einschlägigen Tatsachen hätte man sich daher vor der Hand wenigstens alles stürmischen Eingreifens in den natürlichen Entwicklungsgang zu enthalten und sein Augenmerk vielmehr darauf zu richten, die Selbsthilfe der in Mitleidenschaft gezogenen Kreise anzuregen und zu begünstigen.

Dies gilt namentlich von den Arbeitern, deren Schutzverbände unter gewissen Bedingungen staatlich anzuerkennen und gegen feindselige Maßnahmen der kartellierten Unternehmer vielleicht auch gesetzlich zu schützen wären, soweit nicht die Entstehung friedlicher „Allianzen“ zwischen Unternehmerkartellen und Arbeitervereinen nach englischem Muster eine solche Gesetzgebung überflüssig machen sollte. Dies gilt weiter von den Konsumenten, deren Zusammenschluß zu machtvollen Konsumvereinen nicht, wie bisher vielfach, zu erschweren, sondern auf alle Weise zu fördern wäre, wobei es künftiger Erwägung überlassen bleiben könnte, zu entscheiden, in wie fern etwa durch staatliche Festsetzung von Preistaxen für einzelne unentbehrliche Gebrauchsartikel der willkürlichen Preispolitik gewisser Kartelle ein Ziel zu setzen wäre. Insoweit endlich die Kartellbewegung als eine natürliche Reaktion gegen das Übermaß der Konkurrenz erscheint, dürfte sich deren Begünstigung und Wiederbelebung vielleicht auch als das geeignetste Mittel gegen Kartellmißbräuche erweisen. Zu diesem Zwecke nun erscheint es unerläßlich, dem Publikum genügenden Einblick in die allgemeine Geschäftslage der kartellierten Betriebe zu verschaffen, und es wird die staatliche Gesetzgebung diese Publizität nötigenfalls zu erzwingen haben. Allermindestens wären die — notariell zu beurkundenden — Kartellstatuten, deren notwendiger Inhalt durch Normativbestimmungen festzulegen wäre, ferner Statutenänderungen sowie die Auflösung des Kartells einer neu zu schaffenden Staatsbehörde alsbald zu melden und von dieser zu veröffentlichen. Erwünscht wäre die Ausdehnung dieser Maßregel auch auf alle Beschlüsse, die eine Festsetzung der Preise, Produktionsmengen, Verkaufs- und Absatzverhältnisse zum Gegenstande haben. Doch wird man sich hinsichtlich dieser vorläufig wohl mit einer beschränkten Publizität begnügen müssen, etwa in der Weise, daß jene der Staatsbehörde anzuzeigen und letzterer die Befugnis zu erteilen wäre, das auf diesem Wege gesammelte Material unter möglichster Schonung geschäftlicher Interessen gesetzgeberisch zu verwerten, in angemessener Form zu veröffentlichen, insbesondere auch es wissenschaftlicher Bearbeitung zugänglich zu machen.

Eine unberechtigte Beeinträchtigung der Freiheit des Privatunternehmers, wie von einzelnen Interessenten behauptet wird, ist in solcher Kontrolle nicht zu erblicken. Hat doch die grundsätzliche Unantastbarkeit jener innerhalb der modernen Verkehrswirtschaft das Wirken des freien Wettbewerbes zur Voraussetzung, mit dessen Einschränkung oder Sistierung gleichzeitig das natürliche Korrektiv dieser Freiheit hinwegfällt. Ja, es berühren „Privatunternehmungen", die als Kartelle oder Trusts ganze Erwerbszweige derart monopolisieren, daß von ihrer Geschäftsgebahrung unmittelbar die Wohlfahrt des Volkes, wenn nicht gar die Wehrfähigkeit des Landes abhängt, öffentliche Interessen in dem Grade, daß es zweifelhaft erscheint, ob die Wahrung der letzteren in besonders wichtigen Fällen nicht besser dem Privatunternehmer ganz entzogen und nach dem Vorgange der Staatseisenbahnen in öffentliche Hände gelegt werden sollte.

IV.

Gutachten, erstattet von Herrn Dr. Julius Landsberger, Universitätsdozent und Advokat in Wien,

über die Frage:

Welche Maßregeln empfehlen sich für die rechtliche Behandlung der Industrie-Kartelle?

I.

Niemand, der sich mit Volkswirtschaftspolitik als Forscher oder Staatsmann beschäftigt, kann seine Augen der täglich wachsenden Bedeutung des Kartellproblems verschließen. Es ist nicht zu kühn, die Prognose zu stellen, daß die trotz der großen Zahl und Macht der Kartelle noch immer in aufsteigender Linie sich vollziehende Kartellbewegung in den nächsten Jahrzehnten auf die Entwicklung der Industrie, auf die Organisation des inneren und ausländischen Marktes, auf die Handels- und Steuerpolitik des Staates von großem Einflusse sein wird, daß daher das Problem, wie sich seinerseits der Staat durch Gesetzgebung und Verwaltung auf die Unternehmerverbände Einfluß sichern kann und soll, die ökonomische Theorie und Praxis in den Industriestaaten immer intensiver beschäftigen wird. In den Untersuchungen über die Ursachen der letzten deutschen Industrie-Krise, z. B., welche der Verein für Sozialpolitik für seine nächste Generalversammlung unternimmt, dürften die Beziehungen der Geschäftspolitik der großen deutschen Rohstoff- und Halbfabrikatkartelle zur Entwicklung der industriellen Hochkonjunktur und deren jähem Übergange in die Krise keinen geringen Raum einnehmen; wir beobachten ferner, wie die als „Trusts" bekannten Unternehmerverbände in Amerika in ihrer jüngsten Ausgestaltung dazu bestimmt — vielleicht auch geeignet — erscheinen, auf die internationale Güterversorgung zugunsten Amerikas einschneidend einzuwirken. Ein nicht gering zu schätzender Einfluß auf den Verlauf der Konjunktur; eine einflußreiche Rolle bei der

Gestaltung der internationalen Handels- und Verkehrsbeziehungen; im Verhältnisse zu Arbeitern und Beamten das Auftreten und die Ausbildung eines Systems, das man nicht mit Unrecht als modernen „industriellen Feudalismus“ bezeichnet; im Verhältnisse zu den Konsumenten die Betätigung einer wirtschaftlichen Macht, welche bei Kartellen, die sich auf Artikel des allgemeinen Bedarfes beziehen, z. B. beim Zuckerkartell, in ihrer Leistungsfähigkeit der Steuerhoheit des Staates ebenbürtig an die Seite tritt[1]): das sind Merkmale, die wir schon heute den Unternehmerverbänden zusprechen müssen, Organisationen, von denen Kleinwächter, vor kaum zwei Jahrzehnten noch, in seiner grundlegenden Monographie[2]) sagen durfte, sie seien „in der bisherigen volkswirtschaftlichen Literatur eine terra incognita“ und deren wissenschaftliche Behandlung, wie er glaubte, einer besonderen Rechtfertigung bedurfte.

Kleinwächter hat dazumal gemeint, daß „die künftige Organisation der Industrie in der Richtung der staatlich anerkannten und regulierten Kartelle zu suchen sein dürfte“. Ein Teil dieser Prognose hat sich in umfassendster Weise verwirklicht; aber zu staatlicher Anerkennung und Regulierung haben es die Unternehmerverbände noch nirgends gebracht. Nordamerika versucht sich seit Langem in einer ebenso hartnäckigen als erfolglosen Antitrustgesetzgebung; in Europa ist Österreich der einzige Staat, welcher bisher den Anlauf zu einer gesetzlichen Regelung der Kartelle genommen hat, ohne jedoch ans Ziel zu gelangen. Die Existenz dieser mächtigen und wichtigen Verbände beruht vielmehr in einer ganzen Reihe von Staaten auf einem „tolerari posse“ der Staatsverwaltung und auf dem Grundsatze: Wo kein Kläger, da kein Richter. Dieser Zustand kann prima facie eben so wenig die Volkswirte wie die Juristen befriedigen; und es ist leicht verständlich, daß, nachdem der Verein für Sozialpolitik schon um die Mitte des verflossenen Jahrzehntes die Kartelle und ihre Rechtsordnung auf seine Tagesordnung gesetzt hatte[3]), nunmehr auch

---

[1]) Vgl. Motivenbericht zum österr. Kartellgesetzentwurfe Nr. 180 der Beil. z. d. stenogr. Prot. des österr. Abg.-Hauses XIII. Session 1897: „Die Regierung hielt es für ihre ernste Pflicht, dafür zu sorgen, daß nicht über die notwendige Last der Steuergesetze hinaus die Leistungsfähigkeit der Bevölkerung durch private Vereinbarungen in Anspruch genommen werde, die tatsächlich die Belegung der Konsumtion mit Zwangsleistungen nach Art der indirekten Steuern zum Gegenstande haben“.

[2]) Die Kartelle. Ein Beitrag zur Organisation der Volkswirtschaft. Innsbruck 1883.

[3]) „Über wirtschaftliche Kartelle in Deutschland und im Auslande. Fünfzehn Schilderungen nebst Statuten und Beilagen“. Schriften des Vereins für Sozial-

der deutsche Juristentag sich damit beschäftigt, zu untersuchen, welche Maßregeln sich für die rechtliche Behandlung der Industrie-Kartelle empfehlen.

Indem ich daran gehe, hierüber dem deutschen Juristentage ein Gutachten zu erstatten, kann ich nicht umhin, die Vorfrage aufzuwerfen: Eignet sich die Materie heute schon für eine Regelung durch die Gesetzgebung? Was wissen wir von den Kartellen? Welches sind ihre Formen? Worauf sind ihre Bestrebungen gerichtet, und welches sind ihre wirtschaftlichen und sozialen Wirkungen? Liegen die letzteren bloß im Bereiche der konkreten privatwirtschaftlichen Bestrebungen der Kartelle, oder ist auch in Betracht zu ziehen das prinzipielle Verhältnis der Kartelle zu unserer Wirtschaftsverfassung, die ja auf der freien Verfügung des Individuums über die Produktionsmittel und auf der Regelung der Güterversorgung durch freie gleichberechtigte Konkurrenz der Produzenten — wenigstens der inländischen — beruht? Wie verhalten sich die Kartelle zu den dieser Wirtschaftsverfassung innewohnenden Entwicklungstendenzen? Von der Erkenntnis, die wir auf diesem Wege gewonnen haben, wird es abhängen, ob wir dem Gesetzgeber das Ziel bloß dahin zu stellen haben, die Kartelle, die ja zweifellos Produkte einer, neuartige Zwecke verfolgenden und mit neuartigen Mitteln operierenden assoziativen Gestaltungstendenz sind, als neue Assoziationsformen rechtlich zu organisieren, d. i. in die Rechtsordnung, in das System der rechtlich anerkannten Assoziationsformen einzufügen; oder aber, ob wir der Gesetzgebung die Unterwerfung der Kartelle unter staatliche Kontrolle oder endlich die Repression der Kartelle als Ziel abstecken sollen. Daran schließe sich eine kurze Kritik der bisherigen legislativen Versuche und Erfolge auf diesem Gebiete, ehe wir der uns gestellten engeren Aufgabe, der Erstattung positiver Vorschläge gerecht zu werden versuchen.

II.

Die Verbände, die wir in Europa als Kartelle bezeichnen, charakterisieren sich dadurch, daß mehrere selbständige Unternehmer der gleichen oder verwandter Branchen sich vermittelst Vertrages dazu vereinigen, um gemeinschaftlich, aber ohne Preisgebung ihrer formalen, rechtlichen Selbständigkeit, durch Beschränkung oder Beseitigung des unter ihnen bestehenden freien Wettbewerbs, die Marktverhältnisse zu ihrem Vorteile,

---

politik Band LX, Leipzig 1894. Verhandlungen der Generalversammlung von 1894. Ibidem Bd. LXI, enthaltend auch die Referate von Stieda, „Die Kartelle" und insbesondere Menzel, „Die wirtschaftlichen Kartelle und die Rechtsordnung".

womöglich bis zur Erzielung einer faktischen Monopolstellung, zu beeinflussen[1]). Schon diese umfängliche Begriffsbestimmung, welche ebenso zahlreiche als — absichtlich — blaß und skizzenhaft gehaltene Merkmale umfaßt, läßt vermuten, daß es sich bei den Kartellen nicht um ein in typischer Form auftretendes, scharf abzugrenzendes wirtschaftliches Gebilde handelt, sondern um eine große Fülle von Einzelerscheinungen, deren Grenzlinien ineinander verfließen. Der Nationalökonomie kommt es zu, diese Erscheinungen morphologisch zu charakterisieren, die Jurisprudenz und insbesondere der Gesetzgeber braucht aber eine scharfe Definition, einen präzisen Tatbestand, und so erklärt es sich, daß die Begriffsbestimmungen der österreichischen Entwürfe eine geringere Zahl von Merkmalen, aber dafür schärfer herausgearbeitet, aufweisen. Für die wirtschaftliche Betrachtung ist, um eine Vereinigung als Kartell anzusprechen, von Wesenheit, daß sich mehrere Unternehmer vereinigen, um den freien Wettbewerb untereinander einzuschränken oder zu beseitigen. Will man hierfür ein dialektisches Wortspiel anwenden, so kann man das Kartell bezeichnen als jene Erscheinung, in der die freie Konkurrenz sich

[1]) Ich nähere mich in meiner Definition der von Pohle in seiner scharfsinnigen und gründlichen Studie: „Die Kartelle der gewerblichen Unternehmer", Leipzig 1898, S. 11, gegebenen. Nach Pohle würden aber auch die Gewerkvereine der Arbeiter zu den Kartellen zählen (S. 12), was ich in Übereinstimmung mit Menzel (a. a. O. S. 22) ausschließe. Pohles Definition wird ferner seinem eigenen Postulat nicht gerecht, „daß die einem Kartelle angehörenden Wirtschaftssubjekte immer noch einen gewissen Grad von Freiheit und Selbständigkeit besitzen müssen, wenn von einem Kartell soll gesprochen werden dürfen. „Die . . . Fusion mehrerer Unternehmungen desselben Geschäftszweiges hat mit dem Begriffe der Kartellierung nichts zu tun". . . . Endlich ist es keineswegs ein Merkmal der Kartelle, daß sie „den größtmöglichen Vorteil" für ihre Mitglieder zu erzielen suchen. Alle Kartelle wollen womöglich eine Monopolstellung erringen, aber die Politik einer großen Zahl europäischer Kartelle — namentlich solcher, die nicht den Konsumenten von genußreifen Produkten, sondern selbst wieder Produzenten als Abnehmern gegenüberstehen, ist eine konservativere und opfert den größtmöglichen Vorteil dem dauernden. Pohle hebt dies selbst hervor (S. 94), beachtet es aber nicht genügend in seiner Definition. Kleinwächter (Hdwb. der Staatsw. Bd. VI S. 346 f.) definiert die Kartelle als Vereinigungen von Unternehmern derselben Branche, deren Zweck dahin geht, durch solidarisches Vorgehen der Genossen die wirtschaftliche Lage der betreffenden Unternehmer günstiger zu gestalten. Menzel in seinem grundlegenden Referate (a. a. O. S. 22 ff., ich zitiere nach dem als Mſ. gedruckten Referatshefte) bezeichnet als Merkmale der Kartelle: 1. Die Vereinigung selbständiger Unternehmer. 2. Die Selbständigkeit der verbundenen Unternehmungen darf nicht vollkommen beseitigt erscheinen. 3. Die Vereinigung verfolgt den Zweck der Einschränkung des Wettbewerbes. 4. Ihr weiterer Zweck kann sein die Forterxistenz eines Erwerbszweiges zu sichern (Schutzkartelle) oder höheren Gewinn zu erzielen, die Abnehmer

freiwillig selbst aufhebt. Eine Unternehmung, die von vorneherein auf ein rechtliches oder faktisches Monopol, z. B. auf ein Patent oder die Verfügung über die einzige Lagerstätte eines Minerals, aufgebaut ist, fällt daher nicht unter den Kartellbegriff. Die Vereinigung mehrerer Unternehmer zur Förderung gemeinsamer Interessen, z. B. um die Regierung oder die öffentliche Meinung ihren Wünschen durch gemeinschaftlich betriebene Agitation günstiger zu stimmen (Fachvereine, Verbände)[5]), gehört gleichfalls nicht zu den Kartellen, wofern der wirtschaftliche Wettbewerb der koalierten Unternehmer weder direkt noch indirekt durch die Satzungen und Aufgaben des Fachverbandes berührt erscheint. Auch dort, wo der freie Wettbewerb durch das Gesetz ausgeschlossen, oder wenigstens der Einwirkung auf Preise, Unternehmergewinn, Absatzmenge beraubt ist, wie z. B. bei Objekten der Finanzregalien, kann von Kartellbildung keine Rede sein. Wenn endlich mehrere Unternehmer, die miteinander nicht konkurrieren, deren Betriebe sich vielmehr wirtschaftlich ergänzen, z. B. ein Kohlen-, ein Eisen- und ein Transportunternehmen, mit einander in Verbindung treten, um die Produktionskosten des Gesamtunternehmens

---

auszubeuten (Monopolisierungskartelle). Liefmann („Die Unternehmerverbände [Konventionen, Kartelle]"), in der Volksw. Abh. der bad. Hochsch., Freiburg 1897, definiert die Unternehmerverbände als „eine solche Vereinigung von Unternehmern, welche die wirtschaftliche Tätigkeit ihrer Mitglieder, die im übrigen selbständig bleiben, in einem bestimmten Punkte regelt und durch eine gegenseitige Verpflichtung aller Beteiligten, den gemeinsamen Abmachungen gemäß zu handeln, zustande kommt (S. 17). Als den Zweck der Kartelle bezeichnet er, den Mitgliedern im Zustande der Konkurrenz, trotz des Bestehens derselben, die Vorteile von Monopolisten zu gewähren (S. 35).

Die österreichische Regierungsvorlage eines Kartellgesetzes von 1897/98 (in drei Sessionen vorgelegt und späterhin im Kontexte hier abgek. als „öst. Regierungsentwurf" bezeichnet) definiert die Kartelle, deren Regelung sie beabsichtigt, wie folgt: „Verbinden sich selbständige Unternehmer zu dem Zwecke, um durch solidarisches Vorgehen, insbesondere durch einverständliche Beschränkung oder Beseitigung des freien Wettbewerbes auf die Produktions-, Preis- oder Absatzverhältnisse (von) Verbrauchsgegenständen bestimmend einzuwirken . . . ., so sind solche Unternehmerverbände (Kartelle) der Staatsaufsicht nach diesem Gesetze zu unterwerfen".

Der Referententwurf eines Kartellgesetzes, den der österr. Industrie- und Landwirtschaftsrat 1901 vorgelegt hat (verfaßt von Julius Reich, weiterhin im Kontext abgek. als „öst. Referentenentwurf" bezeichnet), definiert die Kartelle als „Vereinigungen oder Verbände selbständiger Unternehmer zu dem Zwecke, um durch gemeinsames Vorgehen, insbesondere durch einverständliche Beschränkung oder Beseitigung des freien Wettbewerbes auf die Produktions-, Preis-, Bezugs- oder Absatzverhältnisse von Waren bestimmend einzuwirken . . . . Weitere Definitionen s. bei Pohle, a. a. O. S. 5.

[5]) Vgl. Liefmann, a. a. O. S. 17.

herabzusetzen (s. g. Kombinationen),[6]) so liegt kein Kartell vor, wenngleich Kartelle (insbesondere in ihrer amerikanischen Ausgestaltung zu Trusts) sich öfter mit Kombinationen paaren. Die Aufhebung bezw. Einschränkung des Wettbewerbes unter Unternehmern, die tatsächlich konkurrierten oder konkurrieren können, in welcher Form immer, stellt also das Essentielle des Kartells dar. Unter diesen weiteren Begriff fallen auch die Ringe einerseits, die Trusts und Fusionen andererseits — Gebilde, die allerdings einer Abgrenzung bedürfen gegen jenen engeren Kreis von Vereinigungen, die wir nach der Eingangs bezeichneten Charakteristik in Europa als Kartelle im eigentlichen Sinne bezeichnen und für die in Nordamerika der Ausdruck „Pools"[7]) gebräuchlich ist.

Was zunächst die Ringe betrifft, so erfolgt die Abgrenzung derselben gegenüber den Kartellen im engeren Sinne, in der Praxis mit ebenso sicherem Takte, als sie in der Theorie schwierig und unsicher ist. Einen Anhaltspunkt bietet der Sprachgebrauch, die Ringe mit „corner" zu identifizieren. Das ist unrichtig, denn „corner" bedeutet „Schwänze"; eine „Schwänze" aber kann auch von einem einzigen leistungsfähigen Hause unternommen werden; andererseits aber ist ein „corner" sehr häufig der Zweck der „Ring"bildung. Die Praxis nun gebraucht die Bezeichnung „Ring" regelmäßig für eine solche Vereinigung von Unternehmern, die einen Monopolsgewinn aus Kauf und Verkauf von Gütern ohne deren weitere Verarbeitung, also wirtschaftlich gesprochen im Distributionsprozesse, zu erzielen sucht und zu diesem Zwecke spekulative Manöver, insbesondere die Anschaffung der Güter womöglich in einem solchen Umfang unternimmt, wie er nicht etwa dem voraussichtlichen Bedarfe, sondern dem aktuellen Angebote von Gütern dieser Art entspricht. Der Ring will vor allem das Angebot neutralisieren, er richtet daher seine Geschäftspolitik nach dem tatsächlichen Angebote, nicht nach dem voraussichtlichen Bedarfe[8]).

Diese Kriterien genügen der Praxis, um die „Ringe" nicht bloß von den Industriekartellen, welch' letztere ja als Produzenten Monopol-

---

[6]) Die Bezeichnung stammt von Sinzheimer, „Ueber die Grenzen der Weiterbildung des fabrikmäßigen Großbetriebs in Deutschland". Münch. volksw. Studien, 3. St.

[7]) Vgl. Jenks, „The Trust Problem", New-York 1900, Die beste neuere Darstellung über die amerikanischen Trusts. Ch. VII, Methods of Organisation and Management, S. 108 ff.

[8]) Es gibt auch Baissekonsortien, die, praktisch allerdings von geringerer Bedeutung als die Hausseringe, die umgekehrte Geschäftspolitik verfolgen, indem sie die Nachfrage zu neutralisieren, oft auch abzuschrecken suchen.

gewinn anstreben, zu unterscheiden, sondern auch mit fast untrüglicher Sicherheit von den eigentlichen Händlerkartellen, welche Differenzierung natürlich viel schwieriger und wichtiger ist. In der Theorie dagegen leidet die letztere an Unklarheit und Unsicherheit. Der österr. Regierungsentwurf sieht das entscheidende Merkmal in der Fälschung der Konjunktur durch die Ringe, indem die daran beteiligten Spekulanten durch völlige oder teilweise Sperrung der Zuflüsse die Preise der Waren über ihre normale Höhe zu steigern oder durch Blankoabgaben unter dieselbe zu drücken versuchen (Motivenbericht S. 12). Allein es ist fraglich, ob der geschäftliche Dolus ein Merkmal ist, das eine genügende Abgrenzung gestattet. Dagegen ist dem Motivenberichte zuzustimmen, wenn er bemerkt, daß die gesetzliche Regelung „beide Erscheinungsformen der Kartellierung, die Ringe und die Kartelle umfassen müsse". Damit ist dem theoretischen Probleme seine praktische Spitze abgebrochen und es kommt wesentlich darauf an, die gesetzliche Definition des Kartellbegriffs so auszugestalten, daß sie auch die Ringe einschließt. Auch Menzel a. a. O. S. 23) sieht in den Ringen nur eine Abart der von ihm sog. „Monopolisierungs-Kartelle", welche „von vornhinein nur auf kurze Dauer berechnet" sei; eine präzise Unterscheidung von den Kartellen sei bei manchen Varietäten nicht möglich. Liefmann gebührt das Verdienst, auf den Unterschied zwischen „Ring" und „corner" hingewiesen zu haben (a. a. O. S. 125 f.); aber seine Abgrenzung zwischen „Ring" und „Kartell" kann weder nach der formal-juristischen noch nach der wirtschaftlichen Seite hin befriedigen. Er erblickt den „fundamentalen wirtschaftlichen Unterschied" zwischen Kartellen und Ringen darin, daß die letzteren, um ihren Zweck zu erreichen, den Produzenten ihre ganze Produktion abkaufen und daher die Produzenten verpflichten müssen, nur an sie zu verkaufen. Das letztere Merkmal, auf das Liefmann den entscheidenden Wert legt, ist nun aber augenscheinlich unzutreffend: denn Ringe bilden sich am häufigsten in landwirtschaftlichen Produkten, wo doch keine Rede davon sein kann, daß der „Ring", wie Liefmann meint, auf der Grundlage einer mit den Produzenten getroffenen Vereinbarung des Inhaltes beruht, daß letztere ihre Waren nur an den Ring verkaufen dürfen.

Die Abgrenzung der Kartelle gegen die als „Fusionen" und „Trusts" bekannten Unternehmervereinigungen unterliegt bedeutend geringeren Schwierigkeiten, da sie an äußerlich in Erscheinung tretende Tatsachen juristischer Natur als Merkmale anknüpfen kann. Bevor ich jedoch an die Begriffsbestimmung dieser höchsten Kategorien monopolistischer Vergesellschaftung schreite, deren weltwirtschaftliche Bedeutung sie an die Spitze des ökonomischen Kartellproblems stellt, für deren Entwicklung jedoch in Deutschland und Österreich die juristischen Voraussetzungen entweder fehlen oder doch nicht so günstig liegen, wie in den Ländern des angelsächsischen Rechts, möchte ich hinweisen auf eine Form wirtschaftlicher Zusammenfassung mehrerer Unternehmungen in einen Machtbereich, die der Natur der Sache nach einen Konkurrenzkampf zwischen denselben ausschließt, sich aber von den Kartellen, welcher Art immer durch den gänzlichen Mangel jeglicher vorläufigen Vereinbarung über den Ausschluß oder die Beschränkung der Konkurrenz unterscheidet.

Vielmehr beruht der Zusammenschluß und die Beseitigung bezw. Zurückdrängung des Wettbewerbs in diesen Fällen bloß auf dauernden tatsächlichen Verhältnissen, welche ein tatsächliches Herrschafts- oder Gemeinschaftsverhältnis begründen und aufrecht halten. Ihr Vorkommen ist wesentlich bedingt dadurch, daß sich die Rechtsformen der reinen Kapitalsassoziation, also vor allem jene der Aktiengesellschaft für die Großbetriebe des Bank- und Transportwesens sowie der Industrie einbürgern. Die konkrete Gestaltung des Gesellschafts- insbesondere des Aktienrechts in den einzelnen Ländern ist daher für die Entwicklung dieser tatsächlichen Gemeinschaften von Wichtigkeit. Der Kitt, welcher die Gemeinschaft zusammenhält, ist kein Vertrag, sondern die Macht, welche ein Unternehmen über andere dank seines Besitzes an Aktien der letzteren oder seiner Fähigkeit sich jeder Zeit die Verfügung über dieselben zu sichern, inne hat und ausübt: Die Großaktionärschaft.

Ich möchte für tatsächliche Gemeinschaften dieser Art die deutsche Bezeichnung „Gruppe" oder mit Entlehnung eines im internationalen Finanzverkehre üblichen Wortes, den schärferen, englischen Terminus „Concern"[9]) vorschlagen. Die Erscheinung, daß sich mehrere Unternehmungen der gleichen Branche in einem solchen Concern oder Gruppe befinden, ist keineswegs selten und die dadurch begründete Gemeinschaft oft dauernder und fester gefügt, als das feinstorganisierte Kartell. Aus der österreichischen Praxis führe ich bloß zwei Fälle an, von voller Notorietät, und die zugleich die beiden typischen Formen repräsentieren, in denen sich solche Gemeinschaften bilden. Ich werde mich dabei der Kürze halber des Ausdrucks bedienen, der in Amerika für die Ausübung tatsächlicher Macht in einem fremden Unternehmen vermöge starken Aktienbesitzes üblich ist: ein Unternehmen „kontrollieren".

---

[9]) Der Zusammenschluß in einen „Trust" wird auch als „Konsolidation", der lockere Verband vor der Trustbildung als „Concern" bezeichnet.

Fall und Typus I: Ein großes Bankinstitut kontrolliert vermöge seines eigenen Aktienbesitzes und jenes seiner Klientel zwei der größten österreichischen Bahnen, die österr. Nordwestbahn und die Staatseisenbahngesellschaft. Der leitende Direktor der Bank nimmt zugleich in den beiden Bahngesellschaften die einflußreichste Stellung ein. Daß ein wirksamer Konkurrenzkampf zwischen den beiden Bahnen, welche zum Teile gleiche Relationen haben, ausgeschlossen ist, liegt auf der Hand. Fall und Typus II: Die Prager Eisenindustrie-Gesellschaft, die bedeutendste montanistische Unternehmung Böhmens, hat ihren Reservefonds in Aktien des wichtigsten alpenländischen Konkurrenzunternehmens angelegt; sie besitzt bilanzmäßig den zehnten Teil des Aktienkapitals der Alpinen Montangesellschaft. Erfahrungsgemäß genügt ein solcher Aktienbesitz, der in kritischen Zeiten durch börsenmäßig oder im engeren Kreise der Interessenten des kontrollierenden Unternehmens aufgebrachte Aktien verstärkt werden kann, um die Generalversammlungen zu beherrschen, das Unternehmen zu kontrollieren. In der Tat sind die leitenden Stellungen der Alpinen Montangesellschaft aus dem Kreise ehemaliger Funktionäre der Prager Eisenindustrie-Gesellschaft besetzt worden. Diese beiden größten montanistischen Unternehmungen Österreichs (nebst einigen kleineren, die ich nicht namentlich anführe) befinden sich notorisch in einer „Gruppe" in einem „Concern"; sie stehen außerdem in einem formellen Kartellverhältnis. Aber auch zu einer Zeit, da das Eisenkartell vorübergehend aufgelöst war, dauerte jene tatsächliche Gemeinschaft fort und übte ihre Wirkung.

Bei Type I kontrolliert daher ein Unternehmen (in der Regel, weil der Natur der Sache entsprechend, eine Bank) mehrere andere unter sich gleichartige, aber von dem ersteren verschiedene Unternehmungen; bei Type II kontrolliert ein Unternehmen andere der gleichen oder verwandten Branche. Bei beiden Typen kann aber wohl von einem wirksamen Konkurrenzkampf zwischen den Mitgliedern des „Concern" kaum die Rede sein.

Ich zweifle nicht, daß Gruppenbildungen der beiden Typen auch im deutschen Reiche bestehen, mögen auch die gegen das Strohmännerunwesen in den Generalversammlungen gerichteten und den Schutz der Minoritäten bezweckenden Bestimmungen des deutschen Aktienrechts manche in Österreich wuchernden Mißbräuche mehr oder minder wirksam niederhalten; denn oft wird ja die Zugehörigkeit zu einem Concern ebenso wie die zu einem Kartell im Interesse des Unternehmens selbst liegen und daher die Billigung auch der unabhängigen Aktionäre erhalten.

Typus I des „Concern“ hat eine gewisse Verwandtschaft mit jener Form des „Trusts“, welche ursprünglich üblich war, bevor die Antitrustgesetzgebung die Trustbildung zu ihrer höchsten Entwicklung brachte, in der sie nur noch wirtschaftlich als „Trust“, juristisch aber bereits als „Fusion“ angesprochen werden muß. Für die ältere amerikanische Trustform bietet aber unser heimisches Recht nicht die nötigen Voraussetzungen dar; die „Fusion“ ist andererseits ein Schritt, der nicht zurückgetan werden kann und eine beträchtlich wirksamere Beherrschung des Effektenmarktes voraussetzt, als der Zusammenschluß zu einem Concern, — von den großen Risiken jeder Fusion abgesehen.

Ich hebe dies hervor, weil ich der Ansicht bin, daß eine unzweckmäßige Kartellgesetzgebung die Form der „Gruppe“ oder des „Concern“ und speziell Type I desselben zur Zufluchtsstätte für die gesprengten Unternehmerverbände gestalten würde. Die tatsächliche Gleichartigkeit der Machtverhältnisse, die dadurch geschaffen werden würde, daß sich die Unternehmungen unter die gemeinsame „Kontrolle“ z. B. eines großen Bankinstitutes begeben würden, könnte kaum durch irgend ein Gesetz wirksam getroffen werden. Ich habe aber dieser Form der Vergemeinschaftung auch deshalb besondere Aufmerksamkeit gewidmet, weil sie in der Literatur m. W. nicht eingehend behandelt wird, wenn ich von Menzel (a. a. O. S. 28) und einer kurzen Andeutung absehe, die ich selbst in der Kartelldebatte des Vereins für Sozialpolitik gemacht habe (a. a. O. Bd. 61).

Die höchste Stufe der Vergesellschaftung zum Zwecke der Beseitigung des Wettbewerbes wird durch die „Fusion“ repräsentiert, über deren Wesen ich glaube, mich an dieser Stelle nicht des Weiteren verbreiten zu müssen. Die wichtigste Frage, die für uns in Betracht kommt, geht dahin, ob eine eingreifende Kartellgesetzgebung auch in unserem Rechtsgebiete die Ausgestaltung der Kartellverbände zu einheitlichen, durch Fusion entstandenen Riesenunternehmungen bewirken würde, d. h. ob wir in die letzte Entwickelungsphase der amerikanischen Trustbewegung einzutreten Gefahr laufen würden. Denn auch die amerikanische Kartellbewegung hat unter dem Einflusse der Antitrustgesetzgebung drei Entwickelungsstadien bis zum heutigen Trustsystem durchlaufen. In der ersten herrschen die Kartelle im europäischen Sinne vor, das ist durch vertragsmäßige Vereinigung rechtlich selbständig bleibender Unternehmer entstandene Verbände zur Einschränkung der Konkurrenz, technisch „Pools“ genannt. Diese Pools umfassen bereits alle Formen der Kartelle: Preis-, Absatz-, Produktions-, Vertriebs-Kartelle usw. Die Pools waren jedoch nicht von Bestand und den darauf bezüglichen Vereinbarungen wurde häufig der Rechtsschutz versagt[10]). Jenks nennt als solche Pools, die der Trustbildung vorangingen, ein Produktions- und ein Beteiligungskartell der Whisky-Brennereien, das von der Addiston Pipe & Steel Co. gegründete Submissionskartell, verschiedene Kohlenhändlerkartelle usw. Pooling by railroads war es zumeist, was die Aufmerksamkeit und den Widerstand der öffentlichen Meinung herausforderte. Den Übergang zur zweiten Phase bezeichnet die Gründung des Standard Oil Trusts im Jahre 1882, welcher sodann die Bildung des sogenannten Whisky-Trust (The Distillers' & Cattle Feeders' Trust) und des Sugar-Trust folgte. Diese Trusts, sagt Jenks, waren im wesentlichen, wie folgt, organisiert: Die Aktionäre jeder der verschiedenen Gesellschaften übertrugen ihren Aktienbesitz an eine bestimmte Zahl von Treuhändern (Trustees) — sieben oder neun an Zahl — und erteilten ihnen auf diese Weise eine unentziehbare Vollmacht (power of attorney), das Stimmrecht mit diesen Aktien so auszuüben, wie sie es für gut befinden würden. Die Treuhänder emittierten an Stelle des auf sie übergegangenen Aktienbesitzes „Trust-Zertifikate“ an die Aktionäre, auf Grund deren die Gewinne verteilt wurden. Die im Trust vereinigten Unternehmungen behielten ihre formale Selbständigkeit, aber ihre Reinerträge wurden in einen gemeinsamen Fonds gelegt, so daß die Schließung oder die Betriebsergebnisse eines einzelnen Etablissements den Inhabern der Zertifikate gleichgültig sein konnten. Die Trustees beherrschten kraft des in ihren Händen vereinten Aktienbesitzes die einzelnen Unternehmungen und besetzten nach ihrem durch die Interessen des Trusts bestimmten Ermessen die leitenden Stellungen in denselben.

Die gegen den Zucker-Trust gerichtete Entscheidung des New-Yorker Appellgerichtshofes und die bekannte Antitrustgesetzgebung (insbesondere

---

[10]) Ausgezeichnete Orientierung über die amerikanische Trustentwicklung gewährt in wirtschaftlicher Hinsicht das bereits genannte Werk von Jeremiah W. Jenks, „The Trust Problem“; die ausführlichste Darstellung des amerikanischen Kartellrechtes findet sich in Charles Fisk Beach: „A Treatise on the law of Monopolies and Industrial Trusts“, St. Louis 1898, SS. LXX und 760. — Vgl. hierzu auch die im Auftrage der Industrial-Kommission herausgegebene Sammlung: „Trust and industrial Combinations“ Statutes and decisions of federal, State and Territorial law. Washington 1900. — Vgl. ferner über deutsche und amerikanische Trustlitteratur die Zusammenstellung bei Liefmann a. a. O. S. 9, ferner aus jüngster Zeit: Waentig, „Industriekartelle und Trusts und das Problem ihrer rechtlichen Regelung“, in Schmoller's Jahrbuch f. Gesetzgbg. usw., 1901, 4. Heft, und insbesondere die Abhandlung von Steinbach: „Government Control of Trusts“ in der bekannten amerikanischen Zeitschrift „The International Monthly“, April 1902.

das oft zitierte Bundes-Gesetz vom 2. Juli 1890: An act to protect trade and commerce against unlawful restraints and monopolies) haben die älteren Trusts zu den seltsamsten Wandlungen und Windungen gezwungen, um sich den harten Sanktionen dieser von berechtigten populären Strömungen getragenen, jedoch zweckwidrigen Gesetzgebung zu entziehen; zweckwidrig, da sie die vorhandenen monopolistischen Tendenzen gerade in die durchgreifende Rechtsform hineindrängte. Der Whisky-Trust und der Zucker-Trust gingen auf der Bahn der Umwandlung des Trusts in ein Fusions-Unternehmen voran, der Standard Oil Trust suchte zunächst durch Zerfall in äußerlich unabhängige Gesellschaften, die sich jedoch in einem von mir oben als „Concern" bezeichneten faktischen Zusammenschlusse befanden, an dem Gesetze vorüberzukommen, es entstanden zahlreiche mitunter kurzlebige Mischformen.

Nach der Auflösung der alten Trusts ward jedoch allmählich[11]) die Form des Zusammenschlusses in eine große Gesellschaft, der die einzelnen Unternehmungen angehörten, der gewöhnliche Vorgang. Hierbei veräußerten die einzelnen Gesellschaften ihre Unternehmungen zur Gänze an eine neue Gesellschaft und lösten sich sodann auf. Es blieb nach der Fusion nur eine einheitliche große Gesellschaft zurück, die sich im Besitze aller, den in ihr aufgegangenen Aktiengesellschaften oder Privatfirmen früher gehörigen Unternehmungen befand und sich juristisch in keiner Weise von einer der Aktiengesellschaften unterschied, die in ihr aufgegangen waren. Bekannte Trusts dieser Gattung sind die American Tin Plate Company, die National Steel-Company und die bekannten in aller Munde befindlichen Morganschen Trustgründungen.

Da sich die ältere Trustform in unserem Rechtsgebiete nicht einbürgern kann, so ist nur zu untersuchen, ob die neuere daselbst in großem Stile Platz greifen kann und dadurch jeder Kartellgesetzgebung von vornherein unübersteigbare Schranken gesetzt sind. Diese Frage findet jedoch ihre Lösung auf aktien- und börsenrechtlichem Gebiete. Das Trustproblem in Nord-Amerika ist weder wirtschaftlich noch juristisch identisch mit unserem Kartellproblem, es umfaßt vielmehr auch Probleme der Aktien- und Börsengesetzgebung. Die Bildung von Unternehmerverbänden ist bei uns eine industrielle Operation, mag sie auch naturgemäß auf die börsenmäßige Bewertung der betreffenden Industriepapiere zurückwirken;

---

[11]) Vgl. Jenks a. a. O. S. 117; Beach a. a. O. S. 505 unterscheidet drei Kategorien von Trusts. Nr. 1 deckt sich mit der im Text geschilderten älteren, Nr. 3 mit der modernen Trustform, Nr. 2 ist dadurch charakterisiert, daß eine Gesellschaft die „Kontrolle" über eine Reihe anderer erwirbt, indem sie die Majorität der Aktien erwirbt: Concern, Type Nr. II.

die Trustbildung in den Vereinigten Staaten ist aber in der Regel auch eine Finanz- und Börsenoperation, die mit Agiotage in den betreffenden Effekten in engem Zusammenhange steht. Diese Erscheinung tritt schon bei der älteren Trustform hervor; vom Zucker-Trust z. B. weiß der Bericht des Komitees der Staatslegislative von New-York (abgedruckt bei Beach a. a. O. S. 31 Anm. 1) folgendes zu sagen: „Es bestand eine enorme Spekulation in den Trust-Zertifikaten. . . . . Es war zweifellos einer der wichtigsten Zwecke dieser Trustbildung, diese Zertifikate zu emittieren und dadurch Gelegenheit für eine Agiotage in großem Stile zu bieten. . . . . Die Ausgabe von $ 50000000 Zertifikaten war vollkommen ausreichend für eine Spekulation im Umfange von vielen hundert Millionen Dollars. Es frägt sich sehr, ob der Trust nicht eher zum Zwecke ungeheurer Spekulationen gegründet wurde, als um der Vorteile willen, die durch eine Vereinigung der Raffinerien zum Zwecke vorteilhafterer Raffinierung des Zuckers erzielt werden sollten; daß das Hauptziel der Trustbildung auf Agiotage hinauslief, beweist in deutlicher Weise der künstlich erhöhte Wert (the inflated value), der den Aktiven der vereinigten Gesellschaften, auf Grund deren die Emission von Zertifikaten erfolgte, beigelegt wurde.“ . . . . Diese Verhältnisse sind auch bei den Trustbildungen der letzten Phase unverändert geblieben. So kommt es, daß Jenks in seiner vortrefflichen Monographie zwei Kapitel[12]) der Besprechung von Problemen widmet, die, wie Gründergewinn, übermäßige Anrechnung von Sacheinlagen, „Wässern“ des Aktienkapitals, spekulative Manöver bei der Gründung und den Aktienemissionen, bei uns gar nicht in den Rahmen des Kartellproblems gehören. Nicht der Industrielle, sondern der Finanzmann stehen bei der Trustbildung in Nord-Amerika Gevatter und ungeheure Gründungs- und „Wässerungs“-Gewinne fließen ihm zu. Nach den Erhebungen der „United States Industrial Commission“ wurden bei der Bildung der „Standard Distilling and Distributing Company“ für je $ 100000 effektiven Geld- oder Sachwert, der in die Gesellschaft eingebracht wurde, ausgegeben: $ 150000 in Stammaktien an den Gründer (promoter), $ 100000 in Vorzugs- und Stammaktien an den Sacheinleger und $ 100000 Vorzugs- und $ 150000 Stammaktien an den Financier, der die Subskription garantierte (underwriter): in Summa $ 200000 in Vorzugs- und $ 400000 in Stammaktien für je $ 100000 effektiver Aktiva (cash and tangible property)! Judge William H. Moore, der die American Tin Plate

[12]) Ch. V. Promoter and Financier; Ch. VI. The Basis of Capitalization S. 77 ff.

Company mit einem Kapitale von $ 50000000 organisierte, erhielt an Vergütung der Gründungsspesen und Gründungsgewinn 10 Millionen Dollars in Stammaktien. Die Kritik dieser Vorgänge und die Beleuchtung ihres Einflusses auf die Politik der amerikanischen Trusts fällt nicht in den Bereich dieser Untersuchung: von Wichtigkeit ist für uns jedoch, zu erkennen, daß diese Erscheinungen nicht allein Auswüchse spekulativen Beutejägertums sind, sondern darauf hindeuten, was auch theoretische Argumentation erkennen läßt: daß nämlich die Gründung von Riesenunternehmungen vermittelst Fusion nicht durchführbar ist, ohne die Entfachung und Ausnützung der spekulativen Tendenzen und Kräfte der Börse durch die Mittel der Übergründung und Agiotage. Denn die Risiken, die mit der auch nur zeitweiligen Lockerung und Deklassierung der in die Fusion einzubeziehenden Aktiven und Effekten, sowie jene, die mit der finanziellen Garantie des Gründungserfolges (dem underwriting) verbunden sind, sind bei derlei gigantischen Operationen zu groß, um anders gedeckt werden zu können, als aus den ungeheuren Gewinnen, welche den genannten Manipulationen entströmen, und die letzteren sind nur vermittelst der Spannkraft eines durch Agiotage überreizten Effektenmarktes realisierbar. Die blendenden Machtproben, welche die amerikanische Trustbewegung in ihrer jüngsten Phase vor unserer aller Augen ablegt, sind daher nicht so sehr ein Beleg für die industrielle Lebensfähigkeit dieser Organisationen als für die Höhe der Dampfspannung auf den amerikanischen Effektenmärkten. Diese Erkenntnis zeigt uns aber auch, daß wir durch Ausbildung des Aktien- und Börsenrechtes die Gefahr, durch die Kartellgesetzgebung eine Fusionsepoche in größtem Stile einzuleiten, außerordentlich abschwächen, wenn nicht schon durch die bestehende Gesetzgebung für beseitigt halten können. Die seltsamen Ergebnisse der amerikanischen Antitrustgesetzgebung müssen also keineswegs abschreckend auf uns wirken; der kritische Grenzpunkt, welchen jede Kartellgesetzgebung im Auge behalten muß, wird vielmehr jener sein, bei dessen Überschreitung die juristisch immerhin faßbare, weil an äußere, rechtlich relevante Merkmale gebundene Form des heutigen Unternehmerverbandes übergehen würde in den Zusammenschluß zu einem auf rein tatsächlichen Machtverhältnissen beruhenden Verbande, dem formlosen „Concern."

III.

Menzel (a. a. O. S. 24) hat bereits hervorgehoben, daß man bei der Gruppierung der einzelnen Kartellformen einen doppelten Gesichtspunkt zur Geltung bringen müsse, einen materiellen und einen formellen. Es ergäbe sich nämlich eine Gruppierung der Kartelle zunächst nach den

Richtungen, in denen und den ökonomischen Mitteln, durch die der freie Wettbewerb eingeschränkt werde. Der zweite, formale Gesichtspunkt aber betrifft die Organisation der Kartelle in juristisch-technischer Hinsicht, die Mittel also, welche zur Bindung des prinzipiell freien Unternehmer- und Konkurrenzwillens angewendet werden. Menzel unterscheidet vom ersterwähnten Standpunkt aus vier große Kategorien von Kartellen, für die er die Bezeichnung Preiskartelle, Produktionskartelle, Absatzkartelle und Beteiligungskartelle vorschlägt.

Zur Differenzierung der einzelnen Kartellformen war damit ein wichtiger Schritt erfolgt und dieses Klassifizierungsschema behauptet sich noch heute in der volkswirtschaftlichen Literatur[13]), ist aber dank dem außerordentlich reichen Material, welches die Zunahme der Unternehmerverbände und die Veröffentlichung ihrer Statuten in der zweiten Hälfte des vorigen Jahrzehnts der wissenschaftlichen Forschung bot, nach manchen Richtungen hin ergänzt und erweitert worden. Liefmann insbesondere, welchem unter den deutschen Schriftstellern das größte Material an Kartellstatuten vorgelegen ist, hat eine außerordentlich durchgebildete Klassifikation der Kartelle nach ihren wirtschaftlichen Mitteln und Zwecken geschaffen.

Er unterscheidet zunächst (a. a. O. S. 41 ff.) Verbände, welche die Unternehmer als Abnehmer schließen, und solche, die sie als Anbieter eingehen. Als Abnehmer stehen die Unternehmer zwei Arten von Wirtschaftssubjekten gegenüber, nämlich den Produzenten der Roh- und Hilfsstoffe bezw. der Halbfabrikate, und den Arbeitern. Die sogenannten Händlerkartelle sind zum Teil gleichfalls Abnehmerverbände. Bei den Verbänden der Unternehmer als Anbieter unterscheidet Liefmann zwei Hauptmethoden zur Erreichung des obersten Zwecks, nämlich der monopolistischen Ausschließung bezw. Einschränkung des freien Wettbewerbes. Nach der einen Methode, durch welche die von ihm sogenannten „beschränkenden Kartelle" oder „Kartelle niederer Ordnung" zu Stande kommen, geht die Kartellvereinbarung von dem einzelnen Mitgliede aus und schränkt dessen wirtschaftliche Handlungsfreiheit in einem bestimmten Punkte z. B. in der Preisfestsetzung ein. Nach der anderen Methode, durch welche sogenannte „verteilende Kartelle" oder „Kontingentierungen" zu Stande kommen, die Liefmann wegen ihrer festeren und ausgebildeteren Organisation auch „Kartelle höherer Ordnung"

---

[13]) Vrgl. hierzu auch Philippovich, Grundriß der politischen Ökonomie, I. Band Volkswirtschaftslehre, 4. Auflage, § 77, und Volkswirtschaftspolitik, 1. u. 2. Auflage, § 39.

nennt, richtet sich die Kartellvereinbarung auf das Gesamtangebot, die Gesamtnachfrage oder den Gesamtgewinn des Kartellverbandes und verteilt dieselben nach einem bestimmten Schlüssel auf die Kartellmitglieder. Indem Liefmann dann weiter als Einteilungsgrund für die Klassifizierung dieser Hauptformen der Kartellgestaltung die konkreten Einrichtungen wählt, in denen die Beschränkung der freien Unternehmertätigkeit und des Konkurrenzstrebens zum Ausdruck kommt, gelangt er zu folgendem Schema:

I. Verbände der Unternehmer als Abnehmer.

1. Gegen die Arbeiter zum Zwecke gemeinsamer Preis- und Nachfragepolitik.
2. Gegen die Rohstoffproduzenten usw. zum Zwecke gemeinsamer Preis- und Nachfragepolitik.

II. Verbände der Unternehmer als Anbieter, Kartelle.

A. Niederer Ordnung, beschränkende Kartelle:

1. Zum Zwecke gemeinsamer Angebotspolitik: Angebots- oder Produktionskartelle.
2. Zum Zwecke gemeinsamer Monopolisierungspolitik: Gebietskartelle.
3. Zum Zwecke gemeinsamer Preispolitik: Preiskartelle.

B. Kartelle höherer Ordnung, verteilende Kartelle, Kontingentierungen:

1. Zum Zwecke gemeinsamer Angebotspolitik: Angebotskontingentierungen.
2. Zum Zwecke gemeinsamer Monopolisierungspolitik: Nachfragekontingentierungen.
3. Zum Zwecke gemeinsamer Preispolitik: Gewinnkontingentierungen.

Ich kann nicht umhin, mit Pohle (a. a. O. S. 15), dem wir nächst Liefmann die feinst ausgebildete Morphologie der deutschen Kartelle verdanken, gegen die oben wiedergegebene Klassifikation Liefmanns das Bedenken auszusprechen, daß sie in höherem Maße dem ästhetischen Bedürfnisse nach Symmetrie entgegenkommt, als in allen Punkten sachlich gerechtfertigt ist. Es ist Pohle insbesondere beizustimmen, wenn er gegenüber der Liefmannschen Klassifikation hervorhebt, daß nach derselben Kartelle, die mit gleichen wirtschaftlichen Mitteln arbeiten, in verschiedene Gruppen einzureihen wären, daß es ferner nicht tunlich sei, bei den einzelnen Kartellen scharf zu unterscheiden, ob sie von einer Beschränkung der einzelnen Mitglieder oder von der Verteilung der Gesamtproduktion ausgingen, und daß es endlich wissenschaftlich nicht so sehr darauf ankomme, eine Übersicht sämtlicher Kartellformen zu geben, als eine Klassifizierung der verschiedenen Mittel der Kartellierung. Denn jedes einzelne konkrete Kartell könne nicht bloß ein Kartellierungsmittel, sondern auch mehrere anwenden, und bei der Übersicht sämtlicher Kartellformen müßten daher auch solche Kartelle ihren Platz zugewiesen erhalten, die aus der Verbindung mehrerer, im Liefmannschen Schema enthaltener Kartellformen hervorgingen. Gerade diese kombinierten Kartelle seien praktisch die wichtigsten. Pohle selbst klassifiziert daher nach den wichtigsten Kartellierungsmitteln und unterscheidet:

1. Preisvereinbarung, 2. die Verteilung der Absatzgebiete bezw. der Kundschaft, 3. die Produktionskartellierung, 4. die Gewinnausgleichung, 5. die Vertriebskartellierung. Der Pohlesche Gedanke zeichnet sich zweifellos theoretisch durch größere Klarheit und Einfachheit aus.

Allein ich halte es für angemessen, das Liefmannsche Schema hier zu reproduzieren, um an der Hand desselben in dieser, wesentlich praktischer Gesetzgebungspolitik dienenden Untersuchung eine Übersicht der ungeheuren Fülle von Kartellformen zu geben, welche Liefmann vorgelegen sind. Denn jeder legislative Versuch auf diesem Gebiete wird mit dem Proteus-artigen Charakter der Unternehmerverbände zu rechnen und in diesem Momente zum Teile den Inhalt, vor allem aber die Schranken seiner Wirksamkeit zu suchen haben. Liefmann sind abgesehen von rein lokalen Kartellen und von Verbänden der Handelsunternehmer 345 Industrie-Kartelle bekannt geworden, und er nimmt an, daß davon im Jahre 1897 230—250 noch existierten.

Auf die einzelnen Industriezweige verteilen sich die Liefmann bekannt gewordenen Kartelle folgendermaßen. Es entfielen auf die

Chemische Industrie	82	Kartelle
Eisenindustrie	80	„
Industrie der Steine und Erden . . .	59	„
Textilindustrie	38	„
Papierindustrie	19	„
Holzindustrie	18	„
Kohlenindustrie	17	„
Metallurgische Industrie (außer Eisen) .	15	„
Nahrungsmittelindustrie	12	„
Lederindustrie	5	„
Im Ganzen	345	Kartelle,

zu denen noch 6 Kartelle von Transportanstalten hinzukommen. Hiervon bestanden vor dem Jahre 1890 219, vor dem Jahre 1896 260 Kartelle.

Bezüglich der kartellierten Artikel sei auf die Zusammenstellung bei Liefmann S. 144 verwiesen, welche über 300 Art. umfaßt.

Ein mir vorliegendes Verzeichnis österreichischer Kartelle weist im Ganzen 68 Kartelle auf. Davon entfallen auf die

Eisenindustrie	12	Kartelle
Bergbauindustrie	2	"
Zuckerindustrie	2	"
Papier- und Druckindustrie	8	"
Bierbrauerei und Mälzerei	3	"
Petroleumindustrie	1	"
Textilindustrie	6	"
Maschinen- und Metallindustrie	4	"
Glasindustrie	4	"
Industrie der Steine und Erden . . .	8	"
Diverse Industrien (größtenteils chemische)	18	"
Zusammen	68	Kartelle.

Die wichtigsten kartellierten Artikel sind: Eisen, Draht und Drahtstifte, Achsen, Gabeln, Sicheln, Absatzeisen, Schuhnägel, Schrauben und Nieten, Hufnägel, Walzeisen, Walzdraht, Eisenerz, raffinierter und Rohzucker, Rüben, (Abnehmerkartell) Cellulose und Packpapier, Strohpapier, Pergamentpapier, Chromo-, Glacé- und Buntpapier, Holzpapier, Papierhülsen, Bier, Malz, Petroleum, Juteerzeugnisse, Tuch, Streichgarn, Hanf, Feze, Bindfaden und Spagat, Messingwaren, Kupferdraht, Kupferbleche, Zinnprodukte, Blech, Emailgeschirr, Kristallglas, Glasflakon, Spiegel- und Tafelglas, Ziegel, Granitstein, Steinmetzwaren, Sandstein, Portland-Zement, Falzziegeln, Soda, Essigsäure, Syrup, Sodawasser, Zinkweiß, Leim, Paraffin, Glühlampen, Federweiß, Kunstdünger, Regen- und Sonnenschirme, Holzdeckel, Kaolin usw. usw. Diese Zusammenstellung, welche durchaus nicht erschöpfend ist und naturgemäß nicht erschöpfend sein kann, da die österreichischen Kartelle mit ihren Mitteilungen wegen der ihren Rechtsbestand verneinenden Judikatur zurückhaltender sind als die deutschen, beweist wohl, daß auch in Österreich die Kartellbewegung bereits einen sehr hohen Stand erreicht, wie sie denn auch die mannigfachsten Formen der Verbände hervorgebracht hat.

Verhältnismäßig am geringfügigsten ist unter den bekannt gewordenen Kartellen die Zahl der gegen die Arbeiter gerichteten Verbände der Unternehmer, die oft auch nur einer augenblicklichen Konjunktur des Arbeitsmarktes entspringen und dann von kurzer Dauer sind. Die Unternehmer verabreden gemeinsam entweder eine bestimmte Höhe der Löhne, über die nicht hinauszugehen sie sich verpflichten, oder verpflichten sich gegenseitig, streikende Arbeiter überhaupt nicht wieder oder doch für eine bestimmte Zeit nicht anzustellen, oder streikende Arbeiter eines der Kontrahenten nicht zu beschäftigen u. dgl. m. Wie Liefmann, der dieses Material zumeist aus der „Sozialen Praxis" geschöpft hat, bemerkt, kommen beide Arten von Vereinbarungen zusammen vor. Gegenüber drohenden Streikbewegungen findet sich manchmal die Vereinbarung, alle konkurrierenden Werke einer bestimmten Gegend zu schließen, sobald die Arbeiter auch nur in einem einzelnen derselben streiken würden. (Lockout.)

Die Verbände der Abnehmer gegen ihre Vorgänger im Produktionsprozesse, also gegen ihre Lieferanten, zeichnen sich bereits durch eine große Mannigfaltigkeit der angewendeten Methoden aus. Wir finden die Form des einfachen Preiskartells, bei welchem die Unternehmer sich gegenseitig verpflichten, ihren Lieferanten keinen höheren, als einen vereinbarten Maximalpreis zu bezahlen, ferner das Gebietskartell, bei dem jedem der kartellierten Unternehmer ein bestimmtes Gebiet zugewiesen wird, innerhalb dessen er seinen Bedarf ausschließlich zu decken berechtigt ist. Diese auch „Rayonnierungskartelle" genannten Verbände spielten in Österreich im Verhältnis der Rohzuckerfabrikanten zu den Rübenbauern eine bedeutsame Rolle und waren und sind Gegenstand der heftigsten Angriffe seitens der letzteren. Es können sich Unternehmer ferner auch vereinigen, um durch Einstellung des Bezuges (Boykottierung) von ihren Lieferanten eine günstigere Preispolitik zu erzwingen. Ein solcher Verband wird als Kampfverband in der Regel nur von kurzer Dauer sein und entweder mit einem Vergleiche schließen, wie z. B. beim Preiskampfe der Landwirte gegen das Kartell der Thomasphosphatmehlfabrikanten, oder aber in eine festere und dauernde Organisation z. B. zu dem Zwecke übergehen, um sich von den Lieferanten durch Eigenproduktion vollständig unabhängig zu machen. Liefmann erwähnt u. a. ein Kartell der französischen und belgischen Glasfabrikanten zu dem Zwecke der Errichtung einer eigenen Fabrik phosphorsaurer Salze als Kampfmittel gegen das Kartell der vereinigten deutschen, englischen, belgischen und französischen Produzenten dieses Artikels.

Hierher gehört endlich auch die Erscheinung, daß Industrielle, in deren Betrieb Kohlen einen besonders wichtigen Hilfsstoff ausmachen, sich einzeln oder gemeinschaftlich die Verfügung über Kohlenzechen sichern, um sich gegenüber den großen Verbänden der Kohlenproduzenten Unabhängigkeit zu sichern. Dieser Vorgang führt zur Bildung von sogenannten „Kombinationen" (siehe oben).

Was die Verbände der Produzenten als Anbieter betrifft, so führt Liefmann unter den Produktionskartellen niederer Ordnung Vereinbarungen an, welche sich beziehen 1. lediglich auf die Untersagung von Vergrößerungen des Betriebes; 2. Vereinbarungen zur Durchführung von Betriebseinschränkungen oder Betriebseinstellungen von kürzerer oder längerer Dauer. Die Betriebseinstellung kann sich auf alle im Verbande stehenden Werke beziehen, und ist in diesem Falle selbstverständlich eine zeitlich beschränkte (in der Regel durch Einschränkung der Schichtdauer oder durch Einreihung von Ruheschichten bewirkte), oder sie beschränkt sich auf einzelne unter besonders ungünstigen Bedingungen produzierende Werke, in welchem Falle die Betriebseinstellung gegen Entschädigung erfolgt und auch dauernder Natur sein kann. Die vollständige Betriebseinstellung einzelner Werke führt in der Regel zum Ankaufe derselben durch die wirtschaftlich günstiger produzierenden Verbandsmitglieder. 3. Die Einschränkung der Produktion kann sich weiter auch auf das Produktionsquantum beziehen und entweder absoluter Natur sein, indem eine Höchstziffer der Produktion für jedes einzelne Werk festgesetzt wird, oder aber indirekt erzielt werden, indem die billiger produzierenden Werke den teurer produzierenden für die Minderproduktion Prämien bezahlen. Diese Formen der Produktionseinschränkung kommen wiederum in den mannigfaltigsten Kombinationen vor und sind eine ziemlich rückständige und wenig wirkungsvolle Form der Kartellierung, da die Kontrolle außerordentlich schwierig ist und die Verschiedenheit der technischen Produktionsbedingungen der einzelnen Verbandsmitglieder zahlreiche Ausnahmebestimmungen bedingt. Die wichtigsten Beispiele für derartige Produktionsbeschränkungen boten die früher zahlreichen sogenannten „Förderungskonventionen" der rheinisch-westfälischen Kohlenzechen.

Die reinen Gebietskartelle sind als Kartelle der Anbieter von verhältnismäßig geringer Wichtigkeit. Bei dieser Kartellform wird jedem der Teilnehmer ein eigenes Absatzgebiet zugewiesen, in welchem er daher — vorausgesetzt, daß alle Konkurrenten im Verbande sind — ein vollkommenes Monopol besitzt. Diese Kartelle sind nur dann durchführbar, wenn die Zahl der Unternehmer eine geringe ist, und nur dann praktisch, wenn hierdurch zugleich auch erhebliche Frachtersparungen erzielt werden. Dagegen kommt es häufig vor, daß mehrere Kartelle niederer Kategorie sich gegenseitig die Wirksamkeit dadurch sichern, daß sie ein Gebietskartell schließen, welches sodann einen Verband zwischen mehreren Kartellen darstellt. Solche Gebietskartelle höherer Ordnung, wobei jedes Kartell wiederum innerhalb seines Gebietes eine selbständige Kartellpolitik verfolgen kann, finden sich namentlich als Organisationsformen internationaler

Kartelle. Liefmann nennt als solche internationale Kartelle das 1884 zwischen Deutschland, England, Belgien und Österreich abgeschlossene Schienenkartell und insbesondere das Gebietskartell der Dynamitfabriken, welches die durch den Dynamittrust repräsentierte deutsch-englische Gruppe mit der französischen Gruppe der Société Centrale de la Dynamite im Juni 1886 abschloß.

Die eigentlichen Preiskartelle verfolgen einen doppelten Zweck: 1. Die Festsetzung von Minimalpreisen, welche einen Gewinn aus der Produktion sichern, und 2. die allmähliche Erhöhung derselben, bezw. des Unternehmergewinnes. Diese Vereinbarungen sind in der Regel verbunden mit Vereinbarungen über die Konditionen, unter welchen der Verkauf und die Preisfeststellung erfolgt, z. B. über die Höhe des Rabatts, über die Kreditgewährung, Zahlungsfristen usw., da nämlich durch Begünstigungen in den Konditionen die Wirkung von Minimalpreisfestsetzungen leicht seitens eines einzelnen Konkurrenten illusorisch gemacht werden kann. Die meisten Preiskartelle sind demnach auch zugleich sogenannte Konditionen-Kartelle.

Die über die Verkaufspreise geschlossenen Vereinbarungen gelten entweder für alle von den Verbandsmitgliedern abgesetzten Produkte oder nur für solche, welche innerhalb des Verbandsgebietes verkauft werden. Im letzteren Falle können also die Mitglieder außerhalb des Verbandsgebietes billiger verkaufen. In der Regel gelten die höheren Verbandspreise für das Inland, niedrigere Verbandspreise für das Ausland; sehr häufig sind auch die Exportpreise in das Ausland gänzlich freigegeben. Aber auch für die Grenzbezirke, in welche z. B. wegen besonders günstiger Transportverhältnisse ausländische Konkurrenzware eindringen kann, werden häufig billigere Preise und günstigere Konditionen frei gelassen. Weiter stellen die Preiskartelle häufig auch Ausnahmebestimmungen für den Fall auf, daß es gilt, ein dem Verbande nicht angehöriges Unternehmen in seinem engeren Absatzgebiete zu konkurrenzieren. Bekannt ist, daß speziell die großen Unterschiede zwischen den Inlands- und Auslandspreisen häufig den Anstoß zu den heftigsten Angriffen gegen die Kartelle geboten haben. Reine Preiskartelle sind jedoch eine ziemlich lockere und infolgedessen auch eine ziemlich seltene Organisationsform der Unternehmerverbände. Sie werden in der Regel nur als vorläufige Abwehrmaßregeln geschlossen, um einen durch Überproduktion und heftigen Konkurrenzkampf unter die Produktionskosten herabgedrückten Preisstand vorerst auf die Höhe der letzteren zu bringen, haben aber selbstverständlich die Tendenz, auf eine stete weitere Erhöhung des Preisniveaus hinzuwirken. Die Schwierigkeit der Kontrolle wirkt reinen Preiskartellen ebenso entgegen, wie den reinen Produktionskartellen.

Was die von Liefmann sogenannten „Kartelle höherer Ordnung" betrifft, das sind diejenigen Kartelle, bei denen das Gesamt-Angebot, die Gesamt-Nachfrage oder der Gesamt-Gewinn des Verbandes nach einem bestimmten Schlüssel unter die einzelnen Mitglieder verteilt wird; so gehören zunächst hierher jene Kartelle, welche den Absatz aller beteiligten Unternehmer nach einem bestimmten Schlüssel, in der Regel nach der Leistungsfähigkeit oder dem bisherigen Absatze, unter die Verbandsmitglieder aufteilen.

Es ist bei denselben prinzipiell Sache und Aufgabe des einzelnen Kartellmitgliedes, die ihm gebotene Absatzmöglichkeit voll auszunützen. Mitunter wird aber auch durch das Kartell für die Ausgleichung von Differenzen, die sich bei der Ausnützung der Absatzmöglichkeit einstellen, in der Weise vorgesorgt, daß entweder jedes Werk um dasjenige, was es in der einen Periode zu viel verkaufte, in der nächsten weniger verkaufen darf, während der im Absatz zurückgebliebene Kartellteilnehmer die Differenz dem Absatzquantum der nächsten Periode hinzufügen darf, — oder aber derjenige Produzent, der zu viel geliefert hat, muß dem im Absatze zurückgebliebenen Verbandsmitgliede das Differenzquantum abnehmen und zwar zu dem Durchschnittsverkaufspreise des zurückgebliebenen Mitgliedes. Die Differenz kann weiter auch dadurch ausgeglichen werden, daß das im Absatze voraneilende Mitglied dem zurückbleibenden Aufträge überweist oder endlich, es kann eine Ausgleichung in Geld stattfinden.

Bei denjenigen Industrien, in denen es üblich ist, die Produkte im Submissionswege abzusetzen, hat der Kartellverband in der Regel den Zweck, die Beteiligung bei den Submissionen zu regulieren. Hierbei vereinigen sich die Unternehmer entweder, um bei Submissionen gemeinsam ihre Offerten einzureichen und, wenn sie den Antrag erhalten, ihn nach einem bestimmten Verhältnisse zu verteilen, oder aber es wird bei jeder einzelnen Submissionsausschreibung im vorhinein festgesetzt, welches der kartellierten Werke bei der Submission den Sieg davontragen soll. In diesem Falle offeriert dann nur das zur Ausführung bestimmte Werk zu einem den wirtschaftlichen Verhältnissen entsprechenden Preise, während die übrigen Werke nur zum Scheine mitbieten und höhere Preise festsetzen.

Das wichtigste Beispiel für derartige Kartellverbände, die bis in die sechziger Jahre zurückreichen, bieten die Kartelle für Eisenbahnbedarfsartikel, welch' letztere in der Regel im Wege der Submission vergeben werden, insbesondere die Schienenkartelle.

In denjenigen Industrien, in denen die Vergebung von Lieferungen nicht im Wege von Submissionen erfolgt, kann gleichwohl eine Verteilung der eingehenden Bestellungen und Aufträge auf die einzelnen Mitglieder des Verbandes in der Weise erfolgen, daß der Verband hierzu ein eigenes Organ bestellt: Verkaufsstelle oder Verkaufssyndikat, das dem Zwecke dient, von dem Abnehmer die Bestellungen entgegenzunehmen und deren Ausführung unter die Verbandsmitglieder zu verteilen. Diese Art der Absatzkontingentierung gewährt, wie Liefmann bemerkt, dem einzelnen Verbandsmitgliede eine eigentümliche Art von Monopol, so zu sagen „ein Monopol für den einzelnen Fall". „Der Unternehmer ist in der Stellung eines Monopolisten nur demjenigen Konsumenten gegenüber, dessen Aufträge gerade ihm zur Ausführung zugeteilt worden sind." Das wichtigste Beispiel eines solchen Kartells ist das bekannte Rheinisch-Westfälische Kohlen-Syndikat. Dieses Syndikat hat sein Organ in der Rheinisch-Westfälischen Kohlen-Syndikats-Aktien-Gesellschaft, welche als Verkaufsstelle die bei ihr einlaufenden Aufträge an die Verbandsmitglieder nach ihren festgesetzten Beteiligungsquoten verteilt. Bei Kartellen dieser Art findet die Verteilung der Aufträge nach verschiedenen Gesichtspunkten statt. Es kommt hierbei in Betracht: 1. Das Maß, in welchem jedes Mitglied von der Erreichung des ihm zugebilligten Absatzquantums entfernt ist. 2. Die Rücksicht auf Frachtersparnis, so daß dasjenige Werk die Lieferung erhält, welches dem Wohnsitze des Abnehmers am nächsten liegt. 3. Sind die Bestände an fertigen Produkten in den Werken der einzelnen Verbandsmitglieder nach Möglichkeit zu berücksichtigen. 4. Wird auch tunlichst auf die Sonderwünsche der einzelnen Konsumenten Bedacht genommen.

Eine außerordentliche Mannigfaltigkeit besteht in den Beziehungen eines derartigen Organes, Verkaufsstelle, zu den Konsumenten (Auftraggebern) einerseits und zu den Verbandsmitgliedern anderseits. Es ergeben sich hierbei folgende Varianten der rechtlichen Beziehungen zwischen den Verbandsmitgliedern, der Verkaufsstelle und den Konsumenten.

a) Die Verkaufsstelle ist bloßer Vermittler, jedes Verbandsmitglied tritt in ein direktes Rechtsverhältnis zu dem Abnehmer und wird allein berechtigt und verpflichtet; b) die Verkaufsstelle ist Stellvertreter des Verbandes, so daß dem Abnehmer gegenüber der Verband aus dem einzelnen Geschäfte berechtigt und verpflichtet erscheint. Der Verband trägt also auch dem einzelnen Verbandsmitgliede gegenüber das Delcredere und es muß die Tätigkeit der Verkaufsstelle durch den Verband überwacht werden; c) die Verkaufsstelle wird allein berechtigt und verpflichtet. In diesem Falle muß selbstverständlich die Verkaufsstelle kreditfähig sein;

es wird in der Regel ein Bankhaus hierzu bestellt. Die Notwendigkeit einer Überwachung der geschäftlichen Tätigkeit der Verkaufsstelle entfällt bei dieser Form, es ist aber der Erfolg der wirtschaftlichen Tätigkeit des Verbandes im hohen Maße abhängig von der Kreditpolitik der Verkaufsstelle. Endlich d) die Verkaufsstelle ist Kommissionär, sie schließt im eigenen Namen ab, aber für Rechnung entweder des Verbandes oder des einzelnen Verbandsmitgliedes, sie trägt in diesem Falle gewöhnlich das Delcredere. Diese Rechtsstellung ist zugewiesen z. B. dem Rheinisch-Westfälischen Kohlen-Syndikat. Je nachdem die Rechtsstellung der Verkaufsstellen in der einen oder anderen Weise bestimmt ist, wird selbstverständlich das Verhältnis des Verbandsmitgliedes zu dem Konsumenten ein verschiedenartiges sein. Es kommt vor, daß das Verbandsmitglied dem Konsumenten direkt fakturiert, oder daß dies von Seiten der Verkaufsstelle oder des Verbandes geschieht. Je nachdem sind auch die Kontrollmaßregeln, welche zur Sicherung der Einhaltung der Kartellvereinbarungen seitens der einzelnen Mitglieder bestehen, äußerst verschiedenartiger Natur.

Was die Organisation der Verkaufsstelle betrifft, so kann als Verkaufsstelle entweder ein einzelnes Verbandsmitglied oder ein außerhalb des Verbandes stehendes Bankhaus oder ein vom Verbande bestelltes Bureau oder endlich eine selbständige zu diesem Zwecke gebildete Gesellschaft (Aktien-Gesellschaft, Kommandit-Gesellschaft, Gesellschaft mit beschränkter Haftung oder Erwerbs- und Wirtschafts-Genossenschaft) fungieren.

Liefmann bezeichnet endlich als eine noch höhere Stufe der Kartelle höherer Ordnung oder Kontingentierungsverbände die „Gewinnkontingentierungen“, welche im wesentlichen darin bestehen, daß der Verband nicht bloß den Absatz unter seine einzelnen Mitglieder aufteilt, sondern auch innerhalb gewisser Grenzen für eine proportionale Aufteilung des durch den Absatz zu erzielenden Unternehmergewinnes selbst Sorge trägt. Bei der Gewinnkontingentierung ist zu unterscheiden, ob die Verbandsmitglieder den Eigenverkauf ihrer Produkte selbst behalten oder ob eine durch den Verband geschaffene Organisation, ein Syndikat, ihnen die Produktion abkauft und dieselbe dann auf Rechnung des Verbandes weiter veräußert. In dem ersteren Falle werden die Mitglieder in der Regel verpflichtet sein, ihren Gewinn in eine gemeinsame Kasse einzuzahlen, an der jedes Verbandsmitglied mit einem bestimmten Anteile partizipiert. Es werden hierbei Minimalpreise festgesetzt, unter welchen die Mitglieder nicht verkaufen dürfen. Für jedes abgesetzte Quantum hat das betreffende Mitglied einen bestimmten Betrag an die Syndikatskasse zu bezahlen, der in der Differenz zwischen dem Minimalpreise und einem angenommenen Grundpreise besteht. Der Grundpreis muß natürlich niedriger sein, als der Minimalverkaufspreis und mit den durchschnittlichen Produktionskosten der Verbandsmitglieder mehr oder minder zusammenfallen. Was die Unternehmer über den Minimalverkaufspreis an Gewinn erzielen, wird in der Regel nicht in die Syndikatskasse eingezahlt, so daß jedes Verbandsmitglied auch einen separaten Unternehmergewinn erzielen kann. Die Verteilung des in die Syndikatskasse eingezahlten Fonds findet natürlich nicht statt nach der Höhe des effektiven Absatzes eines jeden Mitgliedes und der sich danach bestimmenden Höhe der Einzahlungen — da sonst der Wettbewerb nicht aufhören würde —, sondern nach einem bestimmten im vorhinein festgesetzten Schlüssel. Dieses System unterliegt natürlich wieder einer Reihe von Varianten. Es führt dahin, daß auch bei minderer Produktion des einzelnen Verbandsmitgliedes von demselben auf Kosten der anderen ein Unternehmergewinn erzielt werden kann und kommt daher größtenteils nur im Zusammenhange mit anderen den Absatz regelnden Vereinbarungen vor. Aber es hat den großen Vorzug, daß der Bestand des Kartells nach außen vollständig unsichtbar bleibt, während selbstverständlich der Antrieb zur Konkurrenzierung durch dieses System auf ein Mindestmaß herabgesetzt erscheint.

Die zweite vollkommenere Form der Gewinnkontingentierung besteht darin, daß das Syndikat dem Unternehmer bis zu einem festgesetzten Quantum seine Produktion abkauft und den durch weiteren Verkauf derselben erzielten Gewinn nach einem bestimmten, im vorhinein festgesetzten Schlüssel, der sich in diesem Falle allerdings nach dem Verhältnisse der einzelnen abgekauften Quanten richten kann, an die Mitglieder wieder verteilt. Diese Form der Gewinnkontingentierung erfordert aber selbstverständlich einen großen Kapitalsbesitz zur Verfügung der gemeinsamen Verkaufsstelle, kommt daher nicht häufig vor. Ihre höchste Ausbildung sollte sie erreichen durch die Gründung sogenannter Kartellbanken, die in der Weise projektiert waren, daß die Unternehmer einer Branche den Hauptkapitalsanteil für das zu gründende Institut aufbringen, aber auch das Publikum im bescheidenen Maßstabe zur Beteiligung an demselben zugelassen werden soll. Die Kartellbanken hätten die Aufgabe gehabt, allen beteiligten Unternehmungen die Produktion zu bestimmten Preisen abzukaufen und den Verkauf derselben durchzuführen. Der erzielte Gewinn, der durch die Zentralisation des Angebots und eigene Geschäfte der die Marktlage beherrschenden Bank außerordentlich gesteigert werden sollte, wäre zunächst nach einem bestimmten Schlüssel an die Verbandsmitglieder abzuführen, der Rest sollte den Aktionären der

Kartellbank zufallen, unter denen natürlich wieder die Verbandsmitglieder mit dem größten Teile des Aktienkapitals sich befanden. Sehr ernste Verbände haben Projekte derartiger Kartellbanken ausgearbeitet, dieselben sind jedoch bisher nicht zu Stande gekommen.

Wenn die bisherige Darstellung, bei der ich mich im wesentlichen an jene Liefmanns anlehnte, den Zweck verfolgte, die außerordentliche Mannigfaltigkeit der reinen und gemischten Kartellformen ersichtlich zu machen und damit die Schwierigkeiten aufzueignen, welche jeder Gesetzgebung erwachsen würden, die es versuchen wollte, sich auf bestimmten Kartellformen aufzubauen oder die Kartellformen für ihre Zwecke nach einem Schema zu gliedern, so zeigt uns andererseits eine Untersuchung der wichtigsten Kartellierungsmethoden, daß die ökonomischen Funktionen dieser so verschiedenartigen Gebilde sich zurückführen lassen auf drei Hauptkategorien: 1. Beseitigung der Einschränkung der Wirkungen des Wettbewerbes, während der Wettbewerb selbst bestehen bleibt; 2. Beseitigung oder Einschränkung der Motive zum Wettbewerb, so daß hierdurch der Wettbewerb selbst, jedoch indirekt — beseitigt oder eingeschränkt wird; 3. direkte Beseitigung oder Beschränkung des Wettbewerbes. Pohle unterscheidet, wie erwähnt, als Methoden der Kartellierung die Preisvereinbarung, die Verteilung der Absatzgebiete bezw. der Kundschaft, weiter die Produktionskartellierung, die Gewinnausgleichung und endlich die Vertriebskartellierung.

Die Kartellierung durch Preisvereinbarung und die Produktionskartellierung haben nun gemeinsam die Eigenschaft, daß zwar die Konkurrenz der Unternehmer bestehen bleibt, aber die ökonomischen Wirkungen derselben nicht eintreten können. Daß die nächste Wirkung jedes Wettbewerbes — ich habe hier der Einfachheit der Darstellung halber lediglich Angebotskartelle im Auge — nämlich jene, die Preise unter ein bestimmtes Niveau zu drücken, nicht eintreten kann, wenn Preisvereinbarungen bestehen, und so lange sie eingehalten werden, liegt wohl auf der Hand, und daher ist die Methode der Preiskartellierung die einfachste, um die gefürchteten Wirkungen des Wettbewerbes auszuschließen und deshalb auch, wie schon Menzel bemerkte, wahrscheinlich die älteste. In gleicher Weise wirkt aber auch die Produktionskartellierung. Bei dieser Methode ist der Wettbewerb zwischen den einzelnen Produzenten gleichfalls nicht ausgeschlossen; da jedoch nach dem bekannten ökonomischen Gesetze die Höhe der Produktionskosten im umgekehrten Verhältnisse steht zum Wachstum des Produktionsumfanges, eine Einschränkung der Produktion daher notwendiger Weise dahin führt, daß auch die Produktionskosten unter ein bestimmtes Niveau nicht sinken können, so hat jede durchgreifende Produktionskartellierung auch indirekt die Wirkung einer Preiskartellierung; das heißt, sie schließt die Wirkungen des Wettbewerbs auf den Preis aus oder schränkt dieselben ein. Am deutlichsten tritt diese Wirkung der Produktionskartellierung dann in Erscheinung, wenn, wie dies in der Praxis häufig der Fall gewesen ist, Kartelle nach sogenannten Überproduktionskrisen geschlossen werden. Die Überproduktion führt infolge des mangelnden Absatzes der produzierten Waren zunächst einen Preisfall herbei, gegen dessen Wirkungen sich die wirtschaftlich am besten gestellten Produzenten im Anfange dadurch zu schützen suchen, daß sie die Produktion ausdehnen, um dadurch die Produktionskosten in Einklang mit dem niederen Preisniveau zu bringen. Da jedoch diese Methode bei unbeschränktem Konkurrenzkampf unfehlbar dazu führen muß, die Überproduktion selbst und in weiterer Folge ihre Wirkungen auf die Preislage des betreffenden Produktes zu verstärken, so durchläuft die Krise einen fehlerhaften Zirkel, in dessen Verlauf sie sich so lange verschärft, bis die schwächeren Unternehmungen den Betrieb einstellen müssen. Diese Phase ist es nun, in der regelmäßig der Gedanke der Produktionskartellierung sich den Produzenten aufdrängt, und der Versuch gemacht wird, durch die Einschränkung der Produktion auch die Preislage der betreffenden Artikel zu sanieren. Namentlich in Österreich, wo die Kartelle zum großen Teile wenjger eine agressive, auf die größtmögliche Ausbeutung der Konsumenten, als vielmehr eine konservative, auf die Erhaltung einer bestimmten Unternehmerrente gerichtete Politik verfolgen, hat der geschilderte Prozeß die Kartellbildung in sehr häufigen Fällen veranlaßt.

Die Methode der Gewinnausgleichung dagegen verfolgt den Zweck, die Motive des Wettbewerbs abzuschwächen oder einzuschränken und damit den Wettbewerb selbst und dessen Wirkungen auf ein möglichst geringes Maß herabzusetzen. Da in der heutigen Wirtschaftsordnung für das ökonomische Gedeihen des einzelnen Wirtschaftssubjektes nicht die Produktivität sondern die Rentabilität seines Betriebes maßgebend ist, daher die Höhe des zu erzielenden Unternehmergewinnes, nicht aber der größtmöglichen Produktion auf die Unternehmerpolitik bestimmend einwirkt, so muß diese Kartellierungsmethode dahin führen, daß der einzelne Unternehmer nicht mehr produziert als erforderlich ist, um bei der Teilung des gesamten Gewinnes oder im Wege der Ausgleichung die größtmögliche Gewinnquote zu erzielen. Da aber bei der Methode der Gewinnausgleichung der gemeinsame zur Verteilung unter die Verbandsmitglieder bestimmte Gewinnfonds gebildet wird aus der Differenz zwischen einem bestimmten Herstellungspreise (Grundpreis) und einem durch die Kartellvereinbarung festgesetzten Minimalabsatzpreise, so bleiben für den kartellierten Produzenten als, seine Politik bestimmende wirtschaftliche Motive nur noch einerseits das Bestreben übrig, den Herstellungspreis in seinem Etablissement gegenüber dem festen Grundpreise möglichst zu erniedrigen und andererseits den Absatzpreis für seine Produkte gegenüber dem fixierten Minimalverkaufspreise möglichst zu erhöhen. Diese Form der Kartellierung hat daher einen günstigen Einfluß auf die Ausbildung der Produktionstechnik in den kartellierten Etablissements, aber sehr oft die unerwünschte Nebenwirkung, daß die Produktionsmenge in den einzelnen Werken herabgesetzt oder doch kein Wert darauf gelegt wird, mit der Produktionsmenge dem Marktbedürfnisse Rechnung zu tragen. Denn die Verteilung des gemeinsamen Gewinnfonds bezw. die Ausgleichung der Gewinne findet nicht statt proportional dem wirklichen Absatze der einzelnen Verbandsmitglieder — in welchem Falle ja die Motive zur Konkurrenz nicht beseitigt wären und daher das Kartell seine Wirkung verfehlen würde — sondern nach einem im vorhinein festgestellten Schlüssel. Es ergibt sich bei Kartellen dieser Art infolgedessen die Notwendigkeit, entweder den Schlüssel in kurzen Zeitperioden einer Nachprüfung zu unterziehen oder besondere Kautelen gegen die Produktionsverminderung der einzelnen Verbandsmitglieder zu schaffen. Eine natürliche Kautel liegt aber in aller Regel darin, daß die Verminderung der Produktion zu einer Erhöhung der Produktionskosten über jenes Niveau führt, welches als Grundpreis in der Kartellvereinbarung festgestellt ist.

Der direkte Ausschluß der Konkurrenz findet endlich statt bei den Absatz- (Gebiets-, Rayonierungs-) Kartellen und der Vertriebskartellierung. In dem ersten Falle steht auf einem engen, sei es territorialen, sei es durch einen Verteilungsschlüssel abgegrenzten Gebiete der Produzent dem einzelnen Konsumenten im konkreten Fall, als Monopolist gegenüber. Der Konsument ist gar nicht in der Lage, sich mit Erfolg an die Konkurrenten des Produzenten zu wenden; die Konkurrenz ist daher im konkreten Fall ausgeschlossen. Bei der Vertriebskartellierung findet die Ausschließung der Konkurrenz ganz generell und nach außen hin sichtbar dadurch statt, daß sich die Konsumenten an ein bestimmtes Kartellorgan, das Verkaufsbureau, Syndikat, Vertriebsstelle und wie sonst die Bezeichnung für diese Kartellorgane lauten mag, wenden müssen, um ihren Bedarf zu befriedigen. Die Verteilung der Nachfrage auf die einzelnen Verbandsmitglieder erfolgt seitens des Kartellorganes selbstverständlich nicht nach den Grundsätzen, die den ökonomischen Wettbewerb beherrschen, sondern nach dem durch den Kartellvertrag festgesetzten Verteilungsschlüssel.

Es lassen demnach, wie vorstehend gezeigt wurde, die schon von Menzel und Pohle aus der unendlichen Fülle der Einzelerscheinungen abstrahierten und auf wenige typische Kategorien reduzierten Methoden der Kartellierung noch eine weitere Abstraktion zu, indem man das Verhältnis dieser Kartellierungsmethoden zu dem obersten Zwecke jeder Kartellbildung: Erlangung einer möglichst monopolistischen Stellung auf dem Markte durch Beseitigung oder Einschränkung des Wettbewerbs — in Beziehung bringt.

Jeder Versuch einer Gesetzgebung wird daher wohl auf dieser Abstraktion fußen und den Kartellbegriff derart zu definieren haben, daß dieser oberste Zweck der Kartellbildung im Legalbegriffe des Kartells das wesentliche Merkmal ausmacht, dagegen die konkreten und möglichen Formen der Kartellbildung als irrelevant zurücktreten.

Zu dem gleichen Resultate führt auch eine Betrachtung der Vielfältigkeit der juristisch-technischen Formen, welche die Kartelle annehmen, und der Mannigfaltigkeit der Mittel und Garantien, durch welche der Wille der Verbandsmitglieder gebunden und die Verletzung des Kartellzwecks hintangehalten werden soll. Da Untersuchungen über Kartelle bisher vorwiegend nur von Volkswirten angestellt worden sind, so ist die Behandlung dieser Seite des Problems, welche Menzel als die Frage der „äußeren Formen und rechtlichen Garantien des Unternehmerverbandes" bezeichnet (a. a. O. S. 26 f.) bisher außer von ihm selbst kaum in erschöpfender Weise behandelt worden. Menzel unterscheidet: 1. die Form des reinen Vertrages ohne Schaffung irgend welcher Organisation, wobei der Vertrag in der Regel schriftlich geschlossen und seine Durchführung durch Konventionalstrafen und weiter durch Kautionen gesichert wird; 2. als eine höhere Stufe der Kartellvereinbarung die organisierten Kartelle, welche sich zwar noch auf dem Boden des Vertragsrechtes bewegen, so daß es noch nicht zur Bildung einer eigenen Korporation kommt, bei denen jedoch zur Durchführung der gemeinsamen Zwecke, zur Vertretung nach außen, zur Kontrolle über die Einhaltung der Verpflichtungen und zum Zwecke der gegenseitigen Verrechnung besondere Organe geschaffen werden. Von besonderer Wichtigkeit erscheinen hier jene organisierten Kartelle, die eine gemeinschaftliche Verkaufsstelle besitzen; 3. als die höchste Form führt Menzel an jene Kartelle, bei denen der Übergang aus dem bloßen Vertragsrechte in das Körperschaftsrecht vollzogen ist, wobei das Kartell, um eine körperschaftliche Grundlage zu erhalten, die gegenseitigen Rechte und Pflichten entweder in die Form eines Vereinsstatuts bringt oder sich der durch das Handelsrecht gegebenen Körperschaftsformen bedient, um sich juristisch zu organisieren. Darüber hinaus liegt nicht mehr ein Kartell vor, sondern der Zusammenschluß zu einer einheitlichen juristischen Person, in welcher alle einzelnen Unternehmungen vollständig aufgehen.

Die von Menzel aufgeführten Haupt-Kategorien der juristischen Gestalt der Kartelle, bezüglich deren Detailausführung ich auf seine Schrift (S. 26) verweise, haben im wesentlichen die juristischen Typen gebildet, nach denen sich auch die seither entstandenen Kartelle organisiert haben.

In den mir vorliegenden Statuten österreichischer Kartelle z. B. finde ich zunächst Kartelle, deren gesamte juristische Struktur auf einem Innominatkontrakte beruht, dessen Dispositionen die wechselseitigen Rechte und Pflichten der Mitglieder begründen, und bei denen sich schon teilweise rudimentäre Organe einer Gesellschaft vorfinden, ohne daß man den Vertrag für einen Gesellschaftsvertrag erklären könnte. Sodann finde ich Kartellverbände, welche in die Form einer der handelsrechtlich anerkannten Gesellschaft-Kategorien gekleidet sind, z. B. ein Kartell, welches in der Form einer offenen Handelsgesellschaft errichtet ist; ferner Kartelle, die in der Rechtsform der Erwerbs- und Wirtschafts-Genossenschaft gegründet sind, wobei die Aufnahme neuer Mitglieder in die Erwerbs- und Wirtschafts-Genossenschaft von dem Ermessen des leitenden Organes des Kartellverbandes, das mit dem Vorstande der Genossenschaft identisch ist, abhängt, so daß die Mitglieder der Genossenschaft mit den Mitgliedern des Kartellverbandes zusammenfallen müssen; oder das Kartell ist angeschlossen an einen Fachverein, dergestalt, daß die Organe des Vereins zugleich auch als Organe des Kartellverbandes gelten, obwohl der Verein als solcher nach seinem Statute Erwerbszwecke nicht verfolgt, bezw. dem Kartellzwecke fern steht. Auch in diesem Falle ist durch geeignete Bestimmungen in den Statuten des Vereins dafür gesorgt, daß die Kartellmitglieder und Vereinsmitglieder zusammenfallen. Es finden sich daneben aber auch hoch ausgebildete Organisationen mit Ausführungs- und Kontrollorganen, die mit weitgehenden Eingriffs- und Aufsichtsrechten betreffend die geschäftliche Gebahrung der einzelnen Verbandsteilnehmer ausgestattet sind, Organisationen, die ihrer Struktur nach weder den Bestimmungen des Vereinsrechtes noch denen des kommerziellen Gesellschaftsrechtes entsprechen und die man auch nur schwer als Gesellschaften des gemeinen Rechtes ansprechen kann. Diese Sachlage aber erscheint mir geeignet — und darauf ist bisher meines Erachtens nicht genügend scharf hingewiesen worden —, das Problem der legislativen Regelung der Kartelle in einer gewissen Hinsicht außerordentlich zu erschweren. Ein Kartellgesetz wird kaum bestimmte Rechtsformen für die Kartelle als Norm aufstellen können, da es ja keineswegs im volkswirtschaftlichen oder rechtspolitischen Interesse liegt, die organisierende Triebkraft, welche heute dem Kartellbedürfnisse innewohnt, einzuschränken oder zu beengen. Alle Sanktionen aber, die ein Kartellgesetz aussprechen mag, z. B. Untersagung oder Auflösung eines Kartells, können sich der Natur der Sache nach nur auf den Kartellverband als solchen beziehen. Wie nun aber, wenn der Kartellverband sich anlehnt an eine Organisation, die ihrer rechtlichen Natur nach anderen gesetzlichen Normen unterliegt, weil sie einen über den Kartellzweck hinausgehenden allgemeinen Charakter trägt? Wenn z. B. das Kartellgesetz die Auflösung eines Kartells in einem bestimmten Falle aussprechen würde, würde damit gleichzeitig auch die Auflösung des Vereins ausgesprochen sein, an welchen sich das Kartell anlehnt, oder die Auflösung der offenen Handelsgesellschaft oder Erwerbs- und Wirtschafts-Genossenschaft, in deren Rechtsform das Kartell die juristischen Mittel zur Erreichung des Kartellzweckes gefunden hat? Es liegt auf der Hand, daß hierdurch in das Vereins- und Gesellschaftsrecht eine große Unsicherheit getragen werden würde. Bei der Erstattung meiner positiven Vorschläge werde ich auf diesen Punkt noch zu sprechen kommen.

Auch noch ein anderes in diesem Zusammenhange zu besprechendes Moment erscheint mir von Bedeutung. Manche österreichische Kartellverbände[14]), deren Statuten mir vorliegen, haben zur Durchsetzung des Kartellzweckes Kontrollmaßregeln von solcher Schärfe und Sanktionen (Konventionalstrafen, Ordnungsstrafen) von solcher Härte festgesetzt, daß die wirtschaftliche Freiheit des einzelnen Kartellteilnehmers durch dieselben eine außerordentliche Einschränkung erfährt. Am weitesten geht hierbei das Statut eines der Industrie und Steine und Erden angehörigen Kartelles. Die Kontrolle ist im Sinne des Kartellstatutes eine so außerordentlich scharfe, die Befugnisse des leitenden Kartellorganes so groß, die Befolgung der Kartellbestimmungen durch ein solches System von Ordnungsstrafen gesichert, die Verletzung des Kartellzweckes unter so hohe Sanktionen gestellt, daß hier eigentlich von einem zivilrechtlichen Verhältnisse unter den Kartellmitgliedern nur im Hinblick auf den Akt

---

[14]) Da ich die Einsicht in die Statuten bloß gegen Zusicherung der weitestgehenden Diskretion erhielt, ist es mir unmöglich, die Kartelle, von denen im Texte die Rede ist, näher zu bezeichnen.

der **Rechtsbegründung** die Rede sein kann. Das Verhältnis erscheint vielmehr seinem Inhalt nach als eine Art Herrschaftsverhältnis mit freiwilliger Unterwerfung der Kartellmitglieder unter ein Kartellimperium und die Kartellorgane erscheinen als Kartellbehörden, die Funktion derselben als verwaltungsrechtlich organisierte Herrschaft.

Die Unterordnung der einzelnen Kartellmitglieder unter das Kartell, insbesondere aber die Regelung der Anzeigepflicht, der Kontrollrechte, der Ordnungsstrafen und der Strafen für die Verletzung des Kartellzwecks nähern sich in ihrer Disposition außerordentlich dem Systeme der Ordnungsstrafen und Deliktsstrafen moderner Steuergesetze.

Trotz der großen Bedeutung nun, welche die Kartelle wirtschaftlich für den einzelnen Unternehmer haben mögen, drängt sich doch angesichts solcher Kartellverträge die Frage auf, welche Motive wohl ausreichend gewesen sein mögen, um große Unternehmer zu veranlassen, sich in ein so streng ausgebildetes Abhängigkeitsverhältnis zu begeben. Und ich glaube meine Meinung dahin äußern zu müssen, daß derartige sozusagen herrschaftlich organisierte Kartelle wohl nur im Bereiche solcher Rechtsgebiete vorfindlich sind, in denen, wie in Österreich, die Kartellverträge aller rechtlichen Wirkung entbehren, so daß jeder Unternehmer, der sich in dieses Gebundenheitsverhältnis begibt, es mit dem Hintergedanken tun darf, sich von der Gebundenheit befreien und das Kartellverhältnis sprengen zu können, sobald ihm dasselbe unbequem wird. Es ist psychologisch unwahrscheinlich, daß wirtschaftlich kräftige und selbstbewußte Unternehmer sich andernfalls freiwillig in ein so strenges Abhängigkeitsverhältnis begeben würden, und ich ziehe daher aus der verhältnismäßig großen Zahl österreichischer Kartelle, welche nach diesem Schema geregelt sind, den Schluß, wie verfehlt eine Gesetzgebung ist, die einem wirtschaftlichen Phänomen von der Bedeutung des Kartellwesens mit einem bloßen Verbote entgegentritt. Denn ich bin überzeugt, daß auf dem Boden einer Gesetzgebung, die den Kartellvertrag als gültig anerkennt, kaum Raum sein dürfte für derartige, die wirtschaftliche Freiheit der Verbandsmitglieder in so einschneidender Weise beschränkende Vereinbarungen.

IV.

Die **ökonomische Beurteilung der Kartelle** war durch geraume Zeit beherrscht von Erörterungen vorwiegend prinzipieller Natur, in denen das Verhältnis dieser Erscheinung zur Doktrin, insbesondere zu den Lehren des ökonomischen Liberalismus und der Kritik, welche die ethische Richtung und der Sozialismus an den letzteren übte, eine Hauptrolle spielte[15]). Dem individualistischen Standpunkte des Liberalismus, der in der möglichst schrankenlosen und nur durch das wirtschaftliche Prinzip bestimmten Betätigung des einzelnen Wirtschaftssubjektes jenen natürlichen Zustand erblickte, der auch das dauernde Gedeihen der Volkswirtschaft verbürge; der in der Freiheit das Heilmittel sah für die Wunden, welche die Freiheit vorübergehend schlage; der in dem Ausleseprozesse, wie er sich unter dem Einflusse der freien Konkurrenz intensiv vollzieht und nur die jeweils stärksten, widerstandsfähigsten und rücksichtslosesten Unternehmer bestehen läßt, die Gewähr fand für die Erstarkung der gesamten Volkswirtschaft: dieser Richtung mußten die Kartelle, in denen die Konkurrenten freiwillig auf die Vorteile verzichten, die der freie Wettbewerb den Stärksten unter ihnen bietet und die wirtschaftliche Freiheit sich also freiwillig Schranken setzt, notwendigerweise unsympathisch sein und als der Ausfluß einer Verirrung des öffentlichen Geistes erscheinen; nur erklärlich daraus, daß der kurz vorher erfolgte Übergang vom Freihandel zum Schutzzollsysteme die richtige Erkenntnis der gesunden Prinzipien des Wirtschaftslebens verdunkelt habe. Die ethische Richtung, welche dem atomisierenden Liberalismus das Postulat der Organisation, der Vergesellschaftung und des genossenschaftlichen Zusammenwirkens gegenübergestellt hatte, begrüßte dagegen die Kartelle als eine Erscheinung, die dieses Postulat auch in der Sphäre des Kapitalismus und Großbetriebs zur Geltung brachte, in jener Sphäre also, aus deren praktischen Bedürfnissen die Lehren der individualistischen Ökonomie entsprungen waren und wo sie so lange einen fruchtbaren Nährboden gefunden hatten. Der Sozialismus endlich, dessen Kritik der herrschenden Wirtschaftsordnung die Anarchie in der Produktion hervorhebt, sah in den Kartellen Gebilde, welche als Vorläufer für die vom wissenschaftlichen Sozialismus postulierte und an das Ziel der wirtschaftlichen Entwicklung gestellte planmäßige Regelung der Produktion gelten konnten, wogegen die Antikritik des Sozialismus die Kartelle als Beleg dafür zu produzieren in der Lage war, daß auch die heutige Wirtschaftsverfassung nicht notwendigerweise zur Expropriation der kleineren Unternehmer durch die größeren führe.

So kam es, daß die Kritik der Kartellbewegung, dieses so widerspruchsvollen Phänomens, in dem die freie Konkurrenz sich vermittels der Vertragsfreiheit selbst aufzuheben begann; bei dem in einem engeren

---

[15]) Vgl. hierzu meine Abhandlung: „Der österreichische Kartellgesetzentwurf“ in Grünhuts Zeitschrift für Privat- und öffentliches Recht der Gegenwart, XXIV. Bd.; ferner Pohle a. a. O. S. 2 ff.

Kreise die Wirkungen des freien Wettbewerbs ausgeschlossen werden, um nach außen, den Outsiders gegenüber, um so schärfer und rücksichtsloser zur Geltung gebracht zu werden; welches der Reaktion gegen die Rückwirkung des Kapitalismus auf die Unternehmer entspringt, aber die ökonomische Funktion von kapitalistischen Riesenbetrieben den Arbeitern und Konsumenten gegenüber mit um so stärkerer Wucht zur Geltung zu bringen droht — lange Zeit vor allem durch das Gefühl beherrscht war. Man liebte in den Kartellen oder sah mit Abneigung das, was sie sind, nämlich Produkte organisierenden, vergesellschaftenden Schaffens, antiindividualistischer Bestrebungen, einer gegen die Atomisierung des Wirtschaftslebens sich richtenden Reaktion. In diesen Schöpfungen der freien Konkurrenz gefiel man sich, entweder liebevoll die Rehabilitierung der freien Konkurrenz zu sehen oder man bekämpfte sie, weil die wirtschaftliche Freiheit sich in ihnen selbst aufhob. Diese Art der Betrachtung wurde lange Zeit dadurch begünstigt, daß man von den Kartellen, ihrer Organisation, ihren konkreten Wirkungen sehr wenig wußte. Erst als das Dunkel gelichtet war, und als zugleich die einzelnen Kreise und Schichten des Volkes durch die immer wachsende Verbreitung der Kartelle genötigt waren, zu denselben von ihrem Interessenstandpunkte aus Stellung zu nehmen, da begann die verstandesmäßige Untersuchung und Kritik der Wirkungen der Kartelle in den Vordergrund zu treten: nicht mehr das Verhältnis des Phänomens als solchen zu einer bestimmten Wirtschaftsdoktrin, sondern die Rückwirkung des Bestehens und der Politik der einzelnen Kartelle auf die einzelnen Interessenkreise wurde der Gegenstand von Untersuchungen, die von der Wissenschaft, der Presse, den Interessenvertretungen von Arbeitern, Konsumenten und Produzenten mit großem Eifer und nicht ohne Erfolg angestellt wurden.

Für diese Untersuchungen kamen vor allem in Betracht drei große Probleme, in denen sich die praktische Bedeutung der Kartelle für das Wirtschaftsleben ausdrückt. Welchen Einfluß üben die Kartelle auf das unter der Herrschaft des freien Wettbewerbs durch den steten Stachel des wirtschaftlichen Kampfes so sehr geschärfte Streben der Produzenten nach Vervollkommnung der Produktionstechnik? Welchen Einfluß übt die monopolähnliche Stellung und die daraus entspringende wirtschaftliche Macht der Kartelle auf das Verhältnis der Produzenten zu den Konsumenten? Und welchen endlich auf die Lage der Arbeiter aus? Wir verfügen heute über eine erhebliche Zahl positiver Resultate solch' konkreter Untersuchungen, aber sie haben den Kartellen den eigentümlich widerspruchsvollen Charakter nicht benehmen können, welcher die Kritik dieser Erscheinung so unbefriedigend gestaltet. Nicht die banale Wahrheit, daß alles, was ins Leben tritt, Licht und Schatten aufzuweisen hat, soll damit auf die Kartelle angewendet werden; aber es ist bemerkenswert, daß im Hinblick auf jedes der drei oben aufgestellten Probleme, sowohl die theoretische, mit den Mitteln der Deduktion operierende Betrachtung, als auch die induktive, auf Beobachtung der tatsächlichen Verhältnisse beruhende Forschung zu ganz entgegengesetzten und gleich gut begründeten, gleich breit in der Praxis verwirklichten Resultaten gelangt ist. Man kann das kurze und treffende Urteil, das Jenks über die amerikanischen Trusts gefällt hat: „Es ist wahrscheinlich, daß wenig Trusts vollkommen von Übel sind und daß gar keine Trusts ausschließlich günstig wirken," unbedenklich auch auf die europäischen Kartelle anwenden.

Verhältnismäßig am günstigsten gestaltet sich das Ergebnis der Kritik hinsichtlich des Einflusses der Kartelle auf die Entwicklung der Produktionstechnik. A priori freilich erscheint der freie Wettbewerb als ein unersetzlicher Ansporn für das Streben nach technischem Fortschritte. Je mehr durch die Entwickelung und Politik der modernen Transportanstalten die Vorteile verwischt werden, welche die Lage der Produktionsstätte dem Unternehmer im Konkurrenzkampfe zu bieten vermag — die Erweiterung des Absatzmarktes, welche die Unternehmer stets anstreben, ist ja regelmäßig auch gleichbedeutend mit der Erweiterung des Gebietes, auf welchem sie von der Konkurrenz bedroht werden —, je mehr, nicht bloß bei der Produktion von Rohstoffen und Halbfabrikaten, sondern auch von genußreifen Finalprodukten, eine gewisse Gleichförmigkeit und Schablonenmäßigkeit zur Regel wird, weil das Publikum, vor allem in den Großstädten, bei seiner Bedürfnisbefriedigung immer mehr der Schablone sich anpaßt, desto gleichgültiger wird für die Stellung der Ware im Konkurrenzkampfe das Moment der Provenienz, und die Verbilligung der Produktionskosten rückt immer stärker in den Vordergrund als das einzige Mittel, sich zu behaupten. Allein nicht immer schlägt im Zustande uneingeschränkten Wettbewerbs die Produktion den volkswirtschaftlich rationellen Weg ein, durch Verbesserung der Produktionstechnik die Kosten herabzusetzen. Es wird vielmehr oft getrachtet, durch Schleichwege dieses Ziel zu erreichen oder vielmehr dem Publikum vorzuspiegeln, daß dasselbe erreicht sei. Die Verbilligung erfolgt oft auf Kosten der Qualität der Ware und der Ehrlichkeit der im Verkehre beobachteten Usancen. Die Ware wird unmerklich verschlechtert, die zugesicherten Maße werden nicht eingehalten, faule Kreditgeschäfte abgeschlossen. Solchen Ausschreitungen, die der Kampf um die Existenz vor dem Gewissen der Produzenten beschönigt, steht das Publikum in der Regel machtlos gegenüber; es kommt erst dann zur Gesundung, wenn die Produzenten selbst erkennen, daß die eingeschlagene Bahn sie in den Abgrund führe, und der Heilungsprozeß wird dann oft durch den Abschluß eines Kartells eingeleitet. Jenks erzählt von einem Kohlenhändlerkartelle in einer amerikanischen Stadt, welches seine Entstehung der Entdeckung verdankte, daß der geschäftliche Quantitäts- und Qualitätsbetrug im außerordentlichen Umfang eingerissen sei, und eine Denkschrift der Prager Handelskammer [16]) weiß eine ähnliche Erscheinung von der österreichischen Drahtstift-Industrie zu berichten, wo es im Laufe eines scharfen Konkurrenzkampfes dahin kam, daß die Fabrikanten in Pakete, welche die Inhaltsbezeichnung „Tausend" trugen, immer weniger, schließlich nur siebenhundert Stück einfüllten. Symptomen dieser Art, welche in zwei nach Anlage und Erziehung der Bevölkerung so durchaus verschiedenen Wirtschaftsgebieten, wie Nordamerika und Österreich, gleichartig auftreten, darf wohl typische Bedeutung beigelegt werden. Bedroht die Qualitäts- und Quantitätsverschlechterung zunächst das Publikum, so ist sie doch auch in zweiter Linie für die technische Entwickelung der Industrie höchst abträglich; das Einreißen unsolider Konditionen, leichtsinniger Kreditgewährung, langer Zahlungsfristen usw. aber bedroht die Existenz des betreffenden Industriezweiges selbst. Sehr häufig sind daher Kartelle geschlossen worden, um den in den Konditionen eingerissenen Mißbräuchen zu steuern; regelmäßig, schon im eigenen Interesse der Verbandsteilnehmer selbst, wird dann auch die Qualitäts- und Quantitätsmäßigkeit der Ware unter die Garantie des Verbandes gestellt. In solchen Fällen wird daher erst nach Gründung des Kartells die Verbesserung der Produktionstechnik für den Kartellteilnehmer zum einzigen Mittel, durch welches er über die Vorteile des Kartellverbandes hinaus seinen Unternehmergewinn noch zu erhöhen vermag. Wir haben gesehen, daß die meisten Kartellformen ihren Teilnehmern diese Marge offen lassen, indem sie von einem Durchschnitte der Gestehungskosten ausgehen. Das Kartellverhältnis, welches eine bestimmte Gleichmäßigkeit der Konjunktur für einen gewissen Zeitraum verbürgt, läßt es andererseits dem Produzenten auch ratsam erscheinen, in seinem Betriebe größere Verbesserungen einzuführen, bezw. Kapital im größeren Umfange zu immobilisieren; er findet leichter Kredit, er kann sein Rentabilitätskalkül auf eine längere Periode hinaus aufstellen, die Amortisation der Investitionen auf eine größere Zahl von Jahren verteilen. Das sind Momente, welche dahin führen, daß kartellierte Industrien sich tatsächlich mit

[16]) Denkschrift der Handels- und Gewerbekammer in Prag, gerichtet an das k. k. Handelsministerium in betreff der staatlichen Regelung des Kartellwesens. Prag 1896.

regerem Eifer und größerem Erfolge der Verbesserung ihrer Technik widmen, als solche, die im freien Wettbewerb stehen. Ist es doch interessant, daß die chemische Industrie in Deutschland, deren Streben nach technischen Fortschritten mustergültig ist, auch zugleich die größte Zahl von Kartellen aufweist.

Dort, wo durch die Organisation der Kartelle ein ganz enger Zusammenschluß der Verbandsmitglieder geschaffen wird, wo das separatistische Interesse des Verbandsteilnehmers gegenüber dem Verbandsinteresse vollkommen zurücktritt, da vollzieht sich auch der wirtschaftliche Ausleseprozeß, der die technisch ungünstiger gestellten Betriebe zum Stillstande bringt, im Rahmen des Kartells selbst, aber unblutig, gegen angemessene Entschädigung, sozusagen im Wege regelrechter Expropriation. Die Kraft der amerikanischen Trusts beruht darauf, daß sie unzweckmäßig eingerichtete oder gelegene Etablissements zum Stillstande bringen; auch in Österreich macht sich diese Erscheinung geltend bei Unternehmungen, die aus der Fusion mehrerer Einzelbetriebe hervorgegangen sind, und gibt selbst zu Klagen Anlaß, die sich aus der Rückwirkung solcher Betriebseinstellungen auf die wirtschaftliche Lage der betreffenden Gegend ergeben. Aber auch im lockereren Verbande des Kartells im engeren Sinne kommt es vor, daß technisch günstiger gestellte Betriebe gegen Vergütung in Geld das Produktionsquantum schwacher Konkurrenten an sich ziehen (Ankauf von Zechen zum Zweck der Erwerbung ihres Förderquantums) und den Betrieb auf den letzteren einstellen.

Eine gewisse Garantie dafür, daß die Kartellierung den Antrieb zur Ausgestaltung der technischen Betriebseinrichtungen nicht vollständig beseitigt, liegt aber auch in der steten Gefahr der Sprengung des Kartells durch die mächtigsten Verbandsteilnehmer und in der zeitlichen Begrenzung der Kartelle. Kartelle sind Institutionen, welche dem schwächeren Teile zum Vorteile gereichen, weil und solange auch der Stärkere davon überwiegenden Vorteil zieht. Darin liegt ihre Stärke — auch gegenüber Eingriffen der Gesetzgebung — aber diese Harmonie der Interessen trägt den Keim zu ihrer Vernichtung in sich selbst. Denn der Kartellverband enthüllt sonst sorgfältig gehütete Betriebsgeheimnisse, und jede Kartellerneuerung trägt den Charakter einer Kraftprobe. Der kartellierte Unternehmer weiß daher sehr wohl, daß die Behauptung seiner Stellung im Kartelle und nach Ablauf der Kartellperiode in erhöhtem Maße davon abhängig ist, ob er die verhältnismäßig reicheren Erträge der Kartelljahre zu Abschreibungen und Investitionen verwendet, da er auch seinem rührigen Konkurrenten während dieses Zeitraumes freies Spiel lassen muß, den künftigen Konkurrenzkampf vorzubereiten.

Allerdings ist Pohle und anderen darin beizustimmen, daß die Verbesserung der Produktionstechnik volkswirtschaftlich und sozialpolitisch beträchtlich an Wert verliert, wenn ihre Resultate durch das Kartellsystem dem Konsumenten entzogen werden und bloß dem Unternehmergewinne zugute kommen. Allein das ist denn doch mehr eine Verzögerung denn eine Verhinderung des natürlichen Prozesses.

Die Etappen werden länger, aber man nähert sich doch dem Ziele. Wir dürfen ja nicht außer acht lassen, daß die ganze Entwickelung verhältnismäßig jung ist, daß es nicht viel mehr als ein Jahrzehnt währt, seitdem die Aufmerksamkeit der Presse, der Wissenschaft, der Politiker sich ihr in intensiverem Maße zuwendet. Zum ersten Male, seitdem die Kartelle in lebhafter Weise die öffentliche Meinung in Anspruch nehmen, findet jetzt eine Erneuerung der Handelsverträge statt, und wenn ich auch zugestehen muß, daß in unserer Handelspolitik derzeit noch kein Luftzug weht, der den Kartellen Schaden bringen könnte, so wird doch bei genauerer Kenntnis und Kontrolle der Gebahrung und Resultate der Kartelle es diesen letzteren selbst als ein vernünftiges Interesse erscheinen, einen erheblichen Teil der durch die Kartellierung erzielten Produktionskostenersparnis den Konsumenten zukommen zu lassen, um nicht die handelspolitische Basis ihrer Existenz zu untergraben. Die Kartelle müssen mit dieser Möglichkeit rechnen, und die unerwartete und gründliche Vernichtung des so fest gefügten österreichischen und deutschen Zuckerkartells durch den Einfluß eines auswärtigen Staates läßt die Annahme gerechtfertigt erscheinen, daß gegen eine allzu rücksichtslose Kartellpolitik sich Widerstände erheben werden, welchen selbst die Macht internationaler Kartelle nicht gewachsen sein wird. Die deutschen und österreichischen Raffinerien zum Beispiel werden die großen technischen Verbesserungen, die sie in den letzten Jahren aus ihren Riesengewinnen in ihren Betrieben durchführen konnten, nun auch den Konsumenten ihrer Heimatsländer zu gute kommen zu lassen, Gelegenheit haben.

Das eben Gesagte gilt auch zum großen Teile von der Preispolitik der Kartelle den Konsumenten gegenüber. Wir betreten hier dasjenige Gebiet, auf welchem die Politik der Kartelle den weitesten Interessenkreis berührt und am tiefsten einschneidet. Da es unleugbar das charakteristische Merkmal aller Kartelle ist, ein Monopol anzustreben, und da der Preisbildungsprozeß eines monopolisierten Gutes a priori zu Ungunsten der Abnehmer verläuft, so ist man darauf gefaßt, in dieser Richtung wenigstens, einem einmütigen Urteile gegen die Kartelle zu begegnen. Allein die Antinomien, welche die ökonomische Kritik des Kartellwesens durchziehen, finden sich auch hier. Ja man könnte sogar darauf hinweisen, daß von sozialdemokratischer Seite, also aus der Mitte jener Partei, welche die breitesten Schichten der Konsumenten und insbesondere der Konsnmenten von Massengütern repräsentiert, das in dieser Richtung gefällte Urteil eher zu gunsten der Kartelle lautete, wenn nicht die betreffende Äußerung Schippels auf dem Frankfurter Parteitage 1894, auch für die Stellung seiner Partei selbst zum Kartellproblem heute nur noch ein antiquarisches Interesse besäße.

Am lehrreichsten dürften für diese Seite des Problems die Ergebnisse der in Nordamerika angestellten Untersuchungen sein. Denn: ungünstigen Einfluß auf die Produktionstechnik oder gar das Bestreben, den Unternehmergewinn in eine Rente zu verwandeln, ihn zu „petrifizieren", wird man den amerikanischen Trusts kaum vorwerfen können, die ja in der Schließung rückständiger Betriebe, in der Erfüllung der wirtschaftlichen Unternehmerfunktion auf technischem nnd kommerziellem Gebiete, im Aufsspielsetzen bereits erzielten Unternehmergewinnes um erhöhten Gewinnes willen, bekanntlich eher des Guten zu viel leisten. In Nordamerika ist wirklich das Kartellproblem als solches gleichbedeutend mit der Frage nach Ausbeutung der Konsumenten und Feudalisierung des Arbeitsvertrages.

In Amerika hat die Konkurrenz am schonungslosesten gewütet; nun, sehen wir, ob sich die Kosumenten dabei wohl gefühlt haben? Jenks, der über das größte Material verfügt, verhält sich in dieser Hinsicht auffällig skeptisch. Er widmet ein besonderes, sehr interessantes Kapitel seines Buches den „Kosten des Wettbewerbes" oder, um einen sehr bezeichnenden aber im Deutschen nicht wiedergebbaren Ausdruck anzuwenden, den faux frais[17]) der Konkurrenz (The Wastes of Competition Ch. II). Es ist richtig, der freie Wettbewerb hat die Tendenz, die Preise auf das Niveau der Produktionskosten herabzudrücken, den Profit zu beschneiden; aber er erhöht andererseits die Produktionskosten, er ist selbst ein Kostenelement. Jenks setzt an die Sitze seiner Untersuchung den Satz: „Entgegen der populären Ansicht sind die Konkurrenzpreise häufig, wenn nicht regelmäßig, höhere Preise" (S. 21). Zu den Produktionskosten fügt nämlich der Wettbewerb die Kosten des Absatzes hinzu. Der Absatz gestaltet sich aber um so schwieriger und kostspielieger, je ungezügelter der Wettbewerb herrscht. Der kommerzielle Teil des Betriebes verschlingt dann häufig einen großen Teil dessen, was im industriellen Teile durch den größten Aufwand an technischem und organisatorischem Können erspart werden kann. Als solche Kosten des Wettbewerbs kommen

[17]) Vgl. auch Pohle a. a. O. S. 126.

zunächst in Betracht bei Industrien, welche genußreife Produkte anfertigen, sich also direkt an das Publikum wenden, die Reklamespesen, über deren Bedeutung wohl kein Wort zu verlieren ist; bei Industrien, die selbst wieder an Produzenten oder Händler absetzen, diesen des Vertriebs durch Reisende. Als die American Steel and Wire Company gegründet wurde, konnte man nahezu 200 Reisende, hoch bezahlte und mit Provision und Tantième ausgestattete Beamte entlassen. Ein neu gegründeter Whisky-Trust konnte deren Zahl sogar um 300 reduzieren. Auch ihre Gehälter können herabgesetzt und insbesondere die Häufigkeit der Reisen, die weniger dem Bedürfnis, als der Notwendigkeit dienen, den Kunden stets warm zu erhalten, eingedämmt werden. Es handelt sich hierbei um außerordentlich hohe Summen. Vor der United States Industrial Commission wurden von fachmännischer Seite die faux frais, welche die Ware im Distributionsprozeß verteuern, für die Industrie der geistigen Getränke allein auf jährlich 40 Millionen Dollars beziffert. Die Kartellierung gestattet ferner eine weitgehende Spezialisierung in den einzelnen Betrieben; sie erlaubt ihnen daher stets den gleichen Artikel zu produzieren und sichert ihnen ein bestimmtes Beschäftigungsminimum, sie gestattet ohne allzu großes Risiko größere Lagerbestände zu halten — Momente, welche die Fabrikation verbilligen, aber auch die Befriedigung des Bedarfes für den Abnehmer sicherer, rascher und wohlfeier gestalten. Von großem Belang ist ferner die Verschwendung an Frachten, welche im Zustande des freien Wettbewerbes Platz greift. Die einzelnen konkurrierenden Betriebe liefern nicht dorthin, wohin sie die günstigsten Frachtrelationen haben, sondern wo sie eben einen Abnehmer gefunden haben, und solche Transportspesen bilden einen effektiven Verlustsaldo in der Bilanz der Volkswirtschaft. Die American Steel and Wire Company erklärt, aus diesem Titel allein gegenwärtig jährlich 500 000 $ zu ersparen; von solchen Summen ist bei uns nicht die Rede, aber auch die österreichischen Kartelle erklären, erhebliche Frachtbeträge durch Zuteilung der Konsumenten an die nächst gelegenen Fabriken erspart zu haben. Gerade die Frachtverschwendung hat auch bei uns als starkes Motiv zugunsten der Kartellierung gewirkt. Andere, die Produktionskosten herabsetzenden. Vorteile der Verbandsbildung, wie die bessere Ausnutzung des leitenden Beamtenpersonals je nach der technischen oder kommerziellen Begabung oder die Möglichkeit Nebenprodukte der Produktion besser zu verwerten, lassen sich wohl von den Fusionen (Trusts), aber nicht von den Kartellen im europäischen Sinn aussagen.

Allein andererseits steht bei den Trusts ein wichtiger Faktor, der bei den europäischen Kartellen wegfällt, dem im Wege, daß die durch die

Vereinigung erzielten Resultate auch für die Konsumenten nutzbar gemacht werden: nämlich die Übergründung, das Stock Wadering, jene Finanzoperationen, welche die Bildung von Trusts begleiten und ohne die sie nach meiner Überzeugung auch nicht in solchem Umfange zustande kommen könnten. Für dieses im Inflationswege erzeugte Anlagekapital muß eine Verzinsung erzielt werden, und die aus der Trustbildung resultierende Ersparnis an Produktionskosten kommt diesem Zwecke zu gute, ist wohl auch schon im Gründungsplane für denselben appropriiert. Der unglückliche, überflüssig gewordene Reisende wird also nicht dem Konsumenten, sondern dem „Promoter & Financier“ geopfert. Es erklärt sich freilich daraus zum Teile, warum die Trustbildungen so frühzeitig und so insensive Gegenströmungen erweckt haben. Bei den europäischen Kartellen fällt diese aus dem Gründungsprozesse resultierende Belastung weg, insofern nicht manchmal Entschädigungen bezahlt werden müssen.

Unsere Kartelle wären also in der Lage, ohne ungebührliche Opfer eine auch für den Konsumenten nicht ungünstige Preispolitik zu treiben. Ihre quasimonopolistische Stellung begründet entgegengesetzte Antriebe und Möglichkeiten. Welches ist ihre wirkliche Preispolitik? Es ist nun vor allem hervorzuheben, daß die letztere ihre natürlichen Schranken hat. Pohle hat das mit Recht hervorgehoben. Die Kartelle haben nicht nur das Aufkommen neuer Konkurrenzbetriebe zu vermeiden und selbstverständlich die Grenzen zu respektieren, wo der Zollschutz aufhört, wirksam zu sein, sondern auch die Gefahr des Überganges der Konsumtion zur Verwendung von Surrogaten im Auge zu behalten; sie müssen endlich den Grundsatz jeder richtigen Steuerpolitik im Auge behalten, daß der Maximalerfolg nicht durch eine Maximalbelastung erzielt wird, sondern eine Funktion zweier Größen darstellt: des Absatzes und der Gewinnrate. Über eine gewisse Grenze hinaus vermindert letztere den Absatz und damit den Gesamtgewinn.

Allein diese Grenze ist weit genug gezogen und es ist dem Konsumenten und der Volkswirtschaft wenig mit einer Preispolitik gedient, deren Grundsätze an eine — wenn auch richtige — Steuerpolitik anklingen. Auch geht die erstere in der Regel nicht so weit. Allein um richtig zu urteilen, muß man die Preispolitik folgender zwei Kategorien von Industrien auseinander halten: solcher, die genußreife Produkte herstellen und es daher bloß noch mit dem Publikum oder Zwischenhändlern als Abnehmern zu tun haben, — und solcher, die Rohstoffe und Halbfabrikate erzeugen und daher wieder Industriellen als Abnehmern gegenüberstehen. Die Tendenz, die Grenzen der Wirksamkeit, die volkswirtschaftlichen Wirkungen der Kartellpreispolitik sind in beiden Fällen verschieden.

Es ist eine bekannte Erscheinung, welche bei den von Volkswirten öfter angestellten Untersuchungen über das Verhältnis der Groß- zu den Kleinhandelspreisen auch statistisch beleuchtet wurde, daß im Preiskampfe die Machtverteilung außerordentlich verschieden ist, je nachdem sich Produzent und Produzent oder Produzent und Konsument (in diesem Zusammenhange als letzter Konsument oder Konsument genußreifer Produkte verstanden) gegenüberstehen. Die Zahl der Konsumenten ist eine ungeheuer große; eine Organisation derselben (von Konsumvereinen abgesehen) besteht überhaupt nicht oder sie ist eine sehr lockere; ihre Fähigkeit, Widerstand zu leisten, ist daher sehr gering, und auch ihr Wille hierzu in der Regel kein sehr reger. Denn dem Konsumenten treten Preisaufschläge, welche für den Produzenten außerordentlich ins Gewicht fallen, oft in Gestalt unbedeutender Preiserhöhungen gegenüber; ihm fehlt ferner die Fähigkeit und oft die Möglichkeit, sich über das Verhältnis der Preise zu den Produktionskosten zu unterrichten. Die große Zahl der Konsumenten ist hierfür im wesentlichen auf die öffentliche Presse angewiesen, und wenn dieselbe, aus welchem Grunde immer, ihre Funktion, die öffentliche Meinung zu unterrichten, nicht oder nicht im genügenden Maß erfüllt, so steht einer überspannten Preispolitik der Kartelle kaum irgend ein unübersteigliches Hindernis im Wege.

Kartelle dieser Kategorie müssen allerdings mitunter auf Händlerinteressen Rücksicht nehmen. Sie können den Bogen dann nicht zu straff spannen, wenn die Überwälzung des Kartellaufschlages auf die Konsumenten nicht stattfinden kann, so daß den Händlern ihr Zwischengewinn ganz oder zum Teile entzogen werden würde. Es sind daher in der Geschichte der deutschen und österreichischen Kartellbewegung Fälle zu verzeichnen, in denen die Zwischenhändler der Preispolitik der Kartelle, zum Teil mit Erfolg, entgegentreten sind. Wo aber auch diese Schranke versagt, da ist das Ergebnis der Untersuchung ein für die Preispolitik solcher Kartelle überwiegend ungünstiges. Die Möglichkeit fast schrankenloser Ausnützung der Monopolstellung verführt Kartelle dieser Art zu einer Haltung, die schwere und soziale Übelstände zeitigt.

Seitdem die Organisation und Politik des deutschen und österreichischen Zuckerkartells durch die Katastrophe, welche England über diese Verbände herbeiführte, in ihren feinsten Fäden der öffentlichen Meinung erkennbar geworden ist: muß meines Erachtens die abwägende Subtilität und Zurückhaltung, mit der die Nationalökonomie sich über das Wirken der Kartelle auszusprechen gewöhnt war, dem rückhaltlosen Urteile weichen, daß die schrankenlose Freiheit der Kartellbildung und Kartellgebahrung bei solchen Industriezweigen, die ihre Produkte unmittelbar an das Publikum absetzen, gegen das öffentliche Wohl streitet. Bekanntlich war das deutsche und österreichische Zuckerkartell auf folgender Grundlage aufgebaut. Es waren zwei gesonderte Gruppen vertreten, die Gruppe der Rohzuckerfabrikanten und jene der Raffineure. Die Rohzuckerfabrikanten verpflichteten sich, den Rohzucker für den inländischen Gebrauch bloß an die kartellierten Raffineure zu liefern, wogegen die Raffineure den ersteren den für den inländischen Bedarf erforderlichen Rohzucker zu einem bestimmten Preise abzunehmen hatten, welcher erheblich höher war als der Weltmarktpreis. Dieser Preis wurde gefunden, indem ein bestimmter Weltmarktpreis als Grundpreis angenommen und den Rohzuckerfabrikanten nebst einem Maximalzuschlage vergütet wurde. Stieg der Weltmarktpreis über den Grundpreis, so verminderte sich der Zuschlag; sank jedoch der Weltmarktpreis unter den Grundpreis, so fiel die Differenz den Rohzuckerfabrikanten zur Last, so daß das Kartellrisiko, das die Raffineure durch die eben erwähnte Vereinbarung eingingen, limitiert war auf den Zuschlag zum Grundpreise. Ferner wurde die Gesamtsumme der Exportprämien, welche der Staat der Industrie vergütete, zwischen den Gruppen der Rohzuckerfabrikanten und der Raffineure nach einem bestimmten Schlüssel geteilt. Es ist nun bekannt, daß dieses kombinierte Kartell in der Ausnutzung seines Monopols in beiden Ländern bis hart an die Grenze gegangen ist, welche durch den Zollschutz, die sogenannte Surtaxe auf ausländischen Zucker gezogen war. Es ist bekannt, daß während der inländische Zucker außerordentlich hoch im Preise stand und infolgedessen die Konsumtion dieses wichtigsten aller Genußmittel künstlich zurückgedämmt war, der Weltmarktpreis für Zucker immer tiefer sank, indem der inländische Konsument dem englischen aus dem Fonds der aus Steuergeldern gezahlten Exportprämien und aus dem durch den Kartellaufschlag gezogenen Unternehmergewinn einen immer größeren Teil der effektiven Produktionskosten des Zuckers vergüten mußte, damit der englische Konsument sich in die angenehme Lage versetzt sehe, leichter und mehr Zucker zu genießen.

Da es hier nicht meine Aufgabe ist, das Zuckerkartell einer Spezialkritik zu unterziehen, so unterlasse ich die detaillierte Anführung der enormen Gewinnste, welche das österreichische und deutsche Zuckerkartell bezogen haben und die den Betrag der dem Staate nach Abzug der Exportprämien zufließenden Konsumsteuern beträchtlich übersteigen. Diese Ziffern waren ja Gegenstand einer lebhaften Diskussion in der öffentlichen

Presse. Was mir jedoch für die prinzipielle Kritik des uns beschäftigenden Problems in der Organisation und Gebahrung des Zuckerkartells als das wichtigste und zugleich als dasjenige Moment auffällt, welches unser Urteil im ungünstigen Sinne bestimmen muß, das ist der Umstand, daß infolge der Organisation des Zuckerkartells der Löwenanteil des durch die Kartellpreispolitik erzielten Gewinnes den Raffineuren zufloß. Jene Gruppe also zog aus diesen Verhältnissen den größten Vorteil, welche volkswirtschaftlich die geringste Leistung aufzuweisen hatte. Die Landwirtschaft, deren Interessen man so lange als Hebel benutzt hat, um in der öffentlichen Meinung Stimmung für die Zuckerindustrie, die Exportprämien und den Schutzzoll zu machen, war in der Tat am ungünstigsten bestellt. Durch das Rayonnierungskartell, dessen Härten jetzt allgemach in der Öffentlichkeit bekannt werden, war der Anteil der Landwirtschaft an den Ergebnissen der außerordentlich günstigen Kartellkonjunktur an eine niedrige Grenze gebunden. Die Rohzuckerfabrikanten, deren Betrieb den technisch wichtigsten Teil des Produktionsprozesses ausmacht und deren Risiko trotz des ihnen zugebilligten Zuschlages virtuell ein unbegrenztes war, da sie das Fallen des Weltmarktpreises unter den Grundpreis allein zu tragen gehabt hätten, bezogen eine erhebliche Quote des Kartellgewinnes, die jedoch in keinem Verhältnisse stand zu dem übergroßen Anteile, den die Raffineure einsackten, deren Risiko ein streng begrenztes, deren Zahl eine geringe ist und deren Betrieb im Produktionsprozesse technisch die zweite Rolle spielt. Es dürfte kaum eine gut geleitete Raffinerie in Deutschland oder Österreich geben, die nicht in der Lage gewesen wäre, aus den Kartellgewinnen der letzten Jahre ihre Anlagen zum allergrößten Teile zu amortisieren. Wieso kam es aber, daß dieser Kategorie von Industriellen im Kartellverbande eine so außerordentlich bevorzugte Stellung eingeräumt wurde und selbstverständlich eingeräumt werden mußte? Dies erklärt sich einfach daraus, daß die Raffineure, weil sie das Finalprodukt herstellten und daher unmittelbar mit dem Konsumenten in Verbindung traten, sozusagen die Rolle des Steuereinnehmers für den gesamten Kartellverband spielten und daher bei der Verteilung der Kartellerrungenschaften die Vorhand hatten. Ohne das Mittun der Raffineure hätte die Ausbeutung der Konsumenten zu Kartellzwecken niemals auch nur annähernd in gleichem Umfange stattfinden können, und darum mußte man sich damit zufrieden geben, daß dieser Kategorie der Verbandsmitglieder der größte Gewinnanteil in den Schoß fiel, obwohl, wie erwähnt, die volkswirtschaftlichen Leistungen der Raffineurgruppe im

Rahmen der drei Produktionsstadien des Rübenzuckers im umgekehrten Verhältnisse zur Größe ihres Gewinnanteiles standen.

Diese Betrachtung allein müßte genügen, um das Urteil zu begründen, daß — wenigstens im Rahmen einer der praktischen Gesetzgebungsarbeit gewidmeten Untersuchung — gegenüber Kartellen, die direkt für den Konsum bestimmte, genußreife Produkte herstellen, die Methode subtiler Abwägung der Vor- und Nachteile, der Schranken und Antriebe der von den Kartellen geübten Preispolitik zurücktreten müsse hinter der Feststellung der Tatsache, daß die Konsumenten einem selbst als Beutepolitik zu qualifizierenden Vorgehen dieser Kategorie von Kartellen nahezu machtlos gegenüberstehen und daher Einrichtungen öffentlicher Art erforderlich sind, um zu einer rechtzeitigen Erkenntnis solcher Übelstände und auf dem Wege der öffentlichen Kritik möglicherweise! zu ihrer Remedur zu gelangen.

Immerhin anders liegen die Verhältnisse bei jenen Industrien, welche Rohstoffe und Halbfabrikate erzeugen und daher wiederum Produzenten als Abnehmern gegenüberstehen. Hier würde eine Preispolitik, welche das Monopol voll auszunützen bestrebt wäre, von den Abnehmern einerseits vermöge ihrer wirtschaftlichen Bildung, andererseits deshalb, weil für sie als Produzenten bereits kleinere Preisunterschiede merkbar werden und ins Gewicht fallen, raschestens erkannt und könnte unter Umständen auch wirksam bekämpft werden. Es können sich Gegenkartelle der Abnehmer bilden, es können insbesondere aus den Mitteln der Abnehmerverbände Konkurrenzunternehmungen errichtet werden, es steht mitunter in der Hand selbst einzelner größerer Abnehmer, sich von dem Kartelle vollständig unabhängig zu machen, indem sie zur Deckung des eigenen Bedarfes an den kartellierten Artikeln selbständige Betriebe errichten oder erwerben. Der Gegenorganisation der Abnehmer gelingt es mitunter, das Kartell ihrer Vorgänger im Produktionsprozesse zu sprengen, indem einer oder mehrere derselben durch die Zusicherung, daß man ihnen die Lieferungen übertragen werde, veranlaßt werden, aus dem Kartelle auszuscheiden. Den durch die Preispolitik eines Kartells bedrohten Produzenten steht ferner ihre genauere Kenntnis der Bezugsverhältnisse, der Marktlage, der Zoll- und Frachttarife zu Gebote, um einer übertriebenen Preispolitik, sofern es nur irgend möglich ist, durch Import aus dem Auslande wirksam zu begegneu. Sie sind in der Lage, Surrogate in Anwendung zu bringen oder auch ihren Betrieb zeitweise mit erhöhter Intensität solchen Artikeln zuzuwenden, welche durch die übertriebene Preispolitik des Kartells nicht bedroht werden und dadurch das Kartell zeitweilig lahm zu legen. Alle diese Methoden der Abwehr sind von Produzenten, die durch Produzentenkartelle über Gebühr bedrückt wurden, tatsächlich und teilweise mit Erfolg angewendet worden: das Moment der Wehrlosigkeit, welches das Postulat staatlicher Kontrolle bei der oben behandelten Art von Kartellen rechtfertigt, würde daher hier nicht ausreichen, um eine praktische Schlußfolgerung gleicher Art zu begründen.

Allein bei dieser Art von Industrien muß ein anderes Moment in Betracht gezogen werden, dessen Bedeutung uns vielleicht zur gleichen Schlußfolgerung gelangen läßt. Die Wirkung, welche von einer volkswirtschaftlich ungesunden Kartellpolitik solcher Industrien ausgeht, ist nämlich nicht beschränkt darauf, daß der Gewinn der Abnehmerindustrien reduziert wird, diese Wirkung ist vielmehr eine beträchtlich weitergehende, und zwar mitunter solcher Art, daß wichtige volkswirtschaftliche und nationale Interessen berührt werden. Wenn eine ungesunde Preispolitik von Kartellen, die genußreife Produkte herstellen, die Konsumtionsfähigkeit der Bevölkerung beeinträchtigt, so führt andererseits eine ungesunde Preispolitik von Kartellen, welche Rohstoffe oder Halbfabrikate erzeugen, zu einem vielleicht noch weiter gehenden Übel: zur Beeinträchtigung der Produktionsfähigkeit des Landes. Wenn daher die österreichischen Maschinenfabriken klagen, daß sie mit ihren Produkten, die in Bezug auf technische Leistungsfähigkeit und Qualität sich auf dem Weltmarkte neben den Produkten der ausländischen Konkurrenz würdig behaupten könnten, im Auslande nicht konkurrieren können, weil ihnen durch die Politik des österreichischen Eisenkartells das Rohmaterial verteuert werde; wenn durch die Verschiedenheit der Preise, die mächtige deutsche Rohstoff-Kartelle für Inlands- und Auslandsware forderten, gleiche Rückwirkungen auch auf wichtige deutsche Industrien konstatiert werden konnten; ja, wenn der ausländische Fabrikant imstande ist, den inländischen Produzenten auf dem Weltmarkte sozusagen mit unfreiwilligen Subsidien des letzteren wirksam zu bekämpfen, indem ein Teil des im Inlande für Rohstoffe festgesetzten Kartellaufschlages ihm in der Form billigerer Preise zugewendet wird — so sind diese Einflüsse des Kartellwesens auf die Dauer als noch verderblicher für die Volkswirtschaft zu qualifizieren, als selbst die Auswüchse der Preispolitik der für die Konsumtion produzierenden Unternehmerverbände. Es mag ja richtig sein, daß dort, wo durch anderweitige Momente, zum Teil auch politischer Natur, die industrielle Entwickelung in den letzten Jahrzehnten einen so gewaltigen Aufschwung nahm wie in Deutschland, diese auch dort konstatierten und beklagten Rückwirkungen der Kartellpolitik der Rohstoff- und Halbfabrikatkartelle an Bedeutung zurücktraten hinter den die Entwickelung der Industrie günstig beeinflussenden Faktoren. In Österreich jedoch ist zweifellos die schwierige Lage und das Zurückbleiben wichtiger Industrien auf eine solche Kartellpolitik zurückzuführen, die nicht, wie in Deutschland, durch außerordentliche fördernde Umstände allgemeiner Natur paralysiert wurde. Unter allen Umständen ist es ein paradoxes Verhältnis, das zum Nachdenken und zur Kritik auffordert: daß, während die Kartelle sich entwickeln und häufig nur entwickeln können unter der Flagge einer Schutzzollpolitik, die als Rechtfertigung den Listschen Satz anruft, daß die Entwickelung der produktiven Kräfte der Nation die Opfer aufwiege, welche der Konsumtion durch den Schutzzoll auferlegt werden: gerade die Politik der Kartelle selbst in ihrer eben geschilderten Gestalt darauf hinausläuft und tatsächlich die Wirkung hat, die Entwickelung der Produktivkräfte der nationalen Volkswirtschaft zu verhindern oder einzudämmen. Freilich muß eine solche Kartellpolitik, wie sich dies beispielsweise jetzt in Österreich bei den Beratungen der industriellen Körperschaften über die Erneuerung der Handelsverträge zeigt, wo vielfache und berechtigte Klagen über eine solche Preispolitik der Rohstoffkartelle laut werden, mit der Zeit dahin führen, daß die Kartelle den Zweig abschneiden, auf dem ihre Industrien sitzen. Aber damit hat es vorläufig noch seine guten Wege, und speziell in Ländern von geringerem Unternehmungsgeiste, mit härterem Steuerdrucke, wie z. B. in Österreich, können die Schäden dieser Politik der Rohstoffkartelle kaum hoch genug angeschlagen werden.

Als ein anderes bedenkliches Moment, daß die Preispolitik der Rohstoff- und Halbfabrikatkartelle in ein ungünstiges Licht rückt, will mir ihre Einwirkung auf den Verlauf industrieller Konjunkturen erscheinen. In dieser Hinsicht werden uns, wie bereits erwähnt, die vom Vereine für Sozialpolitik angestellten Untersuchungen über die Ursachen der letzten deutschen Krise hoffentlich wertvolles Material liefern. So viel aber erhellt schon aus den über diese Frage in der deutschen Presse abgeführten Diskussionen, daß die großen deutschen Rohstoffkartelle durch periodisch von ihnen vollzogene Preiserhöhungen ihre Abnehmer veranlaßten, große Abschlüsse zu machen und sich für längere Zeit mit beträchtlichen Quanten von Roh- und Hilfsmaterial zu versehen, um der Gefahr dieser stetig wiederkehrenden Preiserhöhung, die ihren Kalkulationen den Boden entzog, entrückt zu sein. Es ist kein Zweifel, daß hierdurch eine starke Festlegung der flüssigen Mittel der deutschen Industriellen und eine Überspannung des Betriebskredites veranlaßt wurde, und daß diese Illiquidität den Ausbruch der Krise beschleunigt und deren Ausbreitung und Verlauf ungünstig beeinflußt hat. Der Verlauf der einmal ausgebrochenen

Krise wurde dann noch weiter verschärft dadurch, daß die Kartelle ihre Abnehmer von den übergroßen Übernahmeverpflichtungen zu entbinden, sich vielfach weigerten, sowie, daß ihre Politik dahin ging, angesichts der starken Einschränkung des Bedarfes nicht etwa durch Herabsetzung der Preise den Absatz zu beleben, wodurch die Krise eine Milderung erfahren hätte, sondern vielmehr die Produktion einzuschränken und ihre Preise auf einem möglichst hohen Niveau zu halten. Der Vorzug, der den Kartellen oft nachgerühmt wird, daß sie die Preise stabilisieren und hierdurch auch den Abnehmer in den Stand setzen, seine Produktionskostenberechnung für einen längeren Zeitraum in zutreffender Weise anzustellen, war sicherlich nicht der Preispolitik der großen deutschen Rohstoffverbände während der aufsteigenden Konjunktur zuzubilligen; wohl kam aber dieses Stabilitätsbestreben zur Geltung, als die Hochkonjunktur von einer Krise abgelöst war, so daß man auf diese Entwickelung den Satz anwenden kann, der eine sehr herbe Kritik der Kartelle überhaupt enthält, daß sie nämlich nur bei ungünstigen Konjunkturen eine gewisse Preisstabilität eintreten lassen, die Gewinnmöglichkeiten günstiger Konjunkturen jedoch voll und ganz in ihrem Interesse ausnützen.

Ich stehe jedoch nicht an, zu erklären, daß mir als das für die ökonomische Kritik der Kartelle entscheidende Moment die Einwirkung der Kartellbewegung auf die Lage der arbeitenden Klassen, insbesondere der industriellen Arbeiterschaft, erscheint. Das Kartellwesen und die Kartellpolitik berühren die Arbeiterschaft sowohl in der Sphäre der Konsumtion, als auch in jener der Produktion am intensivsten, da diese Klasse der Bevölkerung einerseits den Hauptstock von Abnehmern der Produkte der auf die Massenerzeugung gerichteten Industrien darstellt und andererseits sowohl in ihrem Einkommen als auch in ihrer sozialen Bewegungsfreiheit von der Politik der Kartelle abhängt. Daß in der Klasse der Lohnarbeiter die Landarbeiterschaft, die zu einem erheblichen Teile Naturallöhnung bezieht und deren Arbeitgeber, von landwirtschaftlichen Nebenindustrien abgesehen, kaum zu einem Kartellverbande zusammentreten können, in Hinsicht auf das Kartellproblem an Bedeutung hinter die industrielle Arbeiterschaft außerordentlich zurücktritt, bedarf wohl keines Nachweises. Mit dem industriellen Arbeiter ist wohl auch die breite Schicht der auf ein mittleres oder kleines fixes Geldeinkommen angewiesenen Beamtenschaft in ihrer Lebenshaltung von der Preispolitik der, genußreife Produkte herstellenden Industriekartelle in hohem Maße abhängig. Bei der industriellen Arbeiterschaft tritt aber noch hinzu, daß auch die Größe und Entwickelungsfähigkeit ihres Einkommens und endlich ihre soziale Freiheit von der Politik der Kartelle mitbestimmt wird. Es darf also wohl gesagt werden, daß eine fortschreitende Prüfung und Erkenntnis dieser Seite des Problems in Zukunft immer größeren Einfluß auf die Auffassung und Beurteilung der ganzen Frage üben wird.

Den Kartellen gegenüber darf es als das berechtigte Interesse der arbeitenden Klassen bezeichnet werden, daß ihnen in Gestalt erhöhter Löhne ein Teil des Kartellnutzens zufalle und die Kartellpolitik auf eine relative Stabilität der Konjunktur hinwirke, die auch ihnen in der Form dauernder Beschäftigung zu gute kommen könne. Die Arbeiter müssen endlich vor der Gefahr geschützt werden, daß der enge Zusammenschluß der Unternehmer zu Produktionszwecken nicht auch den Charakter eines geschlossenen Herrschaftsverbandes gegenüber den Arbeitern annehme. Von diesen drei Postulaten ist die Erfüllung des zweiten durchaus bedingt von der Rückwirkung des Kartellverbandes auf die Lage der betreffenden Industrie selbst; die Interessen der kartellierten Unternehmer sind, in dieser Hinsicht wenigstens den Interessen der in ihren Betrieben beschäftigten Lohnarbeiter nicht entgegengesetzt. Was hingegen das erste und das dritte Postulat betrifft, so ist die Erreichbarkeit des ersten im wesentlichen abhängig von der Verwirklichung des dritten, da die Arbeiter nur dann auf einen Anteil am Kartellgewinne in Form erhöhter Löhne werden rechnen können, wenn ihre Unabhängigkeit durch den Kartellverband der Unternehmer nicht wirksam beeinträchtigt werden kann. Es reduziert sich als praktisch das Problem im wesentlichen auf die Frage, ob einerseits durch den Zusammenschluß der Unternehmer zum Kartelle die Koalitionsfreiheit der Arbeiter eine Einschränkung erfahre, und ob die Kartellpolitik andererseits dahin führe, daß die Zahl der in die industrielle Reservearmee hinausgestoßenen Arbeiter sich erhöhe und etwa dadurch die Wirkung der Koalitionsfreiheit der Lohnarbeiter praktisch aufgehoben werde.

Die Form der Kartellierung wird zunächst nach beiden Richtungen von Bedeutung sein. Je enger der Zusammenschluß der Unternehmer ist, desto stärker ist ihre Fähigkeit und damit allerdings gewöhnlich auch ihre Tendenz, die Koalitionsfreiheit der Arbeiter einzuschränken, desto größer ist aber auch die Gefahr, daß die Erreichung des Kartellzwecks durch Auflassung einzelner minder gutgelegener oder technisch schlechter ausgerüsteten Betriebe angestrebt und die Zahl der Arbeitslosen vermehrt werde. Vereinigungen so enger Art, wie sie durch Fusionen im allgemeinen und insbesondere durch die amerikanischen Trusts dargestellt werden, involvieren daher nach beiden Richtungen hin eine keineswegs zu unterschätzende Gefährdung der Arbeiterinteressen. Verwirklicht haben sich in Amerika diese Befürchtungen allerdings im wesentlichen nur insoweit, als es sich um die Koalitionsfreiheit der Arbeiter handelt. Die Leiter mancher amerikanischen Trusts, z. B. der American Steel and Wire Company, haben unumwunden erklärt, daß sie die Organisationen der Arbeiter nicht anerkennen und mit den Arbeitern nur als Individuen verkehren. Ich brauche wohl auch nur auf den noch in Erinnerung stehenden großen Stahlarbeiterausstand des vorigen Jahres zu verweisen, der auf Grund ähnlicher Streitfragen ausgebrochen ist und mit einer Niederlage der Arbeiter endigte. Andere amerikanische Trusts, wie z. B. die American Tin Plate Company, die American Steel Hoop Company, haben jedoch das Koalitionsrecht der Arbeiter und die Legitimation ihrer Verbände, im Namen der Arbeiter auf die Feststellung der Bedingungen des Arbeitsvertrages Einfluß zu nehmen anerkannt. Ja, es ist sogar von manchen Führern der Trade unions, wie z. B. von Samuel Gompers, dem Präsident der amerikanischen Federation of Labor, der Ansicht Ausdruck gegeben worden, daß es möglich sein werde, die Organisationen der Arbeiter derart zu verbessern und auszugestalten, daß sie mit den Verbänden des Kapitals rivalisieren und mit denselben in nicht zu ferner Zukunft von Macht zu Macht würden verhandeln können. Allerdings haben diese Streitfragen bis auf den erwähnten großen Ausstand bisher aus dem Grunde noch nicht zu großen und entscheidenden Kämpfen geführt, weil die Lohnpolitik der neueren amerikanischen Trusts eine für den Arbeiter im ganzen günstige ist, einerseits dank der, nur durch vorübergehende Rückschläge unterbrochenen, überwiegend günstigen Konjunktur, andererseits aber auch aus dem Grunde, weil die Leiter der amerikanischen Trusts der Ansicht huldigen, daß es leichter sei und geringere Widerstände hervorrufe, den Unternehmergewinn auf Kosten der Konsumenten als auf Kosten der Lohnarbeiter zu erhöhen. Freilich sind infolge der Schließung von rückständigen Betrieben Arbeiterentlassungen in höherem Maße vorgekommen; und wenn dieselben bisher nicht zu einer starken Gegenströmung in den Arbeiterkreisen gegen die Trusts geführt haben, so liegt das daran, daß die überflüssig gewordenen Arbeiter dank der günstigen Konjunktur in anderen Zweigen Beschäftigung finden konnten [18]).

In Mitteleuropa, speziell in Deutschland und Österreich liegt das Problem einigermaßen anders. Die Kartellbewegung hat bisher nur zu Verbänden geführt, welche ungleich lockerer sind, als die amerikanischen Trusts. Eine Schließung von Betrieben wegen technischer Rückständigkeit ist in größerem Umfange wohl nur in der Montanindustrie zu verzeichnen

---

[18]) Vgl. hierzu Jenks, Ch 9, „The Trusts and Wages".

gewesen, nnd zwar bei solchen Zechen, die auch ohne den Zusammenschluß zu Kartellen hätten über kurz oder lang aufgelassen werden müssen und von dem Kartellverbande nur unter günstigeren Bedingungen für den Unternehmer außer Betrieb gesetzt wurden. Was die Koalitionsfreiheit der Arbeiter betrifft, so fällt hier ins Gewicht, daß die Kartellbewegung in ihr extensives und fruchtbarstes Stadium eigentlich erst zu Beginn des vorigen Jahrzehntes getreten ist, also in einer Zeit, in der das soziale Bewußtsein in Deutschland bereits erstarkt war und die politische Macht der Arbeiterschaft eine solche Höhe erreicht hatte, daß die Betätigung etwaiger Unternehmertendenzen nach dieser Richtung außerordentlich starke Gegenströmungen der öffentlichen Meinung provoziert hätte. In Österreich ist es allerdings um diese Verhältnisse nicht so günstig bestellt. Alles in allem muß man jedoch sein Urteil dahin abgaben, daß die Kartellbewegung in Deutschland und auch in Österreich bisher es eher vermieden hat, der Koalitionsfreiheit der Arbeiter entgegenzutreten, und daß Auswüchse, wie die Anlegung schwarzer Listen oder Aussperrungen, um Arbeiterverbände zu sprengen, nicht gerade zu den häufigen und charakteristischen Erscheinungen der Entwickelung des Kartellwesens gehören. Nichtsdestoweniger jedoch repräsentiert das Wachstum der Kartellbewegung in dieser Richtung eine Gefahr für die Arbeiterschaft, welche zumindest das Postulat rechtfertigt, daß die Gesetzgebung und Verwaltung das Koalitionsrecht und die Koalitonsfreiheit der Lohnarbeiter rückhaltslos und in vollstem Maße anerkennen.

Denn unter allen Umständen gestaltet sich ja der Lohnkampf der Arbeiter kartellierten Unternehmern gegenüber erheblich schwieriger, als konkurrierenden. Namentlich dort, wo der Kartellverband in der Weise organisiert ist, daß ein Einschränkung des Produktionsumfanges nicht gleichbedeutend wird mit einer Verringerung des Unternehmergewinnes oder doch nicht der letzteren proportional ist, wie dies bei manchen Kontingentierungsformen der Fall, versagt in der Regel ein wichtiges, den Arbeitern im Lohnkampfe zur Seite stehendes Motiv des Unternehmers, nämlich die Befürchtung, daß der konkurrierende Unternehmer den Streik benutzen werde, um durch Einstellung von Arbeitern seine Produktion zu erhöhen, seine Produktionskosten zu verringern [19]) und einen Teil des Absatzes seines Konkurrenten an sich zu ziehen.

Auch bei solchen Kartellen, denen die Vereinbarung zugrunde liegt, daß ein Zurückbleiben der Produktion oder des Absatzes hinter der kartellmäßig zugebilligten Quote in einer späteren Produktionsperiode

---

[19]) Vgl. Pohle a. a. O. S. 114.

nachgeholt werden könne, ist die Stellung der Arbeiter im Lohnkampfe eine ungünstige, sofern nicht die gesamte einer kartellierten Industrie angehörige Arbeiterschaft gleichzeitig in den Streik eintritt. Ganz machtlos aber steht die Arbeiterschaft in der Regel den von Kartell wegen verfügten zeitweiligen Betriebseinschränkungen durch Einlegung von Ruheschichten, Stillstellung von Webstühlen usw. gegenüber. Wenn derartige Restriktionen ihren Grund darin finden, daß es gilt, eine krisenhafte Überproduktion zu beseitigen, so ist ja dieser Weg der partiellen Einschränkung der Produktion ein für die gesamte Arbeiterschaft in der Regel günstigerer, als eine Politik, die auf dem Wege steter Steigerung der Produktion zur Verschärfung der Krisis und zur dauernden Entlassung einer großen Zahl von Arbeitern führen würde. Nicht so steht es aber, wenn die partielle Einschränkung des Betriebes zu dem Zwecke verfügt wird, um die Preise und damit den Gewinn zu erhöhen, nicht aber um den Ausbruch einer Krise zu verhindern. In diesem Falle bewirkt die Kartellpolitik eine in den wirtschaftlichen Verhältnissen nicht gerechtfertigte Herabsetzung der Löhne, wogegen die Arbeiter wehrlos sind, da sie durch einen Streik, der ihnen einen Anteil am erhöhten Gewinne der Unternehmer sichern soll, nur das Bestreben der Unternehmer unterstützen, aber ihre Ziele nicht erreichen könnten.

Alles in allem ist jedoch die Kartellbewegung bisher von den Vertretern und Wortführern der Arbeiterschaft, sowie von angesehenen Sozialpolitikern, insbesondere Brentano, als den Interessen der Arbeiter nicht abträglich beurteilt worden. Bei den Arbeitern in Deutschland spielt wohl hierbei das den deutschen Organisationen innewohnende Kraftbewußtsein mit, um die Schattenseiten der Kartellbewegung in ihrem Bewußtsein zurücktreten zu lassen. Gewisse Ausschreitungen der genußreife Produkte herstellenden Industriekartelle, namentlich des Zuckerkartells, haben jedoch in der jüngsten Zeit einen gewissen Umschwung in der Stimmung herbeigeführt, ebenso wie die durch die Arbeiterentlassungen seit dem Ausbruch der letzten deutschen Krise vermittelte Erkenntnis, daß die Stabilität der Beschäftigung, welche durch das Kartellwesen verbürgt werden soll, in den Zeiten niedergehender Konjunkturen sich als eine Chimäre erweist. Wenn nun aber die Kartelle auf die materielle Lage der Arbeiterschaft nicht den erwarteten günstigen Einfluß ausüben, so muß um so mehr das Ziel im Auge behalten werden, daß die erst durch die Organisation der Arbeiter zu erzielende wirkliche Freiheit des Arbeitsvertrages, die Gleichberechtigung von Unternehmern und Lohnarbeitern bei der Festsetzung der Arbeitsbedingungen, nicht durch eine Feudalisierung des Arbeitsverhältnisses beeinträchtigt werde. Dieselbe bereits als eine ins Leben getretene Erscheinung anzusprechen, würde allerdings für Deutschland ebenso wenig den Verhältnissen entsprechen, wie andererseits die in den Kartellen liegende latente Gefahr einer Beeinträchtigung der Freiheit des Arbeiters abgeleugnet werden kann; letzteres hieße, sich die Augen davor verschließen, daß der Arbeiter, der heute in einer eng kartellierten Industrie durch Differenzen mit seinen Arbeitsgebern veranlaßt wird, sein Arbeitsverhältnis aufzugeben, in beträchtlich höherem Maß als sonst der Gefahr ausgesetzt ist, in seinem Berufszweig überhaupt keine Beschäftigung mehr zu finden, — einer Gefahr, die für den Arbeiter um so schwerer ins Gewicht fällt, je höher qualifiziert seine Arbeit ist, je höhere Vorbildung sie bedingt, je wertvoller also seine Arbeitskraft für die Volkswirtschaft ist.

Das Ergebnis der ökonomischen Kritik des Kartellwesens, die ich in ihren Hauptzügen zu unternehmen versuchte, läßt sich wohl dahin zusammenfassen, daß wir es mit einer das wirtschaftliche Leben überaus tief beeinflussenden Erscheinung zu tun haben, deren Wirkungen jedoch weder in dem Maße erforscht, noch so einheitlicher Natur sind, daß man zu dem Schlusse gelangen könnte, die Kartelle forderten eine bestimmte positive Einwirkung, z. B. eine direkte Repression seitens der Staatsgewalt heraus. Wohl aber rechtfertigt diese Erkenntnis die Forderung, daß der Staatsgewalt die Möglichkeit gegeben werde, das Auftreten, die Gebarung und die Wirkungen der Unternehmerverbände einer genauen und zuverlässigeren Kontrolle zu unterwerfen, als dies der wissenschaftlichen Forschung und der öffentlichen Presse, die sich bisher mit diesem Probleme fast ausschließlich beschäftigt haben, möglich ist. Das Gewicht der gegen eine Repression gerichteten Argumentation wird in ansehnlichem Maße dadurch verstärkt, daß die Erscheinungen, die wir, weil sie bei den Kartellen am häufigsten und am intensivsten auftreten, als Wirkungen der Kartelle anzusprechen gewöhnt sind, zum großen Teile nichts anderes sind, als Wirkungen von Entwicklungstendenzen, die durch unsere Wirtschaftsordnung und -Verfassung ohnehin gegeben sind, namentlich der Tendenz des Kapitals, sich zu akkumulieren, auf seine Konzentration in immer größeren Betrieben hinzuwirken. Ich habe bereits vor einigen Jahren bei Besprechung des österr. Kartellgesetzentwurfes hervorgehoben, daß durch diesen engen Zusammenhang der Wirkungen und Tendenzen der Kartellentwicklung mit den, der kapitalistischen Wirtschaftsverfassung und Produktionsordnung überhaupt eigentümlichen Merkmalen, für eine Kartellgesetzgebung, wenn sie mit Grundsätzen unserer Wirtschaftsordnung nicht in Konflikt geraten will, an und für sich eine unübersteigliche Schranke gezogen sei. Es sei mir gestattet, meine damaligen Ausführungen[20]) hier in abgekürzter Form wiederzugeben, da sich auch mein Korreferent, Herr Prof. Waentig, in seinem Gutachten dem, diesen Ausführungen zu Grunde liegenden Hauptgedanken angeschlossen hat. Die Konzentrationstendenz des Kapitals gehört vor allem hierher; sie ist bekanntlich eines jener Momente, welches die Evolution unserer Volkswirtschaft am stärksten beeinflussen. Es hat äußerlich den Anschein, als ob diese Tendenz durch die Kartellbewegung abgeschwächt werden würde, indem bei den Kartellen wohl die Interessen mehrerer Unternehmer in einem Komplex zusammenrinnen, aber die formale, wirtschaftliche und juristische Selbständigkeit der einzelnen Unternehmer aufrecht bleibt, während sonst die Konzentrationstendenz zum vollständigen Aufgehen mehrerer Betriebe in einem Unternehmen führt.

Ist jedoch in der Wirkungsweise der wirtschaftlichen Kraftzentren der einen und der andern Art ein wesentlicher Unterschied zu finden? So lange sie bestehen, meines Erachtens nicht. Ein Trust mag seine Aufgabe darin sehen, die „Outsiders" rücksichtslos niederzuschlagen und die Konsumenten auszubeuten; er handelt wie ein übermächtiger, von rein ökonomischen Erwägungen geleiteter Einzelunternehmer. Oder das Kartell mag in seinen Teilnehmern das Streben nach technischer Vervollkommnung und ökonomischem Fortschritt ersticken, den Unternehmergewinn zu einer „Unternehmerrente versteinern": es verfolgt die bekannte Politik mächtig und lässig gewordener, gesättigter oder „patrizischer" Großbetriebe. Wesentlich ist bloß, daß das Kartell jene wirtschaftliche Machtfülle, von deren Höhe aus solch unsoziales und unwirtschaftliches Verhalten durchführbar ist, rascher und nach Überwindung geringerer Widerstände erreicht als das Einzelunternehmen. Das Wachstum des Riesenunternehmens ist ein organisches, die Bildung des Riesenkartells ein Elementarereignis. Indem die freie Konkurrenz der Unternehmer sich im Kartelle selbst aufhebt, beschleunigt sie somit die sozialen und wirtschaftlichen Wirkungen des Konzentrationsprozesses des Kapitals: freilich nicht des Kapitals als Quelle arbeitslosen Einkommens, denn in dieser Funktion bleibt es im Kartelle verteilt, wohl aber des Kapitals als wirtschaftlichen Machtfaktors. Wenn man den Kartellen den Vorzug nachrühmt, daß sie die Planmäßigkeit der Produktion befördern und Absatzkrisen hintanhalten oder abschwächen: würde nicht auch das Einzelunternehmen, welchem es gelungen wäre, das faktische Monopol an sich zu reißen, aufs planmäßigste produzieren und der Sphinx Konjunktur einige ihrer schwierigsten Rätsel entwunden haben? Im Verlaufe, in

[20]) Meine Abhandlung in Grünhuts Zeitschrift XXVI. Bd. S. 576 ff.

der Dauer, in der Intensität des Prozesses sind die entscheidenden Momente der Differenzierung gegeben; nicht in dem Produkte des einen und andern Prozesses. Es ist in der Logik der Tatsachen begründet, daß ein Einzelunternehmen, welches ein faktisches Monopol erlangt hat, um so viel schwerer und langsamer überwunden, ein Kartell dagegen um so viel leichter und rascher gesprengt werden kann, als eben das eine und das andre gewachsen, bezw. entstanden ist. Sollte ein differenzierendes Moment in der Tatsache mehrerer gleichberechtigter Unternehmerwillen im Kartell gegeben sein, welche sich nur in einer beschränkten Sphäre ihres Selbstbestimmungsrechtes entäußert hätten? Levy v. Halle in seiner Schilderung der nordamerikanischen Unternehmerverbände berichtet[21]), daß als einer der mächtigsten dieser Verbände durch die Antitrustgesetzgebung genötigt worden war, sich in eine Korporation umzuwandeln, dieser formal so wichtige Schritt den Beteiligten kaum zu Bewußtsein gekommen sei; sonder Zweifel ebensowenig der Konkurrenz und den Konsumenten. Daß in Kartellen, abweichend von dem Einzelunternehmen, mehrere Unternehmerwillen zusammenwirken, ohne potentiell ihre Selbständigkeit aufzugeben, ist gewiß an sich eine soziale Tatsache von der größten Bedeutung; sie verschlägt jedoch wenig für die spezifische Wirkung des Kartells. Nur so lange ein einheitlicher Wille den Kapitalkomplex beherrscht, besteht das Einzelunternehmen, besteht eben auch das Kartell und äußern beide ihre Wirkungen.

Ebensowenig fällt auf die Frage, wie einzelne Kartelle oder Kategorien von Kartellen wirken, Licht aus der Tatsache der genossenschaftlichen Natur der Kartelle, sondern vielmehr bloß aus der durch nationale Verschiedenheit, Tradition oder technische Verhältnisse bedingten Eigenart der betreffenden Unternehmergruppen. Das nordamerikanische Unternehmertum ist charakterisiert durch höchst energische Ausnutzung aller technischen Fortschritte, rücksichtslose Bekämpfung der Konkurrenten und Ausbeutung der Konsumenten; im Vergleich damit erscheint der österreichische Unternehmer konservativer in der Produktionstechnik, zurückhaltender im wirtschaftlichen Kampfe. Dem entsprechend trifft von zwei Haupteinwänden, welche gegen die Kartelle erhoben werden: sie ermöglichten eine schrankenlose Ausbeutung der Konsumenten und sie führten zur Erstarrung der Produktionstechnik und Verwandlung des Unternehmergewinns in eine Unternehmerrente, der erste für die amerikanischen, der letztere in weit höherem Maße für die österreichischen Kartelle zu.

---

[21]) Schriften des Vereins für Sozialpolitik, Bd. LX, S. 174.

Die Wirkung der Kartelle kritisieren ist daher in einem gewissen Maße gleichbedeutend damit, unsere Gesellschaftsordnung und Produktionsweise zur Kritik zu stellen, welche ermöglicht, ja bewirkt, daß ein einheitlicher Unternehmerwille sich eine virtuell unbegrenzte Fülle von Produktionsmitteln unterwerfe. Eine Gesetzgebung, welche sich zur Aufgabe stellen würde, die Wirkungen der Kartelle auf dem Rechtsgebiete unmittelbar durch Repression zu bekämpfen, würde daher erfolglos sein; sie würde entweder, übers Ziel hinausschießend, mit dem durch diese Gesellschaftsordnung bestimmten allgemeinen Rechtsbewußtsein nicht im Einklange bleiben oder aber der Macht der Tatsachen nicht gewachsen sein. Dies gilt nicht bloß von dem „starren" Apparat der Zivil- und Strafgesetzgebung, sondern auch von einer Verwaltungsgesetzgebung, die auf Repression gerichtet wäre. Die Aufgabe und das Problem der Gesetzgebung liegen in einer anderen Richtung. Hierfür kommt allerdings in Betracht, daß die Kartelle Produkte organisatorischen Schaffens sind. Als solche, als Produkte einer neuartige Zwecke verfolgenden, mit neuartigen Mitteln operierenden assoziativen Gestaltungstendenz, die sich wesentlich, in Zweck und Mitteln, von den bisherigen Assoziationsformen unterscheiden, haben sie Anspruch darauf, die rechtsetzende Funktion des Staates auszulösen, welcher die Norm dafür aufzustellen haben wird, ob und unter welchen Voraussetzungen er diesen Organisationsformen Rechtsexistenz zuerkenne oder verweigere. Der Inhalt dieser Gesetzgebung wird durch die Erkenntnis bestimmt sein müssen, daß die Kartelle in der oben dargestellten Weise die Reibungswiderstände beseitigen oder abschwächen, welche der Tendenz des Kapitals, sich unter einem einheitlichen Unternehmerwillen zu wirtschaftlichen Kraftcentren zu akkumulieren, entgegenwirken. Die Kartellgesetzgebung muß dem Staate die Möglichkeit bieten, diesen Entwicklungsprozeß in allen seinen Stadien und Äußerungen mit zulänglichen Mitteln zu erkennen und festzustellen, damit er demselben in zweckmäßiger und zielbewußter Weise seine Wirtschaftspolitik anpassen könne. Das Aufsichtsrecht des Staates wirksam festzustellen, stellt sich mir als die Aufgabe κατ' ἐξοχήν der Kartellgesetzgebung dar. Daran schließe sich die Kartellpolitik des Staates, welche zusammenfallen wird mit all jenen Äußerungen seiner Finanz- und Wirtschaftspolitik, welche gegen die Akkumulierungstendenz des Kapitals überhaupt gerichtet sind; eine gerechte Steuerpolitik, eine Handelspolitik, welche das Produktionsinteresse nicht einseitig begünstigt, eine die Unternehmertätigkeit nicht an leblose Formen bindende Gewerbepolitik, eine Zivilrechtspolitik, welche das wirtschaftliche Assoziationswesen zweckmäßig fördert; als

Schlußstein einer Sozialpolitik, welche die Konsumtionskraft der arbeitenden Klassen zu steigern den aufrichtigen Willen und die Macht besitzt.

V.

Der Rechtszustand, der hinsichtlich des Kartellwesens in Europa besteht, ist als unbefriedigt zu bezeichnen. Wie bereits hervorgehoben, gründet es sich in einer Reihe von Ländern auf ein tolerari posse der Gesetzgebung und Staatsverwaltung, oder es steht der faktische Bestand der Kartelle sogar im Widerspruche mit dem geltenden Rechte — wie in Österreich — und die Kartelle fristen nicht bloß ihr Dasein, sondern erreichen sogar eine ansehnliche Blüte bloß unter der Ägide des Satzes „wo kein Kläger, da kein Richter". Menzel in seinem öfter zitierten Referate (S. 33 ff.) hat eine Übersicht über diesen Rechtszustand gegeben, die im wesentlichen noch heute zutreffend ist. Im Deutschen Reiche steht der Anerkennung der Rechtsverbindlichkeit des Kartellvertrages allerdings keine Rechtsnorm im Wege. Das Reichsstrafgesetz enthält keine auf die Koalitionen von Unternehmern oder Arbeitern bezüglichen Bestimmungen. Die von der deutschen Gewerbeordnung hinsichtlich von Verabredungen betreffend den Arbeitsvertrag aufgestellten Rechtsnormen lassen sich nicht analog auf solche Kartelle anwenden, welche nicht unter die Kategorie der gegen die Arbeiter gerichteten Kartelle fallen. Das bürgerliche Gesetzbuch für das Deutsche Reich erklärt zwar im § 138 ein Rechtsgeschäft, das gegen die guten Sitten verstößt, für nichtig, und eine gegen die guten Sitten verstoßende Handlung, wenn durch diese einem anderen vorsätzlich Schaden zugefügt wird, als ein Delikt (§ 826). Wie aber schon Menzel mit Recht bemerkt, ist, da die im ersten Entwurfe des B.G.B. enthaltene, gegen Verträge, welche wider die öffentliche Ordnung verstoßen, gerichtete Rechtsnorm beseitigt wurde, die Anwendbarkeit der Bestimmungen des B.G.B. auf Kartellverträge, Kartellbeschlüsse und Handlungen, die in Ausführung von Kartellbeschlüssen erfolgen, sehr fraglich. Für gänzlich unanwendbar halte ich sie trotzdem nicht. Kartellvereinbarungen und Kartellbeschlüsse von direkt wucherischem Charakter oder Handlungen, welche in Ausführung von Kartellbeschlüssen erfolgen, die in der nachweislichen Absicht gefaßt wurden, einen outsider zu Grunde zu richten, wären wohl auch als gegen die guten Sitten verstoßend, zu qualifizieren. Ich habe hierbei das bekannte Urteil des Reichsgerichtes vom 4. Februar 1897 in Angelegenheit des Kartells sächsischer Holzstofffabrikanten im Auge, das allerdings vor der Wirksamkeit des B.G.B. gefällt wurde und in dessen Begründung es heißt[22]): „Verträge der in Rede stehenden Art können somit vom Standpunkte des durch die Gewerbefreiheit geschützten allgemeinen Interesses nur dann beanstandet werden, wenn sich im einzelnen Fall aus besonderen Umständen Bedenken ergeben, namentlich, wenn es ersichtlich auf die Herbeiführung des tatsächlichen Monopols und wucherischer Ausbeutung der Konsumenten abgesehen ist, oder diese Folgen doch durch die getroffenen Vereinbarungen und Einrichtungen herbeigeführt werden.“ Diese Argumentation, die sich allerdings auf dem Prinzipe der Gewerbefreiheit aufbaut, könnte fraglos auch, insoweit es sich „um wucherische Ausbeutung von Konsumenten“ handelt, aus dem Gesichtspunkte der Wahrung der guten Sitten geführt werden[22a]). Allein das Anwendungsgebiet dieses Rechtssatzes ist unter allen Umständen ein sehr enges. Der Begriff der guten Sitten deckt sich mit allgemeinen sozialen und ethischen Anschauungen eines bestimmten Zeitalters, die im wesentlichen von den herrschenden Gesellschaftsschichten bestimmt werden. Ein, wenn auch einmütiges Urteil dagegen, daß die Wissenschaft, also ein engerer oder weiterer Kreis von Fachmännern, über den nachteiligen Einfluß eines bestimmten ökonomischen Phänomens auf das öffentliche Wohl oder auf die Entwicklung der Volkswirtschaft fällen würde, könnte — trotz der hohen, der Wissenschaft zuerkannten Stellung — dennoch heute noch keineswegs als ohne weiteres die allgemeinen sozialen und ethischen Anschauungen bestimmend angesehen werden. Die zit. Bestimmungen des B.G.B könnten also höchstens den Gerichten die Möglichkeit bieten, gegen Kartellausschreitungen allerstärkster Art ein Warnungszeichen aufzurichten. Daß aber damit das Problem, das uns beschäftigt, seiner Lösung nicht näher gerückt wäre, steht wohl außer Frage. Aus einer Erklärung des Ministers Brefeld ging hervor, daß im preußischen Handelsministerium ein Kartellgesetz in Vorbereitung stand; es ist mir nicht bekannt, ob diese Intention von seinem Amtsnachfolger geteilt wird.

Österreich ist, wie schon Menzel (a. a. O. S. 35) hervorgehoben hat, „der einzige (europäische) Staat, der eine ausdrückliche unzweideutige Rechtsnorm über die zivilrechtliche Wirkung von Kartellvereinbarungen“ erlassen hat. Dieselbe findet sich im Gesetze vom 7. April 1870 Nr. 43 R.G.Bl., dem sog. Koalitionsgesetze.

Durch § 1 dieses kurzen Gesetzes wurden die Bestimmungen des allgemeinen Strafgesetzes vom 27. Mai 1852, das u. a. Verabredungen

---

22) Vgl. die vom Bureau des österr. Industrie- und Landwirtschaftsrates (Vorstand Herr k. k. Sekr.-R. Dr. Karminski) verfaßten „Einleitenden Bemerkungen zur Beurteilung der in der Kartellfrage in Betracht kommenden Gesichtspunkte“, k. k. Hof- und Staatsdruckerei.

22a) Vgl. 138 Abs. 2 B.G.B.

von Gewerbsleuten, um den Preis einer Ware zum Nachteile des Publikums zu erhöhen oder um Mangel zu verursachen, als Übertretungen bestrafte, aufgehoben. Dagegen bestimmt dieses Gesetz im § 4, daß Verabredungen von Gewerbsleuten zu dem Zweck, um den Preis einer Ware zum Nachteile des Publikums zu erhöhen, keine rechtliche Wirkung haben. — Die übrigen Bestimmungen dieses Gesetzes, die sich auf Koalitionen zum Zwecke der Festsetzung günstigerer Bedingungen des Arbeitsvertrages für Arbeitgeber oder Arbeitnehmer beziehen, können hier außer Betracht bleiben.

Menzel hatte in seinem Referate die zitierte Bestimmung des österr. Koalitionsgesetzes dahin ausgelegt, daß alle Kartellverabredungen durch dasselbe getroffen werden. Solche Verabredungen hätten demnach keine rechtliche Geltung. Es sei nicht bloß das Klagerecht aus derartigen Verträgen versagt, sondern der Richter habe die genannten Verträge als null und nichtig zu behandeln, wann immer er in die Lage komme, sich mit ihnen kraft seines Amtes zu beschäftigen (a. a. O. S. 37). Die zum Zwecke der Garantie erfolgten Verabredungen von Konventionalstrafen seien nichtig; die bestellten Sicherheiten könnten zurückgefordert werden. Menzel hat den Wortlaut des Gesetzes nach jeder Richtung hin extensiv interpretiert; unter Gewerbsleuten seien nach der Absicht des Gesetzgebers alle Unternehmer zu verstehen: alle Arten von Kartellvereinbarungen, ob sie nun direkt oder indirekt oder auch äußerlich gar nicht auf die Festsetzung der Preise Bezug nähmen, seien alle Vereinbarungen zu dem Zwecke, um den Preis einer Ware zum Nachteile des Publikums zu erhöhen, anzusehen. Endlich seien auch die Worte des Gesetzes „zum Nachteile des Publikums" anwendbar bei jenen Kartellen, die nicht direkt genußreife Schlußprodukte, sondern Rohstoffe und Halbfabrikate erzeugen. — Diese extensive Interpretation des Koalitionsgesetzes ist von der österr. Judikatur in den seither zu ihrer Kognition gelangten Fällen acceptiert worden. Es sind im ganzen drei Entscheidungen höherer Instanzen bekannt geworden, von denen zwei vom obersten Gerichtshofe herrühren, während die dritte vom Oberlandesgerichte Wien gefällt und mangels Einlegung einer Revision rechtskräftig geworden ist. Es sind dies die Entscheidungen vom 20. Januar 1898 Z. 242, abgedruckt im Just.-Min.-Ver.-Bl. 1898 Nr. 1427 und in der Sammlung von Entscheidungen zum Handelsgesetzbuch von Adler und Friedländer unter Nr. 1987; ferner die Entscheidung vom 6. April 1899, abgedruckt im Just.-Min.-Ver.-Bl. Nr. 130, bei Adler und Friedländer unter Nr. 2073: und die Entscheidung des Wiener Oberlandesgerichtes vom 2. Juni 1900. Die erste Entscheidung bezieht sich auf ein Kartell der Oleumproduzenten, die zweite auf ein Federweißkartell, die Entscheidung des Oberlandesgerichtes auf das Kartell österr. Blech-Emailgeschirr-Fabrikanten. Das erste Kartell wäre als ein Gebiets- und Absatzkontingentierungskartell, das zweite als ein Produktionskartell mit Vertriebskartellierung durch ein gemeinsames Verkaufsbureau, das dritte als ein Absatz- und Gewinnkontingentierungskartell unter Übertragung des Verkaufes an eine Bank als Kommissionärin zu qualifizieren. Es sei mir gestattet, die wichtigsten Rechtssätze, welche diese Judikate feststellen, in kurzem vorzuführen. Alle diese Kartelle wurden als ungültig erklärt. Hierbei wurde ausgesprochen, daß solch eine ungültige Kartellverbindung nicht nur dem Publikum gegenüber, sondern auch zwischen den Mitgliedern des Unternehmerverbandes ohne rechtliche Wirkung sei. Zur Geltendmachung der Unwirksamkeit einer solchen Verabredung sei der Beweis nicht erforderlich, daß sich infolge derselben die Preise der betreffenden Ware wirklich erhöht hätten. Das im § 4 des Koalitionsgesetzes gebrauchte Wort „Gewerbsleute" umfasse auch jene gewerbsmäßigen Produzenten, welche über den Rahmen eines handwerksmäßigen Betriebes hinaus fabriksmäßig Waren erzeugen. Von allgemeinem Interesse sind ferner folgende in den Entscheidungsgründen ausgesprochene, die Rechtsanschauung der österr. Obergerichte kennzeichnenden Sätze: Es sei gleichgültig, ob die Verabredung ausdrücklich darauf gerichtet sei, die Preise der Waren zu erhöhen, oder nicht. Vielmehr müsse ohne Rücksicht auf die im Vertrage ausgedrückte Absicht geprüft werden, ob aus den von den Mitgliedern der Vereinigung übernommenen gegenseitigen Verpflichtungen und aus den vorangegangenen Verabredungen und Besprechungen die Absicht, den Preis der Ware zum Nachteile des Publikums zu erhöhen, indirekt zu erschließen sei. Es genüge, daß die Preiserhöhung als letztes Ziel in Aussicht genommen werde, und dies sei zu supponieren, wenn die Absicht, durch Vereinigungen aller oder möglichst vieler Industriellen den Konkurrenzkampf zu beseitigen oder zu beschränken und den ganzen Betrieb zu monopolisieren, erweislich sei. Für die Anwendung des Gesetzes sei es gleichgültig, ob die betreffende Ware ein Bedarfsartikel des täglichen Lebens ist, oder nicht; es genüge vielmehr, daß es sich um Waren handle, deren Preiserhöhung dem Publikum fühlbar werden kann, also um Güter, die als Hilfstoffe, oder als fertige Produkte von dem Publikum gebraucht werden. Auch die Verteuerung eines Hilfstoffes könne eine Preiserhöhung zum Nachteile des Publikums herbeiführen, indem dieselbe wieder die Preise der Ware erhöhe, zu deren Erzeugung der Hilfstoff gehört. Eine Verteuerung der Ware sei stets von der Folge begleitet, daß der Käufer, das Publikum, die Kosten dieser Verteuerung tragen müsse, also dadurch benachteiligt erscheine. Der Begriff der Benachteiligung könne daher nicht darauf beschränkt werden, daß eine Gefährdung im Bezuge der Waren oder eine empfindliche Bedrückung resultieren müsse. Wenn hervorgeht, daß der letzte Zweck eines solchen Übereinkommens auf eine Preiserhöhung gerichtet sei, die das kaufende Publikum zu tragen habe, so seien jene Voraussetzungen gegeben, unter denen nach dem Koalitionsgesetze einer Verabredung die rechtliche Wirkung entzogen sei. (Entscheidung Nr. 2073.)

Auch die Entscheidung Nr. 1987 erklärt es als unentscheidend, ob ein Kartell tatsächlich die Wirkung habe, daß der Preis der Ware für das Publikum erhöht worden ist; denn das Gesetz fordere dies nicht, um eine solche Verabredung als rechtlich unwirksam hinzustellen. Es reiche vielmehr die Möglichkeit aus, daß infolge eines solchen Kartells die Preise sich für das Publikum ungünstig gestalten können.

Endlich erklärt die zit. Entsch. des Oberlandesgerichtes Wien als nichtig auch das mit der Vertriebsstelle eines Kartells abgeschlossene Übereinkommen, selbst wenn die Vertriebsstelle hierdurch formell den Charakter eines Kommissionärs erhalte, sofern sie jedoch nach dem Inhalte der Vereinbarung jene Maßnahmen durchzuführen habe, die zur intendierten Preiserhöhung und zur Ausschließung des freien Wettbewerbs dienen sollen. Ein solcher Vertrag sei dann eben nicht als ein Kommissionsvertrag zu qualifizieren, wenn die kartellierten Fabrikanten die Festsetzung der Verkaufspreise und der Verkaufsbedingungen der Verkaufsstelle überlassen, so daß dieselbe die Stellung eines Leiters des Kartellverbandes erhalte.

Abgewiesen wurde demnach mit der Entsch. Nr. 1987 der Klageanspruch auf Leistung einer im Kartellvertrage stipulierten Gewinnentschädigung; mit dem Urteile Nr. 2073 der Feststellungsanspruch, daß der Kartellvertrag zu Recht bestehe, während mit dem zitierten Erkenntnis des Oberlandesgerichtes dem Feststellungsanspruche, daß die Kartellvereinbarungen nicht zu Recht bestehen und unverbindlich seien, stattgegeben wurde.

Die österr. Judikatur interpretiert demnach das Koalitionsrecht in einer Weise, die den österr. Kartellen den Rechtsboden vollständig entzieht. Da nun die österr. Zivilprozeß-Ordnung vom 1. August 1895 R.G.Bl. 113 § 595 einen Schiedsspruch für wirkungslos erklärt, wenn er gegen zwingende Rechtsvorschriften verstößt, und gemäß § 598 auf die Anwendung dieser Bestimmung von den Parteien nicht verzichtet werden kann, so können die österreichischen Unternehmer ihren Kartellverträgen auch dadurch nicht rechtliche Wirkung verleihen, daß sie bezüglich der Streitigkeiten aus denselben auf die Entscheidung durch ein Schiedsgericht kompromittieren; was allerdings trotzdem ganz regelmäßig der Fall ist. Zu erwähnen ist endlich noch die Bestimmung des Einführungsgesetzes zur Zivilprozeß-Ordnung. Gesetz vom 1. August 1895 R.G.Bl. 112 Art. 23, welchen einen auf ein Börsenschiedsgericht kompromittierenden Schiedsvertrag für mittels Nichtigkeitsbeschwerde anfechtbar und ungültig erklärt, wenn der Beschwerdeführer den Schiedsvertrag mit Rücksicht auf die von Mitgliedern eines Unternehmerverbandes (Kartell) getroffene Verabredung eingegangen ist, wonach die für seine gewerbliche Produktion erforderlichen Stoffe, Werkzeuge und sonstige Hilfsmittel im inländischen Verkehre nur unter der Bedingung veräußert werden sollen, daß sich der Käufer in Ansehung der aus dem Geschäfte entspringenden Streitigkeiten einem Börsenschiedsgericht unterwerfe; auf die Geltendmachung dieser Ungültigkeit kann vor Beginn der schiedsgerichtlichen Verhandlung nicht wirksam verzichtet werden. — Trotz dieser strengen Bestimmungen des österr. Rechtes existiert aber in Österreich, wie erwähnt, eine große Anzahl von Kartellen, deren Organisation und Wirksamkeit in keiner Weise jener der deutschen Kartelle nachsteht. Ja, es könnte sogar den Eindruck machen, als ob so außerordenlich strenge Bestimmungen, wie sie manche österr. Kartellverträge enthalten, zumindest von manchen Mitgliedern des Verbandes eben nur mit der reservatio mentalis eingegangen werden, da sie an dieselben im äußersten Falle rechtlich nicht gebunden seien. Die Kartelle erhalten sich teils dadurch, daß sie den Verbandsmitgliedern Vorteile gewähren, teils durch den großen Einfluß, den die kaufmännische Ehre und die eingewurzelte Gewohnheit, am gegebenen Worte festzuhalten, auf die Verbandsteilnehmer übt: mitunter aber nur insolange, als nicht Existenzinteressen ins Spiel kommen. Bestimmungen, wie die des österr. Rechtes könnten daher nur dann wirksam werden, wenn sie im Wege einer Popularklage auch von outsiders angerufen werden könnten, und auch dann wäre ihre Wirkung bloß darauf beschränkt, daß der Kartellverband in solenner Weise als nichtig erklärt wird; was jedoch keineswegs in sich schließt, daß er sich auch tatsächlich auflöst.

Auch die Bestimmungen des französischen Rechtes haben die Entstehung und Wirksamkeit von Kartellen nicht zu verhindern vermocht. Es kommen hier in Betracht die bekannten Artikel 419 Code pénal und Art. 1131 und 1133 des Code civil. Art. 419 des Code pénal bedroht mit Gefängnis von einem Monat bis zu einem Jahre und Geldstrafe von 500 bis 10,000 Frcs. diejenigen, welche ...... durch Verabredung oder Vereinbarung zwischen den hauptsächlichen Innehabern derselben Waren oder Lebensmittel zu dem Zwecke, sie nicht oder nur zu einem bestimmten Preise zu verkaufen, eine Steigerung des Preises von Lebensmitteln oder Waren herbeigeführt haben. Art. 1133 des Code civil erklärt eine Vereinbarung für ob turpem causam abgeschlossen, wenn sie den guten Sitten, oder der öffentlichen Ordnung zuwiderläuft. Art. 1131 entzieht solchen Verabredungen jede rechtliche Wirkung. — Obwohl diese Bestimmungen des französischen Rechtes, falls sie in ähnlicher Weise von den Gerichten ausdehnend interpretiert würden, wie die des österreichischen Koalitionsgesetzes, genügen würden, um auch den Rechtsbestand der französischen Kartelle in Frage zu stellen, so haben sie doch keine praktische Bedeutung, da, wie Menzel hervorhebt, durch Bestellung von Kautionen und Unterstellung des Kartells unter die handelsrechtlichen Gesellschaften dem Kartellvertrage trotz dieser Rechtsnormen die praktische Geltung verschafft werden kann. Das Gesetz vom 21. März 1884 betreffend die gewerblichen Berufsgenossenschaften (syndicats professionels) bildet übrigens eine rechtliche Grundlage für die Kartelle, die sich in Form solcher Syndikate konstituieren.[23]) Was das englische Recht betrifft, so beginnt der Kampf der Juristen gegen Monopole und Beschränkungen der Handelsfreiheit (restraint of trade) bereits zu Beginn des 17. Jahrhunderts; im Jahre 1602 wurden durch eine gerichtliche Entscheidung königl. Patente, die unter Elisabeth in großer Zahl ergangen waren und Individuen und Gesellschaften als Belohnungen für geleistetete Dienste Monopolrechte verliehen, für nichtig erklärt. Ein Gesetz vom Jahre 1623 (20, James I. Ch. 2) bestimmte, daß alle Monopole, die eine allgemeine Beschränkung der Handelsfreiheit begründen, mögen sie nun auf Verleihung oder Vereinbarung beruhen, den Gesetzen des Königreichs widerstreiten, nichtig und ohne Rechtswirkung und in keiner Weise zur Ausführung zu bringen seien. Ein Gesetz Georgs III. (28 Georg III. Ch. 53) bestimmte, daß eine Vereinigung von fünf oder mehr Personen für den An- und Verkauf von Kohle ungesetzlich und strafbar sein solle. Die Gerichte hielten daran fest, daß die Begründung eines Monopols gegen das gemeine Recht verstoße, u. z. wurde erklärt, daß, um ein Monopol im gesetzlichen Sinne zu begründen, es nicht notwendig sei, sich die Verfügung über die Gesamtmenge des betreffenden Produktes oder auch nur über den größeren Teil derselben zu sichern. Es genüge, „daß sich die Vereinbarungen auf eine solche Quote erstreckten, daß es den Besitzern möglich sei, den Preis zu einer bestimmten Zeit und an einem bestimmten Ort nach ihren Bedürfnissen

[23]) Vgl. hierzu auch die „Einleitenden Bemerkungen" des österr. Industrierates.

zu erhöhen". Noch im Jahre 1800 wurde diese Doktrin von Lord Kenyon einer als leading case angesehenen Entscheidung zu Grunde gelegt. Im Laufe des 19. Jahrhunderts wurden aber die gegen Vereinigungen von Unternehmern und Kaufleuten gerichteten Grundsätze des Statute Law beseitigt durch ein Gesetz von 1845 (7 & 8, Victoria. Ch. 24). Was die Rechtsprechung der Gerichte betrifft, so beschränkten sie sich in der zweiten Hälfte des 19. Jahrhunderts darauf, nur solche Vereinbarungen als nichtig zu erklären, welche auf einen general restraint of trade abzielen, das heißt, die Konkurrenz völlig ausschließen und ein, an keine bestimmte örtliche Grenze gebundenes, also allgemeines Monopol begründen.[24])

Die Anti-Trust-Gesetzgebung von Nordamerika endlich zeichnet sich bekanntlich durch den Reichtum an zivilrechtlichen Verboten und die Schärfe der strafrechtlichen Sanktionen aus, mit denen sie gegen Trusts, Monopole und restraint of trade zu Felde zieht. Seit der „Interstate Commerce Act" vom 4. Februar 1887, die sich hauptsächlich gegen das „Pooling of freights" (Frachtkartelle) der Eisenbahnen kehrte, und dem generell gegen Kartelle und Trust gerichteten, als Anti-Trust-Akte bekannten Bundesgesetz vom 2. Juli 1890 (An Act to protect trade and commerce against unlawful restraints and monopolies), das ergänzt wurde durch Bestimmungen des Bundesgesetzes vom 15. August 1894 (An Act to reduce taxation etc. § 73 ff.), worin insbesondere Kartelle und kartellartige Vereinbarungen zwischen Importeuren von Gütern nach Nordamerika zivilrechtlich als nichtig und strafrechtlich als „misdemeanour" erklärt wurden: haben 27 Staaten und Territorien besondere Anti-Trusts-Gesetze erlassen; 15 Staaten besitzen Bestimmungen in ihrer Verfassung, welche das gleiche Ziel verfolgen, von diesen haben vier keine Spezialbestimmungen erlassen.[25]) Was nun den Effekt dieser hypertrophischen Gesetzgebung betrifft, die sich allerdings aus der eigenartigen Kompetenzabgrenzung zwischen Bund und Einzel-Staaten erklärt, so muß, wenn man von der schon erwähnten Erscheinung absieht, daß die früheren eigentlichen Trusts sich seither zu einheitlichen Riesen-Aktien-Gesellschaften umgebildet haben, die folgende Äußerung Beachs (a. a. O.

[24]) Siehe die Darstellung der englischen Gesetzgebung und Judikatur über Monopole und restraint of trade bei Beach a. a. O. S. 9 ff. Vgl. ferner Steinbach a. a. O. S. 480. Der „leading case" der modernen engl. Judikatur in solchen Fragen ist Mogul Steamship Company v. Mc. Gregor Gow & Co., 1892. Appeal Cases, 25 (Lord Halsbury).

[25]) Vgl. Einleitung zu der bereits zitierten Zusammenstellung der U. S. Industrial Commission.

S. 600) wohl einigermaßen skeptisch stimmen. „In einigen Staaten", sagt er, „sind Gesetze erlassen worden, die alle Vereinigungen, welche die Begründung eines Monopoles oder die Erhöhung oder Aufrechterhaltung von Preisen durch Beseitigung des Wettbewerbs zum Gegenstande haben, in wirksamer Weise unterdrücken, während in andern Staaten die Anti-Trust-Gesetzgebung eine Komödie war (has been of the nature of a farce). Der Zweck war hier, das Drängen des Volkes zu stillen, ohne jedoch die Praktiken der Trusts wirklich zu behindern. Aber alle Anzeichen sprechen dafür, daß die Zeit herankommt, wo die Entrüstung des Volkes über solche Verbände eine so laute Sprache finden wird, daß auch feile und käufliche Gesetzgeber es nicht geraten finden werden, sie zu überhören." Zu den Gesetzen, die Beach als „farce" bezeichnet, gehören wohl auch diejenigen, deren Bestimmungen soweit gehen und so scharf sind, daß man sie nicht anwenden kann, ohne überhaupt allem Handel und aller Sicherheit in Bezug auf Verträge ein Ende zu machen, Nicht alle Einzel-Staatsgesetze sind übrigens generelle Anti-Trust-Gesetze. Das Gesetz von Alabama z. B. bezieht sich bloß auf Frachten- und Versicherungskartelle; Colorados Verfassung verbietet bloß Eisenbahnverbände; Kansas dagegen nennt unter den verbotenen Kartellvereinbarungen sogar auch solche, die auf eine Erhöhung der Advokaten- und Ärzte-Honorare abzielen; Nord-Karolina verbietet unter anderm — sehr zweckmäßiger Weise! — auch die Herabsetzung der Preise unter die Produktionskosten, in der Absicht, die Konkurrenz zu vernichten. Nicht unter das gesetzliche Verbot fallen: a) Kartelle betreffend landwirtschaftliche Produkte und Vieh, solange sie in den Händen der Züchter und Produzenten sind: In Georgia, Illinois, Indiana, Lousiana, Michigan, Mississipi, Montana, Nord-Carolina, Tennessee und Texas; b) Vereinigungen von Arbeitern zur Erzielung besserer Arbeitsbedingungen: in Illinois, Louisiana, Michigan, Mississipi, Montana, Nebraska, Süd-Dakota, Texas und Wisconsin; c) Versicherungskartelle in großen Städten (über 100 000 Einwohner) in Missouri; d) Kartelle in einer Reihe der wichtigsten Industrien (!) in Nord-Carolina. Übertretungen dieser Gesetze werden strafgesetzlich erklärt als misdemeanour, Conspiracy against trade oder Conspiracy to defraud; die Strafdrohungen sind von einer oft ganz sinnlosen Härte: Gefängnis bis zu zehn Jahren (!) event. nebst Geldstrafe wird z. B. angedroht von Arkansas, Indiana, Nord-Carolina, Süd-Carolina, Nord-Dakota, Tennessee und Texas; Minnesota setzt als Mindeststrafe drei Jahre fest. Solche Strafdrohungen müssen natürlich, da die Schuldigen gewöhnlich zu den wohlhabenden und einflußreichen Klassen gehören, schon vermöge ihrer Härte alle Wirksamkeit einbüßen. Interessant sind die Bestimmungen, welche einige dieser Gesetze über „Affidavits“ enthalten, eidesstättige Erklärungen, welche die leitenden Organe von Aktien-Gesellschaften, in deren Namen, sei es regelmäßig, sei es auf Verlangen des staatlichen Funktionärs (in der Regel des Attorney-General oder Staatssekretärs) ausstellen müssen, des Inhalts, daß die betreffende Korporation in keiner Beziehung zu den Trusts stehe. Solche Affidavits verlangen die Gesetze von Arkansas, Illinois, Maine, Missouri, Süd-Carolina, Wisconsin. Die Weigerung, das Affidavit auszustellen, zieht für die betreffende Gesellschaft in der Regel den Verlust der Korporationsrechte (der charter) nach sich. Der Inhalt dieser eidesstättigen Erklärung ist vom Gesetze vorgeschrieben und in der Regel so umfassend und weit, daß ihn kaum jemals der Direktor einer größeren Gesellschaft mit gutem Gewissen unterschreiben kann. Diese Bestimmungen sind aber deshalb von Interesse, weil sie prinzipiell das Recht des Staates aussprechen, die Zugehörigkeit zu einem Kartellverband unter seine Kontrolle zu stellen; in praxi dürften sie allerdings wohl zu jenen gehören, die Beach als „farce“ bezeichnet. Es braucht wohl nicht betont zu werden, daß all diese Gesetze die Kartell-Vereinbarungen und Beschlüsse auch als nichtig (illegal and void) erklären, wobei sie im Stile englischer Gesetzgebungstechnik mitunter in eine Detailschilderung der Kartellformen ausarten, die gerade deshalb der Findigkeit amerikanischer Unternehmer und der Mannigfaltigkeit der Lebensverhältnisse gegenüber ihre Wirkung versagen muß. Nebst diesen Gesetzen, welche das Statute law in Bezug auf Kartelle repräsentieren, stehen aber dem amerikanischen Volke auch mächtige Waffen des Common law gegen die Trusts zur Verfügung. Es sind dies der Writ of quo Warranto und die Injunction. Mit dem Writ of quo Warranto kann allerdings nur der Staat operieren; Injunctions können auch auf Betreiben von Privaten bewilligt werden. Der Writ of quo Warranto ist ein Rechtsmittel, durch welches die Rechtsbeständigkeit eines Privilegiums, einer Charter, einer franchise, angefochten werden kann. Da die Rechtspersönlichkeit von Korporationen nach englischer Anschauung Ausfluß einer speziell gewährten Charter oder allgemein durch das Gesetz zugebilligten franchise ist, so kann durch einen im Namen des Commonwealth mittels Writ of quo Warranto eingeleiteten Prozeß die juristische Persönlichkeit einer Korporation, deren Gebaren über die Grenzen ihrer gesetzlich oder statutarisch festgesetzten Handlungsfähigkeit hinausgeht, „ultra vires“ ist, oder gegen das öffentliche Wohl, die public policy, verstößt, in Frage gestellt werden. Der Writ of quo Warranto ist daher, wie sich ein amerikanischer Jurist ausdrückt, eine tötliche Waffe, denn er vernichtet, wenn ihm stattgegeben wird, die juristische Existenz der betreffenden Korporation. Mittels eines solchen Verfahrens ist seinerzeit der Zucker-Trust vernichtet worden. Ein minderes Rechtsmittel stellt die Injunction dar. Sie ist gegen bestimmte Handlungen eines Verbandes gerichtet und begründet, wenn ihr stattgegeben wird, das Verbot solcher Handlungen. Eine Übertretung dieser Injunction zieht aber nicht die Vernichtung der betreffenden Korporation, sondern lediglich jene Sanktionen nach sich, welche das englische Recht auf Handlungen setzt, die einem Contempt of the Court begründen.

Auch die wohlwollende Beurteilung der amerikanischen Trust-Gesetzgebung beschränkt sich in der Regel darauf, als wohltätige Wirkung derselben hervorzuheben, daß sie die Trusts aus unkontrollierbaren Verbandsformen in die Form von zur öffentlichen Rechnungslegung verpflichteten einheitlichen Aktiengesellschaften hinübergeführt haben; ich bringe freilich diesem Urteil eine gewisse Skepsis entgegen, die sich gründet auf die bereits gekennzeichneten Begleiterscheinungen der neuesten amerikanischen Trusts: die ungeheure Überkapitalisierung, die Agiotage, und die vollständige Niederdrückung jeder Widerstandskraft durch die Macht des Riesenkapitals, das in diesen Vereinigungen arbeitet. Von diesen zweifelhaften Effekten abgesehen, hat aber, wie allgemein bekannt, die amerikanische Gesetzgebung trotz des reichen Arsenals von Waffen keine praktische Wirkung geübt; und das scheint mir ein entscheidender Beweis dafür zu sein, daß, wie schon Menzel in seinem Referate aus überzeugenden Gründen nachgewiesen hat, durch die Mittel der Zivil- und Strafgesetzgebung dem Kartellprobleme nicht beizukommen sei. Menzel hat damals die Forderung verwaltungsrechtlicher Regelung der Unternehmerverbände aufgestellt und begründet, und die beiden gesetzgeberischen Versuche, welche seither in Europa gemacht wurden, sind ihm auf diesem Wege gefolgt: nämlich der österreichische Regierungsentwurf von 1897/98 und der Referentenentwurf des österreichischen Industrierates.

VI.

Wenn wir den Gründen, aus denen die Unwirksamkeit bloß zivil- und strafrechtlicher Regelung dieser Materie gefolgert wird[26]) und die, geprüft an der obigen Darstellung des heutigen rechtlichen und faktischen Zustandes, sich auch praktisch als beweiskräftig erweisen, selbst wieder auf den

---

[26]) Vgl. z. B. Menzel S. 41 ff.: Unwirksamkeit der Verweigerung des Privatrechtsschutzes dort, wo die Beteiligten freiwillig erfüllen; Rücksicht auf die kaufmännische Ehre und den gesellschaftlichen Ruf; Unanwendbarkeit von Strafbestim-

Grund gehen, so ergibt sich als letzte und tiefste Ursache des Versagens dieses sonst wirksamen Apparates jene Wesenseigentümlichkeit der Kartelle, die ich als das Endresultat meiner ökonomischen Kritik dieser Erscheinung aufgezeigt habe. Die Kartelle sind nämlich nichts, was den Grundlagen oder Entwicklungstendenzen unserer Rechts-, Wirtschafts- oder Gesellschaftsordnung widerspräche; sie sind aus derselben ganz organisch unter dem Drucke eines eisernen ökonomischen Prozesses herausgewachsen; sie stellen die Anpassung einer auf Vertragsfreiheit und kapitalistischer Verfügung des einzelnen Unternehmers über die Produktionsmittel beruhenden Massenproduktion an einen Zustand dar, wo aus Gründen, die hier zu erörtern nicht Raum ist, die Steigerung der Produktivität zur Verringerung der Rentabilität und selbst zu Absatzkrisen führt; wo immer mehr Völker in die Phase industriell hoch entwickelter Staaten eintreten, die Weltproduktion daher immer größer, der neutrale Weltmarkt, das allen gemeinsame Absatzgebiet, aber immer enger wird. Kartelle, Kolonialpolitik, Imperialismus, der Kampf um die Herrschaft zur See sind verschiedene Seiten desselben Entwicklungsprozesses, selbstverständlich auch der immer weiter vordringende Protektionismus; und den Kartellen daher etwa durch temporäre oder partielle Rückkehr zum Freihandel den Boden abgraben wollen, würde bedeuten, in einer bestimmten, historisch bedingten und abgegrenzten Phase der wirtschaftlichen Entwicklung Mittel zur Anwendung zu bringen, die einer anderen Phase angehören, es wäre ein im Bereiche der praktischen Politik stets aussichtsloser Versuch, auf einen geschichtlich gegebenen Zustand einzuwirken, indem man sich außerhalb desselben stellt. Ist das Schutzzollsystem irgendwo überlebt, bedarf die Volkswirtschaft seiner nicht mehr, so müßte es ohne Rücksicht auf die Kartellbildung dem Freihandel Platz machen; ist dem nicht so, so ist es eine Illusion, daß man um der Kartelle willen den Protektionismus vollständig oder partiell beseitigen könnte: es sind ja Blüten von demselben Stamme.

Wenn auf dem Boden dieser höchst realen und einheitlichen Entwicklung der Unternehmer, der sie zwar in ihrer gegenseitigen Bedingtheit keineswegs übersieht, aber fühlt oder berechnet, daß er bei Geltendmachung seiner Individualfreiheit im Wettbewerbe zu Grunde ginge oder schlechter führe, auf diese letztere freiwillig Verzicht leistet und sich damit, wenn auch unbewußt, einem Prozeß anpaßt, der sich mit ihm oder gegen ihn,

mungen: denn sind sie zu weit, das ist gegen jede Unternehmerkoalition gerichtet, so sind sie ungerecht und praktisch unanwendbar; sind sie bloß gegen Kartelle gerichtet, die auf Ausbeutung des Publikums oder Monopolisierung eines Erwerbszweiges ausgehen, dann unterstellen sie das wirtschaftliche Leben der Kognition des Richters.

über seine Existenz hinweg oder — wenn er der Stärkste ist — vielleicht zu seinen Gunsten durchsetzen würde; wenn er in der Einsicht handelt, daß er nur in der Vereinigung mit anderen jene Macht repräsentiert oder an einer solchen Machtorganisation teilnimmt, die das genügende Maß von Kraftwirkung ausüben kann, um nach dem Stande der volkswirtschaftlichen Entwicklung seines Landes und der Welt in dem betreffenden Zeitpunkte und in dem betreffenden Produktionszweige sich zur Geltung zu bringen; so erkennen wir sofort, daß wir bis zu diesem Punkte an den Entschluß des Unternehmers nicht jenes Richtmaß sittlicher Erwägungen anlegen können, welches die Voraussetzung für eine Strafsanktion bilden könnte: denn dasjenige was ist, weil und insofern es geschichtlich notwendig ist, läßt sich nicht mit Aussicht auf Erfolg dem Strafrecht unterstellen.

Aber nicht einmal mit jenem Maßstabe öffentlichen, allgemeinen Interesses, das den Erlaß einer zwingenden Rechtsnorm — z. B. unbedingter zivilrechtlicher Unverbindlichkeit — rechtfertigt, können wir an diese Erscheinung herantreten, die aus eben denselben Wurzeln entspringt, aus denen sich die ökonomische Struktur unseres modernen Gemeinwesens überhaupt entwickelt hat. Ein Zeitalter, in dem ein Einzelunternehmer von der ökonomischen Macht eines Krupp oder eine Industriegesellschaft von der Größe beispielsweise der Allgemeinen Elektrizitäts-Gesellschaft als der Höhepunkt und das Ergebnis einer normalen, weder gegen die herrschenden Anschauungen von Sittlichkeit, noch gegen das allgemeine, im Privatrechte sich verkörpernde Interesse, verstoßenden Entwicklung erscheint: das kann auch in der Vereinigung mehrerer Unternehmer, die zusammen jene Macht besitzen, um sich einer solchen Einzelmacht gegenüber vielleicht eben nur behaupten zu können, und die gemeinsam natürlich dieselbe Wirtschaftspolitik verfolgen, wie der Riesenunternehmer allein, prinzipiell weder etwas Unsittliches, noch gegen das allgemeine Interesse Verstoßendes erblicken, das die Unterstellung unter eine Strafsanktion oder ein unbedingtes zivilrechtliches Verbot rechtfertigen würde: vorausgesetzt, daß wir vom Standpunkte der herrschenden Gesellschafts- und Wirtschaftsordnung, nicht aber von jenem ihrer grundsätzlichen Kritiker ausgehen.

Freilich, das hindert nicht, daß wir die Ausschreitungen der Kartelle — siehe z. B. Zuckerkartell — als unsittlich bekämpfen. Allein, und das ist symptomatisch: daß wir eben die Ausschreitungen der Kartelle als unsittlich, als gegen das öffentliche Interesse verstoßend, empfinden, gestattet schon den Rückschluß, daß wir die Existenz und Funktion der Kartelle an sich und allein nicht mehr in dieser Weise beurteilen können, wie dies z. B. ein früheres Zeitalter tat, das aus seiner wirtschaftlichen

Struktur und Erfahrung heraus schon die Tatsache der Vereinigung mehrerer Unternehmer zum Zwecke gemeinsamer Preisbildung als ein gegen die Sittlichkeit und gegen das öffentliche Interesse verstoßendes Unternehmen erachten konnte und sich dagegen durch Straffanktionen und Dispositionen zwingenden Rechts schützte.

Damit ist die Unanwendbarkeit unbedingter zivil- und strafrechtlicher Repression auf die Kartelle als solche, als wirtschaftliche Institution, gegeben.

Aber wie läßt sich das positive Postulat verwaltungsrechtlicher Regelung der Kartelle, ihrer Unterstellung unter die Aufsicht und, wie auch gefordert wird, unter die Ingerenz der Staatsverwaltung in Bezug auf ihre Geschäftspolitik begründen?

Steinbach hat in seiner jüngst veröffentlichten geistvollen Abhandlung „Government Control of Trusts“ eine vielfach Neues bringende Übersicht über die Äußerungen, mit denen das Rechtsgefühl und Rechtsbewußtsein zu allen Zeiten auf monopolistische Bestrebungen reagierte, gegeben. Die Frage speziell monopolistischer Preispolitik sei kaum jemals eindringlicher geprüft worden, als im Rahmen der kanonistischen Lehre vom justum pretium. Steinbach zitiert einen bemerkenswerten Satz des Kardinals Joannes de Lugo in seinen „Disputationes de justitia et de jure 1642, des Inhalts, daß, wann immer der Staat dem Handelsmanne ein Monopol gewährt, ein mäßiger Verkaufspreis für die betreffende Ware festgestellt werden müsse, „damit die Verkäufer einen mäßigen Gewinn ohne Beeinträchtigung des gemeinen Besten ziehen könnten.“ Steinbach schließt daraus, daß die Befürchtungen vor monopolistischen Gelüsten und das Verlangen nach staatlicher Remedur nichts unserem Jahrhundert Eigentümliches sind, sondern weit zurückgreifen. Aber er selbst lenkt die Aufmerksamkeit auf die tiefgehende Verschiedenheit der ökonomischen, sozialen und nationalen Lebensverhältnisse unserer Zeit.

In der Tat, warum und inwieweit vermag der monopolistische Charakter der Verbände staatliche Eingriffe, in welcher Form immer — also auch in jener verwaltungsrechtlicher Regelung — zu rechtfertigen, in einer Wirtschaftsordnung, wo auch der einzelne Privatunternehmer eine Monopolstellung zu erringen vermag; wo die Riesen-Aktienunternehmung zur öffentlichen Rechnungslegung nur insofern verpflichtet ist, als sie im Interesse ihrer Gläubiger und Aktionäre eine ordnungsmäßige Geschäftsgebarung ausweisen muß, aber keineswegs verpflichtet ist, nachzuweisen, daß sie auch den öffentlichen Interessen Rechnung trägt.

Man kann die Tarifhoheit des Staates über die Eisenbahnen, das oft gebrauchte Argument, nicht als entscheidend ansehen, denn sie beruht auf der Tatsache des den Eisenbahnen bei ihrer Gründung verliehenen, teils rechtlichen Monopols, teils anderer Rechte und Befugnisse (Konzession, Expropriationsrechte). Auf den öffentlichen Gewässern, insbesondere internationalen Strömen, kann sich gleichfalls ein tatsächliches Verkehrsmonopol entwickeln, ohne daß dem Staate, obwohl ebenso wichtige volkswirtschaftliche Interessen in Frage kommen mögen, das Recht der Tarifhoheit zustände.

Es ist nun allerdings ein heute allgemein anerkannter Grundsatz, daß der Staat die wirtschaftliche Freiheit dann und dort einschränken und einer besonderen Regelung unterwerfen kann, wo der Einzelne seine Interessen, die mit allgemeinen Interessen zusammmenfallen, gegen wirtschaftlich kräftigere Interessenten vermittels der Vertragsfreiheit nicht genügend wahren kann. Auf diesem Grundsatze beruht die staatliche Regelung des Arbeitsvertrages, die Aufsicht über den Fabrikbetrieb usw.

Allerdings die Anwendung dieses Grundsatzes müßte zu einer Ingerenz des Staates auf die Geschäftspolitik nicht bloß der Kartelle, sondern vielmehr auch jener Einzelunternehmungen führen, die eine solche wirtschaftliche Macht besitzen, daß ihre Preis- und Geschäftspolitik den Markt beherrscht. Diese weitergehende Forderung ist von mehreren Seiten gestellt worden. Wittelshöfer in seiner Kritik des österr. Regierungsentwurfes (Archiv für soziale Gesetzgebung und Statistik XIII S. 144) verlangt die Schaffung eines Monopol- und Kartellamtes, welches „von Amts wegen oder auf Antrag irgend eines Interessenten verpflichtet wäre, zu untersuchen, ob eine Unternehmung als faktisches Monopol betrieben wird.“ „Alle Vereinigungen oder sonstigen vom Amte als monopolistisch erkannten Betriebe wären der Ingerenz des Amtes unterworfen.“[27]) In dieser Forderung ist der Einheitlichkeit des wirtschaftlichen Tatbestandes Rechnung getragen. Aber andererseits schränkt Wittelshöfer den Umfang der Ingerenz, die das Kartellamt üben soll, auf die Kontrolle der geschäftlichen Tätigkeit der monopolistischen Unternehmung ein. Eine repressive Tätigkeit des Amtes, „ein direktes Eingreifen desselben in die geschäftliche Tätigkeit der seiner Kontrolle unterworfenen Unternehmungen wäre wenigstens vorläufig nicht in Aus-

[27]) Schon Pohle a. a. O. S. 138 hatte diese Forderung gestellt. Eine besondere Behörde hätte festzustellen (z. B. auf Grund von Gutachten der Handelskammern), ob in dem Falle einer Fusion, Verschmelzung usw. die Gefahr der Monopolisierung der betreffenden Warengattung vorliegt. Bejahendenfalls wäre die Einzelunternehmung in gleicher Weise dem staatlichen Aufsichtsrechte zu unterwerfen, wie die Kartelle. Vgl. auch den österr. Referentenentwurf w. u.

sicht zu nehmen" (S. 146). Wittelshöfer wollte ein Gesetz gegen Monopole, nicht ein Gesetz gegen Kartelle. Dieser viel zu früh verstorbene Schriftsteller stand als Forscher und Kritiker der heutigen wirtschaftlichen und sozialen Zustände weit auf der linken Seite. Darin nun, daß selbst er seine Forderung auf die staatliche Kontrolle monopolistischer Unternehmungen beschränkte und „vorläufig" von einer Repressionspolitik absah, sprach sich bei ihm, dem aus der Praxis des Wirtschaftslebens hervorgegangenen Sozialpolitiker, die Überzeugung aus, daß er mit seiner Forderung, wenn er die letzten Konsequenzen daraus zöge, sich vom Boden der herrschenden Wirtschaftsordnung, also von der Realisierbarkeit allzuweit entfernen würde. Denn, da die heutige Wirtschaftsentwickelung dahin geht, monopolistische Betriebe und Vereinigungen zu schaffen, so ergibt sich, wenn dieselben einer positiven obersten Ingerenz des Staates unterstellt werden sollen, als notwendige Konsequenz, daß über kurz oder lang der Staat die Preis- und damit auch die ganze Geschäftspolitik der auf die Erzeugung von Massengütern eingerichteten Produktionen beherrschen würde. Das wäre aber ein Zwischenzustand, dessen Übelstände alsbald zur Vergesellschaftung der Produktionsmittel, zur Verstaatlichung der Produktion führen müßten. Auch diese Forderung wird, z. B. betreffs der Kohlenproduktion bereits erhoben. Ich glaube jedoch, daß wir nur dann Aussicht haben, zu einer wirksamen rechtlichen Regelung des Kartellwesens zu gelangen, wenn schrittweise vorgegangen wird. Allzuweit gesteckte Ziele führen zu Gesetzentwürfen, die bei aller Vortrefflichkeit im einzelnen dazu bestimmt sind, die Archive der Parlamente als wertvolles Material zu füllen oder aber selbst zu Gesetzen herangereift auf das wirtschaftliche Leben keinen erheblichen Einfluß nehmen würden. Allerdings wird man die Frage aufwerfen müssen, warum gerade die Unternehmerverbände, wenn nicht auch die Einzelunternehmungen einer verwaltungsrechtlichen Regelung zu unterwerfen seien. Die Schlußfolgerungen, zu denen ich in meiner ökonomischen Kritik gelangt bin, geben auf diese Frage eine formale und eine materielle Antwort. Die formale Rechtfertigung eines solchen staatlichen Eingriffs, bezw. seiner Beschränkung auf Unternehmerverbände wäre darin zu finden, daß wir es hier mit neuartigen Assoziationen zu tun haben, welche andere Zwecke verfolgen als die bisherigen Gesellschaftsformen und sich teilweise auch anderer Mittel zur Erreichung ihrer Zwecke bedienen. Wenn der Staat ihnen seine rechtliche Anerkennung gewährt, so kann er andererseits auch gewisse Befugnisse ihnen gegenüber in Anspruch nehmen. Die materielle Grundlage aber für eine solche Einschränkung wäre darin zu finden, daß, wie gleichfalls a. a. O. auseinandergesetzt, die Konzentration des Kapitals, als wirtschaftlichen Machtfaktors im Produktionsprozesse, in den Unternehmerverbänden rascher vor sich geht als in dem Einzelunternehmen. Das Einzelunternehmen muß organisch wachsen, der Kartellverband ist eine Tatsache, die über Nacht geschaffen werden kann. Das ist auch wohl der Grund, warum gerade die Kartelle den Anstoß gegeben haben, sie einer Untersuchung zu unterwerfen, ob ihre monopolistischen Tendenzen nicht einer staatlichen Regelung oder Repression bedürften. Das ist auch der Grund, weshalb die monopolistischen Bestrebungen der Kartelle das Wirtschaftsleben heute stärker zu beeinflussen vermögen, als jene der verhältnismäßig wenig zahlreichen riesenhaften Einzelunternehmungen. Aber ich betone, daß wir uns sehr wohl bewußt sein müssen, nur den ersten Schritt zu tun, da gerade durch eine Kartellgesetzgebung, wie Amerika zeigt, diese Erscheinung sich in ihr Gegenteil umändern kann. Die vorgeschlagene Einschränkung mag unbefriedigend sein, da nur eine teilweise Lösung des Problems der staatlichen Reaktion auf die drohende monopolistische Beherrschung der Volkswirtschaft stattfindet. Aber ich glaube nur die Einschränkung anf eine theoretisch unbefriedigende Lösung vermag die praktische Lösung unter den heutigen Verhältnissen zu ermöglichen.

Von den beiden in Österreich tatsächlich gemachten Versuchen steht der erste, der Regierungsentwurf, auf dem Boden einer sachlich noch weit stärker beschränkten Anwendbarkeit. Dieser Entwurf schränkte nämlich seine Geltung ein auf „Kartelle in Beziehung auf Verbrauchsgegenstände, die einer mit der industriellen Produktion in enger Verbindung stehenden indirekten Abgabe unterliegen", also insbesondere Zucker, Branntwein, Bier, Mineralöl, Salz (§ 1)[28].

Diese Einschränkung, der Entschluß, „aus dem großen Gebiete des Kartellwesens förmlich ein Segment abzustecken und auf diesem die gesetzliche Regelung der Kartelle zu erproben", war motiviert durch den Einfluß dieser Verbände auf die Konsumtionskraft der Bevölkerung, durch

---

[28]) Unter den Kritiken dieses Entwurfes sind hervorzuheben: Wittelshöfer a. a. O. (daselbst ist auch der Entwurf in seiner zweiten Fassung — mit dem Kartellregister — abgedruckt); Grünberg in „Schmollers Jahrbuch" XXI. H. 4; meine Abhandlung in Grünhuts „Zeitschrift für Privat- und öffentliches Recht der Gegenwart" XXIV. Bd.; den Ergebnissen meiner Kritik hat Pohle a. a. O. S. 133 ff. sich im wesentlichen angeschlossen; Ofner im Centr.-Bl. f. d. jur. Prax. 1897 S. 634 f.; Rosenberg in der „Zeitschrift für Staats- und Volkswirtschaft" VIII Bd.; Loew in der „Sozialen Praxis" VI. Jahrg. und im „Handelsmuseum" XII. Bd.; Singer „Die Kartellgesetzvorlage" in der Wiener Wochenschrift „Die Zeit" vom 19. Juni 1897; Strauß in den Wiener „Juristischen Blättern" vom 13. und 20. Juni 1897; Winter in der „Neuen Zeit" XV. Jahrg. Nr. 44.

die in der Art der Organisation und Preisfestsetzung dem Steuermonopol sich nähernde Form der Ausnützung ihrer Leistungsfähigkeit, welche das Eingreifen der Regierung als ein „unabweisliches Gebot der Staatsnotwendigkeit erscheinen lasse“.

Hierbei wurde insbesondere auf das Zuckerkartell — das gleichwohl sein Ende erst jetzt durch das Eingreifen der englischen Rechnung finden wird — hingewiesen. Die unter der Regierung Badeni entstandenen parlamentarischen Wirren haben die Beratung dieses in drei Sessionen vorgelegten Entwurfes gehindert. Der Entwurf zog freilich die Grenzen seiner Geltung in der Tat noch enger, als seine Bezeichnung annehmen läßt. Denn auch die einer indirekten Konsumsteuer unterliegenden Verbrauchsgegenstände sollten bloß auf jener Produktionsstufe unter das Kartellgesetz fallen, wo sie formell als Gegenstand der indirekten Steuer erscheinen. Rohstoffkartelle und Hilfsstoffkartelle dieser Produkte wären demnach nicht darunter gefallen, obwohl sie das besteuerte Produkt naturgemäß ebenso verteuern können. Die Kritik hat übrigens die sachliche Einschränkung, die der Entwurf für seine Geltung festsetzte, einmütig abgelehnt. Die Ungleichheit des Rechtszustandes, die daraus resultiert hätte, daß diese Kartelle wohl zivilrechtlich gültig, aber der Staatsaufsicht unterworfen, die anderen gänzlich frei, aber zivilrechtlich unverbindlich gewesen wären, hätte den wirtschaftlichen und juristischen Grundgedanken der gesetzlichen Regelung dieser Materie in der Praxis verfälscht, ja ad absurdum geführt. Der Entwurf zeichnete sich im übrigen durch große Selbständigkeit und scharfsinnige Motivierung aus.

Als Kartell im Sinne dieses Gesetzentwurfes war nun jede Vereinigung mehrerer Unternehmer anzusehen, auf welche die folgenden Merkmale zutreffen:

a) Selbständigkeit der Kartellanten,

b) solidarisches Vorgehen, insbesondere einverständliche Beschränkung oder Beseitigung des freien Wettbewerbes als Mittel,

c) als Zweck, die Einwirkung auf die Produktions-, Preis- oder Absatzverhältnisse der geschützten Verbrauchsartikel.

Alle Vereinbarungen und Verbände, auf welche die obige Definition Anwendung findet, unterlagen dem staatlichen Aufsichtsrecht, dessen Korrelat die Anzeigepflicht der Beteiligten war; in Handhabung dieses Aufsichtsrechtes sollte der Staat den Kartellen nicht positiv genehmigend, sondern nur passiv duldend oder verbietend gegenübertreten; diese Einwirkung des Staates auf die Kartelle stand unter der Sanktion zivilrechtlicher Ungültigkeit und strafrechtlicher Verantwortlichkeit; die Handhabung des Aufsichtsrechts erfolgte in den Formen der freien Verwaltung durch die Organe der letzteren (speziell der Finanzverwaltung), denen fachmännische Berater zur Seite gestellt waren. Die strafrechtliche Judikatur (von bloßen Ordnungsstrafen abgesehen) sollte durch die ordentlichen Gerichte ausgeübt werden. Dies in den knappsten Zügen das System des Gesetzentwurfs.

Um für die Handhabung des Aufsichtsrechts ein geeignetes Substrat zu gewinnen, mußte der Entwurf die Errichtung und den Inhalt der Kartellvereinbarung an gewisse die Publizität und Anthentizität dieser Akte sichernde Formen knüpfen. Das Kartellstatut bedarf der Notariatsform; ein Kartell kann, bei sonstiger zivilrechtlicher Ungültigkeit, verbunden mit strafrechtlicher Verantwortlichkeit der Beteiligten nicht ohne ein solches Statut, dessen Essentialia der Entwurf auszählt, abgeschlossen werden. Das Kartellstatut (Sanktion: Ordnungsstrafe, strafrechtliche Verantwortlichkeit), sowie seine Abänderung — namentlich der Eintritt oder das Ausscheiden einzelner Mitglieder — und seine Auflösung unterlagen der Anzeigepflicht. (Sanktion: Ordnungsstrafe und strafrechtliche Verantwortlichkeit.)

Ebenso wie das Kartellstatut unterlagen ferner der Anzeigepflicht Kartellbeschlüsse, welche eine Festsetzung der Preise der Produktionsmengen, der Einkaufs- oder Absatzverhältnisse zum Zwecke (nicht bloß zum Gegenstande!) hätten.

Subjekt des der Anzeigepflicht entsprechenden Rechtes war das Finanzministerium.

Das staatliche Aufsichtsrecht beschränkte sich jedoch nicht auf die Anzeigepflicht. Das Finanzministerium war berechtigt, Einsicht in jene Bücher des Kartells und der kartellierten Betriebe zu nehmen, welche auf das Kartell sich beziehen und besaß ein ganz unbeschränktes Recht, Auskünfte zu verlangen, soweit es sich nicht um die Technik des Betriebes betreffende Geschäftsgeheimnisse handelte.

Das staatliche Aufsichtsrecht war die Grundlage des staatlichen Interventionsrechts.

Mit einem gewissen Anklange an das österreichische Vereinsrecht war dieses Interventionsrecht derart konstruiert, daß keine positiv genehmigende Aktion der Staatsverwaltung ausgelöst werden kann und ausgelöst zu werden braucht; der Staat tritt den Kartellen bloß duldend oder hindernd gegenüber; Kartelle und Kartellbeschlüsse treten in Wirksamkeit, beziehungsweise können in Wirksamkeit treten, wenn sie nicht untersagt werden.

Zu diesem Behufe war zunächst das Verhältnis der Kartellvereinbarungen zum sogen. Koalitionsgesetz (Ges. v. 7. April 1870, R.G.B. Nr. 43) neu geregelt worden.

§ 4 dieses Gesetzes erklärt (s. oben) Verabredungen von Gewerbsleuten, welche auf die Hinaufsetzung der Warenpreise zum Nachteile des Publikums gerichtet sind, als zivilrechtlich unverbindlich. Es ist nun klar, daß diese allgemein gehaltene Bestimmung, welche eine große, und zwar die wichtigste Gruppe von Kartellvereinbarungen und Kartellbeschlüssen generell jeder rechtlichen Wirkung beraubt, nicht vereinbar war mit dem durch den Entwurf verwirklichten Grundsatze, die Kartelle und -Beschlüsse der Staatsaufsicht und somit von Fall zu Fall dem staatlichen Einspruchsrechte zu unterwerfen. § 3 des Entwurfes setzte daher „für die unter dieses Gesetz fallenden Kartelle" diese Bestimmung des Koalitionsgesetzes außer Wirksamkeit. Es waren also die unter den Entwurf fallenden Kartelle ausschließlich nach dem Entwurfe zu beurteilen; nur jene Bestimmungen des Koalitionsgesetzes, welche sich auf Kartelle der Unternehmer zur Beeinflussung der Arbeitsbedingungen und Löhne beziehen, blieben aufrecht und werden in einer noch zu erörternden Weise verschärft.

Das rite geschlossene Kartell und vereinbarte oder abgeänderte Statut, sowie der rite gefaßte Kartellbeschluß, welcher eine Festsetzung der Preise, der Produktionsmengen, der Einkaufs- oder Absatzverhältnisse zum Zwecke hat, sollten sofort gültig, aber noch nicht wirksam sein. Hierzu war vielmehr erforderlich:

1. Die Erstattung der Anzeige an das Finanzministerium, welche bei Gründung von Kartellen, Festsetzung oder Abänderung von Kartellstatuten innerhalb acht Tagen, bei den bezeichneten Kartellbeschlüssen innerhalb 24 Stunden durch die Kartellanten, deren besonders bevollmächtigte Vertreter und ersteren Falles auch durch den zugezogenen Notar zu erfolgen hatte;

2. bei der Errichtung von Kartellen oder Abänderung von Kartellstatuten der Ablauf einer Frist von 14 Tagen nach Einlangen der Anzeige (§ 4, al. 4);

3. bei der Errichtung von Kartellen, der Abänderung von Kartellstatuten und der Fassung von Kartellbeschlüssen der oben bezeichneten Art, die Nichtausübung des dem Finanzministerium zustehenden Untersagungsrechtes (welches in dem besonderen Falle, da die Kartelle zum Nachteile der Arbelter errichtet werden würden, zugleich eine Untersagungspflicht war).

Die wichtigsten Normen des Entwurfes waren natürlich diejenigen, welche die Voraussetzungen für die Ausübung des staatlichen Untersagungsrechtes feststellten.

Die Ausführung von Kartellbeschlüssen, welche eine Festsetzung von Preisen, der Produktionsmengen, der Einkaufs- und Absatzverhältnisse zum Zwecke haben, konnte untersagt werden beim Zusammentreffen folgender Voraussetzungen:

a) wenn dieselben geeignet sind, die Preise von Waren und Leistungen zum Nachteile der Konsumenten zu erhöhen oder der dritten Erzeuger herabzusetzen;

b) wenn hierdurch das Erträgnis der indirekten Abgaben oder die Steuer- und Konsumtionskraft der Bevölkerung offenbar geschädigt werden würde;

c) es wäre denn, daß sie durch die objektive wirtschaftliche Sachlage (die Konjunktur) des betreffenden Industriezweiges gerechtfertigt wären.

Verfolgt ein Kartell oder die Abänderung eines Kartellstatutes einen analogen Zweck, so können sie gleichfalls untersagt werden.

Ein Kartell mußte untersagt werden, wenn es den Zweck verfolgte, die Arbeitslöhne oder -Bedingungen zum Nachteile der Arbeiter zu ändern oder auch nur einen dahingehenden Beschluß faßte.

Die Ausübung des Untersagungsrechtes stand dem Finanzministerium zu.

In demselben sollte eine Kommission von zwölf Mitgliedern, wovon die Hälfte nicht Beamte sein müssen, sondern dem Kreise der Fachmänner (Männer der Wissenschaft und Interessenten) zu entnehmen sind, gebildet werden, welche die Staatsaufsicht unmittelbar oder durch Kommissäre auszuüben berufen und eidlich zur Verschwiegenheit verpflichtet war. Die Untersagung auszusprechen stand dem Finanzministerium allein zu.

Die Ausübung des Untersuchungsrechtes setzte ein Verfahren voraus, dessen wesentliche Teile

a) die Anhörung der Kartelleiter, eventuell der Kartellanten,

b) die Einholung eines von der Kartellkommission zu erstattenden Gutachtens

bildeten; die Beurteilung, ob die Voraussetzungen für die Untersagung gegeben sind, fiel im übrigen in das freie Ermessen des Finanzminsteriums.

Wir gelangen nunmehr zu dem System polizeilicher und strafrechtlicher Sanktionen, durch welche das Aufsichtsrecht der Staatsverwaltung gesichert ward. Der Entwurf unterschied a) einfache Ordnungswidrigkeiten, welche mit Ordnungsstrafen und b) Vergehen gegen das Kartellgesetz, die mit Geld- und Arreststrafen kumulativ geahndet wurden. Für die Ordnungs- und kriminellen Geldstrafen haftet eine Kaution, deren Höhe das Finanzministerium bis zum Maximalbetrage von 200 000 fl. bestimmt und die es im Wege der politischen Exekution einbringlich machen kann. Als bloße Ordnungswidrigkeiten galten:

a) Die Unterlassung der vorgeschriebenen Anzeigen seitens der Beteiligten und des Notars;

b) die Verweigerung der von der Staatsverwaltung verlangten Auskünfte (nicht: der Büchereinsicht); dieselbe konnte im Wiederholungsfalle mit der Untersagung des Kartells geahndet werden;

c) Verletzung der Pflicht zur Verschwiegenheit seitens der nicht beamteten Mitglieder der Kartellkommission (§ 16).

Die Verhängung der Ordnungsstrafen stand der politischen Landesbehörde zu, der Rechtszug ging an das Finanzministerium und den Verwaltungsgerichtshof.

Wichtiger waren die durch dieses Gesetz formulierten Kartellvergehen.

Eines Vergehens machte sich schuldig, wer wissentlich oder in grober Fahrlässigkeit

A. die Pflicht zur Wahrheit und — in Bezug auf relevante Momente — jene zur Vollständigkeit bei der Erfüllung der Anzeige- und Auskunftspflicht verletzte;

B. sich gegen das Untersagungsrecht der Staatsverwaltung verging; der Entwurf formulierte folgende Einzeldelikte:

a) die Beteiligung an der Wirksamkeit eines Kartells vor Ablauf der Wartefrist oder entgegen dem staatlichen Verbote;

b) die Ausführung eines staatlich untersagten Kartellbeschlusses;

c) die Beteiligung an einem Kartelle, das in Wirksamkeit getreten war auf Grund eines nicht zur Anzeige gebrachten Statutes, ohne die Bestimmungen des Statutes zu beachten, mit anderen als den im Statut enthaltenen Kartellvereinbarungen, ohne jedes Statut.

Endlich sollte eines Vergehens schuldig sein, wer das Verbot, sich an einer gegen die Arbeitsbedingungen der Arbeiter gerichteten Kartellvereinbarung zu beteiligen, übertrat.

Die Bestrafung der Kartellvergehen steht den ordentlichen Gerichten zu. Geld- und Arreststrafen sind immer kumultativ zu verhängen. Für die Ordnungs- und Geldstrafen haftet regelmäßig auch der Unternehmer, mag er auch die Leitung des kartellierten Betriebes nicht geführt halben.

Neben den Geld- und Arreststrafen statuierte endlich § 19 für die schwersten Kartellvergehen — Beteiligung an einem verbotenen Kartell, Ausführung eines untersagten Kartellbeschlusses — kumulativ eine ins

Arbitrium des Finanzministeriums gesetzte, stets gegen das Unternehmen selbst gerichtete Strafe, nämlich den gänzlichen oder teilweisen Verlust der Kartellkaution. Diese administrative Strafe konnte unter Umständen empfindlicher sein als die gerichtliche. —

In meiner Kritik des Entwurfes in seiner ersten Gestalt hatte ich sowohl aus juristischen, als auch aus wirtschaftlichen Gründen auf die Notwendigkeit und Zweckmäßigkeit eines Kartellregisters hingewiesen, welches den Kartellen, ihren Statuten, sowie jenen Tatsachen, von denen ihr Rechtsbestand abhängt, wie z. B. der erfolgten Anmeldung, dem Ablaufe der 14tägigen Frist u. s. f. eine hinreichende Publizität und Notorität geben und dem Handelsregister nachgebildet sein sollte. Wenn schon der Entwurf das Kartellamt nicht als bloße Publizitätsstelle gestalten wollte, so sollte diese Behörde doch auch als Publizitätsstelle organisiert sein. Ich verwies darauf, daß auch für dritte Personen, die mit dem Kartell in Verbindung treten, ein Zustand der größten Rechtsunsicherheit resultieren würde, wenn ihnen aus der Tatsache des mangelnden Rechtsbestandes des Kartells oder Kartellbeschlusses Einwendungen entgegengesetzt werden könnten, obwohl sie zur Zeit des Geschäftsabschlusses die hierfür relevanten Tatsachen (z. B. Untersagung oder Nichtablauf der Wartefrist) weder kannten noch kennen mußten usw. Daher müsse für die Publizität dieser Tatsachen durch ein Kartellregister Sorge getragen werden (vgl. meine Abhandlung S. 592 f.). Auch sei, wenn man das aus vielen Gründen (die ich in anderem Zusammenhange noch auseinandersetzen werde) unhaltbare System der staatlichen Repression der Kartelle durch ein solches der staatlichen und öffentlichen Kontrolle derselben ersetzen wolle, welches letztere den im Wirtschaftsleben selbst stets vorhandenen Keimen zu einer Reaktion gegen das Wirken der Kartelle das Gedeihen sichere, indem es über die Natur, die Zwecke, die wirtschaftliche Notwendigkeit und Berechtigung ihrer Geschäftspolitik Licht verbreite, — hierzu ein Kartellregister das geeignete Mittel. Die Teilnahme an einem nicht publizierten Kartelle, die Ausführung nicht publizierter Kartellbeschlüsse mögen unter Strafsanktionen gestellt werden, nicht die Teilnahme an einem untersagten Kartelle oder die Ausführung untersagter Kartellbeschlüsse.

Dieser meiner Anregung folgend (vgl. Wittelshöfer a. a. O. S. 125 Anm. 1; Pohle a. a. O. S. 136) hat der österr. Regierungsentwurf in seiner zweiten Fassung, die dem Reichsrate nach seinem Wiederzusammentritte vorgelegt wurde, das Institut des Kartellregisters aufgenommen, ohne jedoch das System der Repression aufzugeben. § 5 bestimmte: „Von dem Kartellstatute oder dessen Abänderung, von der Auflösungsanzeige, sowie von den Kartellbeschlüssen, die eine Festsetzung der Preise, der Produktionsmenge, der Einkaufsverhältnisse oder die Zuweisung von inländischen Absatzgebieten zum Zwecke haben, ist gleichzeitig mit der nach § 4 zu erstattenden Anzeige eine vollständige, beglaubigte Abschrift zur Hinterlegung in dem beim Finanzministerium zu führenden besonderen Kartellregister beizubringen. Das Kartellregister ist öffentlich. Jedermann kann in das Kartellregister Einsicht nehmen und von dessen Inhalt beglaubigte Abschriften gegen Erlegung der Kosten erheben. Jede im Kartellregister hinterlegte Abschrift ist ohne Verzug in zehn öffentlichen Blättern bekannt zu machen."

Dieser Entwurf ist niemals in parlamentarische Beratung gezogen worden. Seiner Einbringung folgte die Periode der heftigen Stürme, die unser Staatsleben erschütterten und das Parlament auf Jahre hinaus arbeitsunfähig machten. Aber es gingen von diesem Entwurfe starke Anregungen aus. Die Kritik zollte der Entschiedenheit, mit der er sich an das Problem heranwagte, der Selbständigkeit der eingeschlagenen Wege, der auf der Höhe wissenschaftlicher Erkenntnis stehenden Motivierung des Entwurfes volle Anerkennung; allein es fehlte auch nicht an erheblichen Einwendungen, unter denen ich die folgenden hervorhebe:

1. Die Einschränkung des sachlichen Geltungsgebietes des Gesetzes sei nicht gerechtfertigt.

2. Gegen das vom Entwurfe vorgesehene System der Repression durch Untersagung von Kartellbeschlüssen wurden schwere Bedenken geltend gemacht. Einerseits würden diese Maßregeln gewöhnlich zu spät kommen. Kartellbeschlüsse könnten sofort zur Ausführung gebracht werden, ohne daß das Kartell durch eine bestimmte Zeit hindurch abwarten müßte, ob die Regierung sie untersagen werde oder nicht. Dies lasse sich auch nicht ändern, da es bei geschäftlichen Operationen in der Natur der Sache begründet sei. Anderseits würde die vom Gesetze vorgesehene Prüfung der Kartellbeschlüsse unter Einholung des Gutachtens der Kartellkommission u. s. f. geraume Zeit in Anspruch nehmen. Die sodann etwa erfolgende Untersagung der Kartellbeschlüsse würde gewöhnlich aller praktischen Bedeutung entbehren. Es ginge auch nicht an, ihr rückwirkende Kraft zu verleihen, wenn man nicht in das Verhältnis der kartellierten Industrien zu ihren Abnehmern ein Moment höchster Rechtsunsicherheit tragen wolle.

Selbst wenn es aber einmal gelingen sollte, einen Kartellbeschluß rechtzeitig zu untersagen, so könnte man doch nur unter den größten Schwierigkeiten feststellen, daß bestimmte Geschäfte und Rechtshandlungen gerade in Ausführung des Kartellbeschlusses erfolgt seien, da ja jeder einzelne Beteiligte als ein jus merae facultatis das Recht habe zu verkaufen, wie, wann und an wen er wolle. Man würde also dahin gelangen, die innere Motivation von an sich legalen Handlungen einer richterlichen Prüfung zu unterstellen.

Dazu gesellen sich noch die unendlichen Schwierigkeiten, welche der tatsächlichen Feststellung der Voraussetzungen für eine Untersagung von Kartellbeschlüssen gewöhnlich im Wege stehen würden. Könne denn überhaupt die Staatsverwaltung Entscheidungen der bezeichneten Art treffen? Sei sie im stande, zu einer hinreichenden Erkenntnis der schwierigsten wirtschaftlichen Probleme (Beschaffenheit der Konjunktur, Angemessenheit des Unternehmergewinnes, Überwälzung des Preisaufschlages auf den Konsumenten, Bedeutung des letzteren auf die Steuer- und Konsumtionskraft der Bevölkerung) in jedem einzelnen Falle vorzudringen? Die Beurteilung der Konjunktur würde immer einen der schwierigsten Punkte des Problems bilden. Es gebe keine Kartellkommission, die der Aufgabe gewachsen wäre, selbständig und durch eigenes Urteil die Angemessenheit von Preisen auf Grund der jeweiligen Konjunktur in allen kartellierten Branchen zu beurteilen.

3. Eine ungeheure Machtfülle wäre in die Hand der Behörden gelegt, denen die Beurteilung der Kartellbeschlüsse zustände. Der betreffende Minister könnte mit souveräner Gewalt in das wirtschaftliche Getriebe der kartellierten Industrien eingreifen. Er wäre ein Mann von übermenschlicher Macht im Staate, ein Mann, dessen faktische Macht hart an die rechtliche des Monarchen grenzen würde.

4. Pohle, der sich diesen meinen Einwendungen in seiner Kritik vollkommen anschließt[29]), weist ferner darauf hin, welche Gefahr es für die politische Sittlichkeit bedeuten würde, wenn so ungeheure Vermögensinteressen von der Entscheidung administrativer Instanzen und einer noch so sorgfältig ausgewählten Kartellkommission abhingen, sowie auf die Gefahr, es könnte die gesamte von den Kartellen bezüglich der Preise, der Produktions- und der Absatzverhältnisse befolgte Politik, insoweit sie nicht im einzelnen Falle der staatlichen Untersagung verfiele, von der öffentlichen Meinung als vom Staate geprüft und gebilligt betrachtet werden. Aus diesen Gründen gelangte die Kritik überwiegend zu einer Ablehnung desjenigen Teiles des österr. Regierungsentwurfes, welcher auf die Repression der Kartellpolitik Bezug hat.

---

[29]) Vgl. hierzu meine Abhandlung a. a. O. S. 604 ff.; Pohle a. a. O S. 140 ff., ferner Ofner a. a. O.

Der österr. Referentenentwurf[30]) schließt sich in seiner Definition der Kartelle im wesentlichen jener des Regierungsentwurfes an (vgl. oben Anm. 4). Er behält das Kartellregister bei und erkärt die Anmeldung und Eintragung zum Kartellregister prinzipiell für fakultativ. Das Kartell bedarf (§ 2) zu seiner Rechtsgültigkeit der Errichtung eines notariell beurkundeten Statutes, aus dem der Inhalt der Kartellvereinbarung genau zu ersehen sein muß, so namentlich: 1. Zweck und Mittel des Kartells; 2. der Erwerbszweig und die Zahl der kartellierten Betriebe; Name, Firma und Betriebsumfang eines jeden; 3. die Rechte und Pflichten der Mitglieder, die Vereinbarungen, Konventionalstrafen und die sonstigen von den Mitgliedern zu bietenden Bürgschaften; 4. Sitz des Kartells. Hat es seinen Sitz im Auslande, so ist der Sitz der zu bestellenden inländischen Geschäftsleitung oder Vertretung anzugeben; 5. die Geschäftsführung und Leitung in ihren wesentlichen Grundzügen; 6. Vertretung nach außen: 7. die Zeitdauer, auf die das Kartell geschlossen ist; 8. etwaige Verabredung über die Austragung der aus dem Kartell entstehenden Streitigkeiten.

Dieser Paragraph ist identisch mit dem § 2 des Regierungsentwurfes.

Für Kartelle, welche die nach diesem Gesetzentwurf zu ihrer Rechtsverbindlichkeit erforderlichen Anzeigen an das Handelsministerium und zum Kartellregister ordnungsmäßig erstatten, treten jene Bestimmungen des österreichischen Koalitionsrechtes außer Kraft, welche, wie erwähnt, Verabredungen von Gewerbsleuten zum Zwecke der Erhöhung der Preise von Waren zum Nachteile des Publikums für rechtsunverbindlich erklären. Der Referentenentwurf erblickt daher die Triebfeder, welche die Kartelle veranlassen würde, von der fakultativen Anzeige an das Handelsministerium und Eintragung in das Kartellregister Gebrauch zu machen, in dem Bedürfnisse, den Kartellvereinbarungen zivilrechtliche Gültigkeit zu leihen.

Da jedoch der Entwurf voraussieht, daß diese Triebfeder vielleicht nicht in allen Fällen stark genug wirken würde, da er weiters auch Einzelunternehmungen, welche — abgesehen von einem Patent- oder Muster- und Markenschutze — tatsächlich als monopolistische Unternehmungen anzusehen sind, der Staatsaufsicht zu unterstellen wünscht, so

[30]) Vgl. hierzu das stenographische Protokoll des Kartellkomitees des Industrierates vom 17. 4. 1901; ferner Wäntig in Schmollers Jahrbuch 1901 a. a. O. 4. Heft, und Wäntig im I. Bande dieser Verhandlungen S. 67 ff.; endlich die Polemik des Verfassers des Entwurfes, Kommerzienrates Julius Reich mit Wäntig in Schmollers Jahrbuch 1902 S. 385 ff.

räumt er im § 7 dem Handelsminister das Recht ein, auf Antrag des Kartellrats im Verordnungswege Kartelle bestimmter Waren anzuweisen, daß sie die sonst fakultativ ihnen zustehenden Anzeigen erstatten. Die fakultative Eintragung wird also durch eine obligatorische ergänzt.

Ebenso wie das ursprüngliche Statut unterliegen Abänderungen desselben, endlich die Auflösung des Kartells der fakultativen Anzeige bei sonstiger Rechtsunverbindlichkeit.

Kartellstatuten oder deren Abänderungen dürfen nicht mit den Gesetzen (abgesehen von der zitierten Bestimmung des Koalitionsgesetzes) im Widerspruche stehen, da sie sonst auch durch die Eintragung in das Kartellregister nicht rechtsverbindlich werden. Ob dies der Fall sei, entscheidet das Handelsministerium unter Freilassung des Rechtszuges an den Verwaltungsgerichtshof.

Das Kartellregister ist öffentlich. Jedermann kann in dasselbe Einsicht nehmen und von dem Inhalt beglaubigte Abschriften erheben. Das Kartellstatut, dessen Abänderung und die Auflösungsanzeige sind im Kartellregister zu hinterlegen (§ 5). Der Handelsminister kann ferner auf Antrag des Kartellrats Kartelle bestimmter Waren verpflichten, alle Kartellbeschlüsse, die eine Festsetzung der Preise, Produktionsmengen, der Verkaufs- oder Absatzverhältnisse zum Zwecke haben, binnen 24 Stunden nach der Fassung des Beschlusses zur Anzeige zu bringen, welche Anzeigen jedoch nicht in das öffentliche Kartellregister einzutragen, *sondern bloß zur Kenntnis des Kartellrats zu bringen sind.* Die Befolgung dieser Verfügungen, sowie die Wahrheit und Vollständigkeit der Anzeigen ist unter die Sanktion von Ordnungsstrafen gestellt (§ 7a).

Der Entwurf sieht weiter die Errichtung einer besonderen Behörde, des sogenannten *Kartellrats*, vor. Derselbe hat seinen Sitz in Wien und besteht aus einem Vorsitzenden und dessen Stellvertreter, die vom Handelsminister ernannt werden und Staatsbeamte sind, ferner aus vier Vertretern der Ministerien und acht vom Industrierate, vier vom Landwirtschaftsrate und vier von der Wiener Handelskammer gewählten Mitgliedern resp. Ersatzmännern. Der Kartellrat bildet aus seiner Mitte einen *Einigungssenat* (§ 8).

Wer sich beim Bezuge, Absatz oder der Herstellung von Waren durch Kartelle oder durch Unternehmer, welche im Sinne des Referentenentwurfs, als faktisch ein Monopol ausübend, gleichfalls der Staatsaufsicht unterstellt werden, in seinem Vermögen oder Erwerbe geschädigt fühlt, kann gegen diese Schädigung Beschwerde führen. Die Beschwerde muß dartun, daß die Schädigung eine beträchtliche, die wirtschaftliche Lage oder Leistungsfähigkeit des Beschwerdeführers erheblich beeinträchtigende ist (§ 9). Eine solche Beschwerde wird zunächst an den Einigungssenat geleitet. Derselbe ladet beide Teile vor und hat darauf hinzuwirken, daß zwischen dem Beschwerdeführer und dem Kartelle resp. dem monopolistischen Unternehmer eine Einigung herbeigeführt werde (§ 10). Gelingt der Einigungsversuch nicht, so wird die Beschwerde an den Kartellrat geleitet, welcher die Sachlage zu untersuchen hat und dem zu diesem Zwecke das Recht der Vernehmung von Parteien, Sachverständigen und Auskunftspersonen zusteht, die ihre Depositionen unter Handschlag abzugeben haben und deren Wahrheitspflicht unter der Sanktion von Geld- und Arreststrafen steht. Die Beantwortung von Fragen, welche die Geheimhaltung technischer Einrichtungen und Verfahrungsweisen, den erzielten Jahresgewinn oder dessen Verteilung unter die Kartellmitglieder betreffen, kann verweigert werden. Auch kann die Verhandlung als nicht öffentlich erklärt werden, und sind endlich Personen, die im Dienstverhältnisse zu einer der Parteien stehen, zur Auskunftserteilung nicht verpflichtet (§ 11). Der Kartellrat entscheidet sodann über die Beschwerde. Verweigert ein Unternehmer, gegen welchen Beschwerde geführt wurde, seine Unterwerfung unter diese Entscheidung, so hat der Kartellrat dies dem Handelsministerium zu berichten und Anträge zu stellen, welche geeignet sind, die in der Verhandlung offenbar gewordenen Kartellmißbräuche zu beseitigen. Das Handelsministerium darf nur aus wichtigen Gründen, welche dem Kartellrate bekanntzugeben sind, die Anträge desselben ablehnen; es kann aber auch andere Mittel als die vom Kartellrate vorgeschlagenen ergreifen (§§ 13 u. 14).

Von großer Wichtigkeit ist § 15. Er bezeichnet die Mittel, welche dem Handelsministerium zu Gebote stehen, um die nachgewiesene Schädigung von Wirtschaftssubjekten durch eine nach der Ansicht des Kartellrates den wirtschaftlichen Verhältnissen nicht entsprechende Ausnützung des faktischen Monopols der Kartelle oder Einzelunternehmungen zu beseitigen oder zu mildern. Zu diesem Zwecke ist dem Handelsministerium das Recht eingeräumt: a) Einfuhrzölle auf kartellierte Waren vorübergehend aufzuheben oder zu ermäßigen; b) für derartige Waren Ausfuhrzölle einzuheben oder Ausfuhrverbote zu erlassen; c) durch Gewährung billigerer Tarife für die Einfuhr oder Erstellung höherer Tarife für die Ausfuhr die Konkurrenz in den kartellierten Waren zu begünstigen; d) Unternehmern der betreffenden Branche Begünstigungen zu gewähren, um die Konkurrenz zu fördern. Diese Begünstigungen können in der Gewährung von Steuerbefreiungen, zollfreiem Bezug von Maschinen, billigeren Tarifen für Rohmaterialien und Fertigprodukten, billigeren Abgaben von Rohstoffen und endlich direkter Subventionen in Geld bestehen; e) dem Handelsministerium wird nahe gelegt, in einem solchen Falle Organisationen von Konsumenten gegen die kartellierten Produzenten zu begünstigen, und endlich f) das Zollrestutitionsverfahren bezüglich kartellierter Waren „in liberalster Weise" zu regeln (§ 15).

Der Handelsminister kann aber auch, wenn ein Kartell oder ein, ein faktisches Monopol ausübendes Einzelunternehmen in offenbar rechtswidriger oder wucherischer Weise ihre Stellung ausnützen und hierdurch eine schwere wirtschaftliche Schädigung der Abnehmer verursacht wird, dem betreffenden Kartelle oder Unternehmer über Antrag des Kartellrats den Auftrag erteilen, diese Ausnützung oder Schädigung binnen einer bestimmten Frist zu beseitigen. Die Befolgung solcher Verfügungen ist unter die Sanktion von Ordnungsstrafen im Ausmaße von 200 bis 20 000 Kronen gestellt.

Dem Kartellrate ist endlich auch das Recht eingeräumt, durch spontane Untersuchungen, Enquêten usw. den Bestand, die Zusammensetzung und Wirkungsweise von Kartellen und monopolistischen Betrieben zu erheben (§ 16).

Auf das Verhältnis zwischen Arbeitgeber und Arbeitnehmer finden die Bestimmungen des Entwurfs keine Anwendung (§ 20).

Der vorliegende Entwurf ist jedenfalls als ein ernster und zielbewußter gesetzgeberischer Versuch zu kennzeichnen, und ich glaube nicht, daß Wäntig darin beizustimmen ist, wenn er ihn als „eine jener Attrappen" abtut, „an denen die Entwicklung des österreichischen Gewerberechts so reich sei." Allein dieses mein Urteil soll keineswegs als Zustimmung zu dem System und den Einzelheiten des Entwurfs gedeutet werden. Vielmehr scheint es mir, daß, wenn man die beiden Hauptteile des legislativen Kartellproblems, nämlich die Regelung des staatlichen Aufsichtsrechts und der Kontrolle der Kartelle einerseits und die Begründung und Regelung einer staatlichen Repressionsgewalt gegen die Kartelle und ihre Politik andererseits, gesondert betrachtet, dieser Entwurf gerade den stärksten Beweis dafür erbringt, daß der zweite Hauptteil des Problems unter den heutigen Verhältnissen auch auf verwaltungsrechtlichem Wege unlösbar ist. Denn es kann bei näherer Betrachtung keinem Zweifel unterliegen, daß das vom Entwurfe vorgeschlagene Repressionssystem teils praktisch undurchführbar, teils praktisch wertlos ist, und, da der Entwurf von einem mitten im kaufmännischen Leben und Wirken stehenden Großindustriellen verfaßt wurde, so ist das Versagen des von ihm vorgeschlagenen Systems um so lehrreicher, weil es nicht darauf zurückgeführt werden kann, daß der Verfasser durch theoretische oder bureaukratische Schrullen beirrt gewesen sei.

Ich will es mir versagen, alle jene Einwände neu anzuführen, welche schon gegen die Zusammensetzung der obersten Behörde, des Kartellrates, vorgebracht werden könnten und die im wesentlichen zusammenfallen mit dem Bedenken, die ich vor fünf Jahren gegen die „Kartellkommission" des österr. Regierungsentwurfes geltend machte. Ist es wirklich denkbar, daß eine Behörde, deren Majorität gebildet wird von Unternehmern speziell aus der Sphäre der Industrie und des Großhandels, sich in einem Zeitalter, in dem die Industrie unter dem Drucke einer gewaltigen ökonomischen Entwicklung Heil und Zuflucht im Zusammenschlusse zu Kartellverbänden sucht, zu jener idealen Unabhängigkeit erheben werde, um über die Kartelle vollständig unbefangen zu Gericht zu sitzen, um die Kartelle und ihre Politik lediglich aus dem Gesichtswinkel allgemeiner, volkswirtschaftlicher Interessen zu beurteilen? Wird da nicht die Befürchtung „heute mir, morgen dir" eine erhebliche Rolle spielen? Ist das noch Realpolitik, anzunehmen, daß die Vertreter der großen Interessengruppen, Industrie, Landwirtschaft, Handel, deren wirtschaftspolitische Gegensätze die eigentliche Triebfeder der großen parlamentarischen Kämpfe unseres Zeitalters bilden, in dem Augenblicke, in welchem sie die Toga eines Mitgliedes des k. k. Kartellrates anlegen, an diese Gegensätze, an die Resolutionen, die sie in den Fachvereinen beschlossen, an die Wünsche, die sie dem Parlamente unterbreitet, vergessen und sich einträchtiglich zusammentun werden, um zu beurteilen, ob die Politik, welche z. B. die kartellierten Erzeuger landwirtschaftlicher Bedarfsartikel verfolgen, angemessen sei, oder ob der Preis eines Rohstoffes, den eine landwirtschaftliche Nebenindustrie erzeugt und der ein wichtiges Material für die Industrie bildet, nicht zu hoch ist? Im politischen Leben, im Parlamente wird diesen Gegensätzen schließlich durch ein Kompromiß ein Ziel gesetzt. Aber eine quasi-richterliche Entscheidung kann selbstverständlich nicht der Ausfluß des Kompromisses entgegengesetzter Interessen sein!

Gesetzt jedoch, es läge einmal dem Handelsminister eine ganz unanfechtbare Entscheidung des Kartellrates vor. Das Handelsministerium wird sich sodann zu entschließen haben, eines der ihm an die Hand gegebenen Mittel anzuwenden. Die wichtigsten Mittel sind selbstverständlich die Maßregeln zoll- und handelspolitischer Natur — das „kanadische" System der Kartellrepression. Ich sehe nun davon ab — weil das bloß für unser Vaterland gilt —, daß die eine Reichshälfte ohne die andere in Zollangelegenheiten nicht selbständig vorgehen kann, und daß daher manche dieser Waffen anwendbar oder unanwendbar sein werden, je nachdem der betreffende Produktionszweig in Österreich allein oder auch in Ungarn vertreten ist oder nicht, bezw. je nach dem Interessenstandpunkte des ungarischen Teiles der Industrie.

Allein solche Maßregeln vorschlagen, heißt überdies vollständig verkennen, daß eine der wertvollsten Eigenschaften jedes handels- und zollpolitischen Zustandes eben seine Stabilität, Gleichförmigkeit und Dauer ist, und daß, wenn man Unterbrechungen dieses Zustandes durch singuläre Verfügungen und zu singulären Zwecken zuließe, hierdurch die wirtschaftliche Schädigung anderer Individuen oder Verbände in einer ganz unberechenbaren Weise bewirkt werden könnte. Schon der Motivenbericht des österr. Regierungsentwurfes, der zollpolitische Maßregeln unbedingt ablehnte, wies darauf hin, daß durch dieselben nicht bloß der kartellierte Unternehmer, sondern gerade auch sein schuldloser und eventuell in hartem Kampf begriffener Konkurrent getroffen werden würde. Allein dazu kommt noch, daß in einer großen Reihe von Fällen gerade die Abnehmer der kartellierten Industrie, also die Opfer des Kartells auch die Opfer seiner zollpolitischen Remedur werden könnten. Setzen wir den praktisch wichtigen Fall, daß das Eisenkartell den ihm zugebilligten Zollschutz in einer exzessiven Weise ausnützt, welche schließlich einen Abnehmer veranlassen würde, beim Kartellrate Beschwerde zu erheben. Der Kartellrat hält die Beschwerde für begründet und überweist sie dem Handelsministerium. Das Handelsministerium macht von dem Rechte der Zollermäßigung für die betreffende Kategorie von Eisen Gebrauch. Was kann und was wird die Folge davon sein? Allerdings, der beschwerdeführende Abnehmer, z. B. ein Maschinenfabrikant, wird seine wirtschaftliche Lage erheblich verbessert sehen; allein gerade seine Konkurrenten — die anderen Maschinenfabrikanten —, die beispielsweise bereits größere Vorräte von Eisen zum höheren Preise, zum alten Kartellpreise, auf Lager haben oder größere Abschlüsse zum Kartellpreise gemacht hatten, oder aber ein Lager von Fertigwaren besitzen, bei deren Produktion der höhere Eisenpreis ins Kalkül gezogen wurde, geraten nunmehr in Gefahr, der Konkurrenz des im Beschwerdewege durchgedrungenen Abnehmers zu unterliegen. Unter allen Umständen werden diese Abnehmer den gegenwärtigen niedrigeren Preis in Rechnung zu stellen haben, und es könnte dahin kommen, daß in einer geschäftlichen Konjunktur, welche das Halten größerer Mengen von Rohmaterial oder Fertigwarenbeständen bedingt, nicht die zu bestrafende Kartellindustrie, sondern irgend eine Abnehmerbranche durch eine derartige Maßregel an den Rand des Bankerotts gebracht würde. Man müßte also, um die Durchführung einer solchen zollpolitischen Maßregel gefahrlos zu gestalten, auch gesetzlich bestimmen, daß alle früheren zum

Kartellpreise abgeschlossenen Geschäfte als storniert oder auf den neuen Preis reduziert zu betrachten seien. Mit einem Worte: zu den Faktoren, welche heute die wirtschaftliche Konjunktur bedingen, würde sodann unter Umständen die Beschwerde eines Abnehmers, die Entscheidung des Kartellrates und die darauf fußende Verfügung des Handelsministeriums hinzutreten.

Ganz dasselbe, was hier an einem besonders krassen Beispiele ausgeführt wurde, gilt von den anderen vorgesehenen zollpolitischen Maßregeln als: Erlassung von Ausfuhrverboten, Einhebung von Ausfuhrzöllen, Änderungen im Zollrestitutionsverfahren u. s. f. Es gilt aber auch von den tarifarischen Maßregeln, durch die der Staat der Kartellpolitik begegnen soll. Abgesehen davon, daß die tarifpolitischen Mittel dem Staate nur dann wirksam zur Verfügung stehen, wenn er alle wichtigen Eisenbahnlinien in seiner Hand vereinigt — was gerade in Österreich noch nicht der Fall ist — muß sowohl gegen diese Maßregel, wie auch gegen diejenigen Mittel, die darauf abzielen, durch Gewährung von Steuerbefreiungen, Subventionen, billigere Tarife und Preise für Roh- und Hilfsstoffe die Entstehung von Konkurrenzunternehmungen zu begünstigen, der Einwand erhoben werden, daß öffentliche Gelder, welche durch Steuern und Zwangsabgaben für Zwecke der öffentlichen Verwaltung aufgebracht werden, prinzipiell nicht dazu verwendet werden dürfen, um zu gunsten einzelner Unternehmer oder einzelner konkreter Kategorien von Unternehmern in den Preisbildungsprozeß einzugreifen und daß dies Mißbräuchen Tür und Tor öffnen würde. Aber ganz abgesehen davon, wer bürgt denn dem Staate, daß solche von ihm künstlich gezüchteten Konkurrenzunternehmer nicht ihrerseits, mögen sie sich auch verpflichtet haben, keinem Kartell beizutreten, sich, sobald sie erstarkt sind, freiwillig in ihren Preisen und Absatzbedingungen an die Kartell*politik* der anderen Unternehmer anschließen werden? Man müßte also, um dieser Gefahr vorzubeugen, aus öffentlichen Mitteln sozusagen Staatsindustrielle besolden, die aber wiederum der Gefahr ausgesetzt wären, daß das Kartell, um sie zu vernichten, die Preise herabsetzt, um das neugegründete, unter den Auspizien des Staates stehende Unternehmen zu grunde zu richten oder möglichst billig aufzukaufen.

Ich brauche ferner nicht zu betonen, daß es nicht gerade eines Kartellgesetzes bedarf, um dem Staate die wichtige Forderung der Wirtschaftspolitik ins Gedächtnis zu rufen, Organisationen von Konsumenten wohlwollend zu behandeln, daß aber dieses Mittel, wenn es nicht spontan durch die Interessenten selbst angewendet wird, in der Regel seine Wirkung versagt. Die Drohung aber, welche der Entwurf den allerhartnäckigsten Kartellen gegenüber als ultima ratio vorhält, nämlich die Befugnis des Handelsministeriums, kartellierten Unternehmern aufzutragen, die Ausnützung und Schädigung ihrer Abnehmer bei Ordnungsstrafe von Kr. 200—20 000 zu unterlassen, kann zweifellos nur mit dem Lichtenbergschen Messer ohne Stil und Klinge verglichen werden. Denn solange unser Rechtszustand nicht gestattet, daß einem Produzenten von Staatswegen der Auftrag erteilt werde, an einen bestimmten Abnehmer überhaupt zu verkaufen, so lange kann man ihm wohl auch nicht den Preis und die Bedingungen diktieren, zu denen er dem Abnehmer zu verkaufen hat. Auch wird es einem Handelsminister äußerst schwer fallen, jemals gegen ein Kartell den Vorwurf zu begründen, daß es die Zwangslage seiner Abnehmer wucherisch ausnütze. In der Regel wird ja ein Kartell in seiner Preisfeststellung nicht höher gehen können, als ihm dies durch den Zollschutz ermöglicht ist. Internationale Kartelle sind doch noch eine Rarität. Soll nun dasselbe Handelsministerium, welches beim Abschluß der Handelsverträge diesen Zollsatz unter seiner Verantwortlichkeit dem Parlamente zur Annahme vorgeschlagen hat, etwa sechs Monate später auf die Beschwerde eines Abnehmers hin das Erkenntnis fällen, die Ausnützung dieses Zollsatzes sei offenbar rechtswidrig oder konstituiere eine wucherische Ausnützung der Zwangslage der Abnehmer? Hat doch selbst das österreichische und deutsche Zuckerkartell, dem man wahrhaftig nicht eine allzu milde Handhabung des Kartellmonopols vorwerfen konnte, nicht den gesamten Zollschutz ausgenützt, der ihm durch die Surtaxe auf Zucker seitens des Staates eingeräumt war!

Meine Kritik, so scharf sie Einzelheiten des Entwurfes angreift, richtet sich nicht speziell gegen den Entwurf in concreto. Sie soll vielmehr den Nachweis erbringen, daß auf dem Boden der heutigen Wirtschaftsordnung das Eingreifen des Staates in die Produktions- und Absatzverhältnisse von Privatindustrieen wohl erfolgen kann im Rahmen und durch Mittel seiner allgemeinen Wirtschaftspolitik, seiner Handelspolitik, Steuerpolitik usw., aber nicht durch einzelne Verfügungen, die in das ungeheuer komplizierte wirtschaftliche Getriebe des Preisbildungsprozesses und Marktverkehrs eingreifen, um hier und da etwa ein Rädchen zu lockern oder zu befestigen oder zu verschieben; bei sonstiger Gefahr, daß hierdurch Wirkungen ausgelöst werden würden, die vollständig inkommensurabel sind mit demjenigen, was der Staat durch sein Eingreifen bewirken wollte. Die Aufgabe des Staates ist es nicht, den tertius bonus vir zu spielen bei den Kämpfen und Kompromissen, aus denen die Preisbildung auf dem heutigen Markte hervorgeht; und wenn er sich hierzu herbeiläßt, diese Funktion zu übernehmen, so wird voraussichtlich als das einzige Resultat dieses Eingreifens übrig bleiben die unerwünschte Deckung der Resultate dieses Preis- und Absatzkampfes durch die staatliche Autorität.

Dem Eingreifen des Staates in den Preisbildungsprozeß bietet sich jedoch ein anderes weites und fruchtbares, aber bis jetzt noch wenig angebautes Feld. Der moderne Staat ist ja selbst einer der größten Konsumenten, der wichtigste Abnehmer für eine Reihe von Industrieen, auf manchen Gebieten heute beinahe der einzige Abnehmer. Wenn der Staat in dieser seiner Eigenschaft der Preis- und Geschäftspolitik von Kartellen wirksam entgegenträte, indem er z. B. bei Scheinsubmissionen, die von kartellierten Unternehmern beschickt werden, auch das Ausland zur Konkurrenz heranzöge, so könnte der Erfolg seines Eingreifens weit über die unmittelbare Wirkung hinaus durch die Autorität und das Beispiel, die seinem Vorgehen innewohnen, mitunter ein bedeutender sein. Der Staat wird in einem solchen Falle gleichzeitig auch seine finanzpolitischen Interessen wahrnehmen, den Beutel der Steuerzahler zu schützen vermögen. Wenn nun gleichwohl, trotzdem dieser Gedanke in der Literatur und öffentlichen Presse wiederholt aufgetaucht ist, der Staat dennoch in äußerst seltenen Fällen diesen Weg eingeschlagen hat und eben nach dem Stande der politischen Machtverhältnisse einschlagen konnte, ist es nicht als Illusion zu qualifizieren, wenn man annimmt, derselbe Staat werde unter dem Drucke der gleichen politischen Machtverhältnisse eine wirksame Repressionspolitik gegen die Kartelle üben, und zwar eventuell mit Aufwendung von Mitteln, die seine finanzpolitischen Interessen schädigen und die Lasten seiner Steuerträger erhöhen?

VII.

Es bedarf nach den bisherigen Erörterungen wohl keiner längeren Ausführung, um meine These zu begründen: daß es im wirtschafts- und sozialpolitischen Interesse liegt, die Kartelle, ihre konkrete Gestaltung, ihre Gebarung und Politik der öffentlichen Kontrolle, der Staatsaufsicht zu unterstellen, sie aus dem Dunkel zu führen, welches heute nur durch wissenschaftliche Forschung erlichtet wird und ihnen hiergegen die ihnen etwa noch fehlende Sicherheit rechtlichen Bestandes und rechtlicher Wirksamkeit zu verleihen, soweit nicht ihre Vereinbarungen oder ihre Tätigkeit gegen zwingende allgemeine Normen der Rechtsordnung verstoßen; daß aber unter den heutigen Verhältnissen die rechtliche Regelung des Kartellproblems auf diese Aufgabe und ihre möglichst zweckmäßige Lösung beschränkt bleiben muß.

Die letztere wird sich allerdings meines Erachtens in den Bahnen zu bewegen haben, welche durch die beiden österreichischen Entwürfe, den Regierungs- und den Referenten-Entwurf vorgezeichnet sind. Von meinem subjektiven Standpunkte aus sei es mir gestattet, dem (jüngeren) Referenten-Entwurfe in dieser Beziehung gewisse Vorzüge vor dem (älteren) Regierungs-Entwurfe zuzubilligen: sei es auch nur deshalb, weil der Referenten-Entwurf von den beiden wichtigsten Anregungen, die ich in meiner Kritik des ersten österreichischen Regierungs-Entwurfes gegeben habe, die eine Anregung, nämlich die Einführung eines öffentlichen Kartellregisters, die schon in der zweiten Fassung des österreichischen Regierungs-Entwurfes verwirklicht wurde, aus dieser übernommen, überdies aber auch, wenngleich nicht ganz durchgreifend, jene Anregung verwirklicht hat, die ich in der Richtung versuchte, daß nämlich das Moment der Publizität der Kartelle zugleich die Grundlage für ihren Rechtsbestand zu bilden habe[31]):

Diese Grundsätze bedürften jedoch einer Ausgestaltung im einzelnen.

1. Es wäre im Gesetze der Grundsatz aufzustellen, daß alle Kartelle der Staatsaufsicht unterstehen. Die von den österreichischen Entwürfen gegebene Definition der Kartelle könnte beibehalten werden.

2. Vereinbarungen, welche die Begründung eines Kartells bezwecken (Kartellstatuten), sowie ihre Abänderung und Auflösung bedürften zu

---

[31]) Vgl. meine Abhandlung a. a. O. S. 609: „Die Strafbestimmungen für die Teilnahme an einem Kartelle oder für die Nichtbeachtung der Statuten wären entsprechend anwendbar zu machen auf die Teilnahme an einem geheimen Kartelle oder auf die Abweichung von den publizierten Statuten.

Kartellbeschlüsse bedürften zu ihrer Gültigkeit der notariellen Beurkundung (abweichend vom Entwurf), unterlägen der Anzeigepflicht und wären zu publizieren. Sie dürfen vor der Publikation nicht ausgeführt werden. Die Ausführung eines nicht publizierten Kartellbeschlusses unterliege der Straffanktion, welche heute die Ausführung eines untersagten Kartellbeschlusses bedroht.

Diese Bestimmung mag hart erscheinen, sonder Zweifel ist sie ungemein wirksam. Wie viele Kartellbeschlüsse, die man der im geheimen tagenden Kommission plausibel zu machen hoffte, würden das Licht des Tages nicht erblicken! Aber sie ist in der Tat nicht allzuhart: denn wirkliche Geschäfts- und Betriebsgeheimnisse werden in Kartellbeschlüssen, die ja von Konkurrenten in potentia gefaßt werden, nicht zutage treten. Diese Publizität erst würde der öffentlichen Meinung ein gerechtes und begründetes Urteil über Zwecke, Mittel und Richtungen der Politik der Kartelle gewähren; sie würde die Angriffe auf ein gerechteres Maß zurückführen, hingegen Ausschreitungen im Keime ersticken."

ihrer Gültigkeit der Beurkundung durch einen Notar und unterlägen der Anzeigepflicht.

3. Es wird eine Kartellbehörde errichtet, welche zunächst als Publizitätsstelle zu dienen hat; bei dieser Behörde wird ein öffentliches Kartellregister geführt. Die Einrichtung des Kartellregisters kann im Sinne der beiden österreichischen Entwürfe gestaltet werden.

4. Es erscheint mir nicht zweckmäßig, daß die Form der Kartellvereinbarungen (Kartellstatuten) durch das Gesetz vorgeschrieben oder auch nur ein bestimmter Rahmen vorgezeichnet werde, in welchem sich die Kartellvereinbarungen zu halten hätten. Vielmehr wäre der großen Triebkraft und organisierenden Potenz, welche das wirtschaftliche Leben bisher in dieser Richtung entfaltet hat, keine Schranke zu setzen. Es bleibe also beim heutigen Zustande, der die mannigfaltigsten technisch-juristischen Formen kennt, in denen der Kartellzweck und der Kartellwille sich juristisch verkörpern. Wohl aber könnte das Gesetz entsprechend dem § 2 des österreichischen Regierungs- und Referenten-Entwurfes ein Minimalerfordernis von Daten festsetzen, die jede Kartellvereinbarung enthalten muß, und es wäre insbesondere darauf Wert zu legen, daß auch jene Bestimmungen, welche die konkrete Kartellierungsmethode verkörpern, zum Kartellregister angemeldet werden müssen.

5. Ebenso wie die Kartellstatuten, ihre Abänderung und die Auflösung des Kartells wären auch die Kartellbeschlüsse, die eine Festsetzung der Preise, der Produktionsmenge, der Einkaufs- oder Absatzverhältnisse zum Gegenstande haben, der Kartellbehörde anzuzeigen und eine Ausfertigung derselben beim Kartellregister zur öffentlichen Kenntnisnahme zu hinterlegen.

6. Die Kartellbehörde wäre nicht als Administrativbehörde, sondern als Gerichtsbehörde zu organisieren. Ich gebe in dieser Richtung dem bekanntlich von Dr. Emil Steinbach herrührenden Vorschlage eines Kartellgerichtshofes[32]) vor jenem eines als Verwaltungsbehörde organisierten Kartellamtes aus leicht begreiflichen Gründen unbedingt den Vorzug. Alle Einwendungen, welche gegen die Errichtung eines Kartellgerichtshofes erhoben werden könnten, sind ohne Belang, wenn der Tätigkeit der Kartellbehörde nicht die Ausübung einer Repressionsgewalt vom Gesichtspunkte der öffentlichen Wohlfahrt und Verwaltung aus zum Ziele gesetzt wird, sondern nur die Aufgabe, für die Wahrheit, Voll-

[32]) Rechtsgeschäfte der wirtsch. Organisation, Wien 1897. Ofner (a. a. O.) schlug vor, die Behörde nach Art des Patentamtes zu organisieren, ein Gedanke, der neuerdings von Urban in einem Referate an den österr. Industrierat wieder aufgenommen wurde.

ständigkeit und Gesetzmäßigkeit der Anzeigen zum Kartellregister in der weiter unten angedeuteten Weise Sorge zu tragen.

7. Die Kartellbehörde hat alle bei ihr einlangenden Anzeigen darauf zu prüfen, ob sie den formalen Erfordernissen des Gesetzes entsprechen, im Sinne desselben vollständig sind und nicht Bestimmungen enthalten, welche zwingenden Rechtsnormen zuwiderlaufen. Nach dem Ergebnisse ihrer Prüfung hat die Kartellbehörde die Registrierung zu bewilligen oder zu verweigern.

8. Der Kartellbehörde wird das Recht eingeräumt, durch angemessene, erhebliche Ordnungsstrafen, die, wie das im englischen Aktienrecht gebräuchlich, für jeden Tag des Ungehorsams zu bemessen wären, nicht registrierte Kartelle dazu zu verhalten, ihre Vereinbarungen anzuzeigen und im Kartellregister zu publizieren. Jedermann, der eine bestimmte vom Gesetze festzustellende Kaution leistet, kann die diesbezügliche Kognition der Kartellbehörde provoziren. Die Kartellbehörde entscheidet nach Anhörung von Sachverständigen darüber, ob ein Verband unter die gesetzliche Definition eines Kartelles falle oder nicht.

9. Das Kartellgesetz hätte als Grundsatz das Publizitätsprinzip der Kartelle aufzustellen. Alle Kartellvereinbarungen, Abänderungen derselben und Kartellbeschlüsse, welche und insoweit sie ordnungsmäßig zur Anzeige gebracht und publiziert worden sind (was ja voraussetzt, daß sie zwingenden Rechtsgrundsätzen nicht zuwiderlaufen), sind für die Beteiligten rechtsverbindlich. Alle Vereinbarungen und Beschlüsse hingegen, welche nach der Definition des Gesetzes als Kartellvereinbarungen und Kartellbeschlüsse zu qualifizieren sind, jedoch nicht angezeigt und publiziert wurden, entbehren insofern, als diese Anzeige und Publizierung unterblieb, jeder Rechtsgültigkeit.

10. Für die Wahrheit und Vollständigkeit der Anzeigen zum Kartellregister wäre durch folgende Maßregeln Sorge zu tragen:

a) Durch angemessene Ordnungsstrafen für den Fall, als sei es auch durch eine in Folge der Beschwerde eines Dritten eingeleitete Untersuchung festgestellt werden würde, daß die zum Kartellregister erstatteten Anzeigen unwahr oder unvollständig gewesen seien;

b) der Kartellbehörde soll das Recht zustehen, falls sie erkennt, daß die Anzeigen zum Kartellregister in wesentlichen Punkten unwahr oder unvollständig seien, die Streichung des betreffenden Kartells aus dem Kartellregister zu verfügen mit der Rechtswirkung, daß hierdurch das betreffende Kartellstatut oder der betreffende Kartellbeschluß seine Rechtsverbindlichkeit verliert. Die Kartellbehörde hätte zugleich einen angemessenen Zeitraum festzustellen, vor dessen Ablauf ein Kartellstatut oder ein Kartellbeschluß, an welchem Kontrahenten des gestrichenen Kartellstatuts oder Beschlusses betheiligt sind, nicht wieder in das Kartellregister eingetragen werden kann;

c) da zweifellos, insbesondere in Österreich, die Anzeige der Kartellstatuten nur unter der Voraussetzung wird verlangt und durchgesetzt werden können, daß denselben gesetzlich eine Gebührenermäßigung eingeräumt wird, so könnte als die Rechtsfolge der Streichung eines Kartellstatuts oder Kartellbeschlusses auch die Bestimmung festgesetzt werden können, daß das betreffende Kartell des ihm gesetzlich gewährten Gebührennachlasses verlustig geht und zur Zahlung der Differenz zwischen den normalen und ermäßigten Gebühren verpflichtet wird;

d) als eine weitere Maßregel, welche die Wahrheit und Vollständigkeit der Kartellanzeigen verbürgen könnte, wäre eine Bestimmung des Inhalts ins Auge zu fassen, daß bei Rechtsstreitigkeiten, welche die Geltendmachung von Kartellvereinbarungen oder Kartellbeschlüssen betreffen, zu Gunsten des Rechtsbestandes des Kartells oder des Kartellbeschlusses anzeigepflichtige Thatsachen, die nicht angezeigt worden sind, nicht geltend gemacht werden können, während gegen den Rechtsbestand eines Kartellstatuts oder Kartellbeschlusses auch solche Thatsachen vorgebracht und bewiesen werden könnten, welche nicht zur Anzeige gelangt sind.

Diese Maßregeln umfassen meines Erachtens im wesentlichen alles, was heute vorgekehrt werden könnte als ein erster Schritt zur staatlichen Regelung des Kartellwesens und was sich als gleichzeitig durchführbar und zweckmäßig ansprechen ließe. Es wird dieses Resultat manchem als allzu mager erscheinen; es wird insbesondere der Einwand erhoben werden können, daß, da, wie ich selbst zugegeben und ausgeführt habe, die Bekämpfung von Kartellen durch das Mittel zivilrechtlicher Ungültigkeit sich bisher nicht als wirksam erwiesen hat, auch die Begünstigung, welche den Kartellen durch ein solches Gesetz bei Erfüllung ihrer Anzeigepflicht zu teil werden würde, eine sehr prekäre wäre; mit einem Worte, daß die Verleihung zivilrechtlicher Gültigkeit eine allzu schwache Triebfeder bilden würde, um die Publizität der Kartelle und Kartellbeschlüsse zu sichern. Ich glaube gleichwohl, daß zwischen die Wahl vor Publizität oder Rechtsunverbindlichkeit gestellt, die meisten Kartelle sich — ganz abgesehen von der Erzwingung der Eintragung durch Ordnungsstrafen — freiwillig für die erstere entscheiden würden, mögen sie auch in Staaten wie Oesterreich, wo sie kein Mittel haben, sich vor der zivilrechtlichen Ungültigkeit der Vereinbaruungen zu schützen, sich damit begnügen, ein clandestines Leben außerhalb des Gesetzes zu führen.

Man darf ja nicht übersehen, daß wir es hier mit dem ersten Schritte auf ein überaus dorniges Gebiet zu tun haben. Der Einwand, daß die Kartellvereinbarungen und Beschlüsse derart gestaltet werden können, daß das Material, welches die Öffentlichkeit aus ihnen gewänne, ein überaus dürftiges wäre, indem insbesondere die Resultate und die Details der geschäftlichen Gebarung der kartellierten Unternehmen außerhalb des Bereiches von Kartellvereinbarungen und Kartellbeschlüssen bleiben würden, ist sicherlich gerechtfertigt. Aber es muß unseres Erachtens einer späteren Ausgestaltung der Kartellgesetzgebung vorbehalten bleiben, dafür Sorge zu tragen, daß durch ein der Kartellbehörde anzugliedernbes besonderes Amt auch ein staatliches Auskunfts- und Büchereinsichtsrecht hinsichtlich der kartellierten Betriebe geschaffen werde, das von diesem Amte unter Wahrung des Geschäftsgeheimnisses zum Zwecke einer richtigen Produktions-, Preis- und Absatzstatistik zu verwerten wäre, um durch Erstattung fortlaufender objektiver Berichte über die Gebahrung und die Resultate der kartellierten Produktionen Licht zu verbreiten.

Wir müssen uns heute damit begnügen, den Kartellen innerhalb notwendiger Schranken eine gesicherte Rechtsbasis zu schaffen, die Kartellvereinbarungen und Kartellbeschlüsse möglichst wahr und vollständig ans Licht der Öffentlichkeit zu ziehen, auf diese Weise wenigstens einen wichtigen Teil des Kartellwesens und der Kartellpolitik der öffentlichen Kontrolle zu unterwerfen und insbesondere in authentischer Weise das Material zu ergänzen, welches auf diesem Gebiete für die Handels-, Finanz- und Sozialpolitik des Staates dem letzteren selbst und der öffentlichen Meinung zu Gebote steht. Man darf nicht übersehen, daß durch jede, wenn auch nur beschränkte und teilweise Öffentlichkeit der Kartelle der wichtigsten und natürlichen Heilungspotenz der Zutritt eröffnet wird, nämlich der stets wachsamen Konkurrenz. Produktionszweige, welche auf die Kartellierung nicht verzichten zu können glauben, sind ohne Zweifel der Allgemeinheit schuldig, den Bestand und die Wirksamkeit ihres Verbandes ins Licht zu stellen. Es kann dies geschehen ohne Verletzung der Selbständigkeit der Unternehmer und der Geheimnisse ihrer Betriebe durch die Pflicht der Öffentlichkeit in jenem beschränkten Maße, wie ich es eben vorschlage. Aus einer solchen Publizität wird der Unternehmungsgeist der Konkurrenz kräftige Anregungen schöpfen; die öffentliche Meinung wird Ausschreitungen wirksamer begegnen können, als es heute der Fall ist; vor allem aber kann erst auf diesem Boden die Handelspolitik des Staates sich fruchtbar und zielbewußt entwickeln.

V.

Gutachten des Herrn Notars Justizrat F. Dorst in Köln

über die Frage:

Ist eine Änderung des § 313 B.G.B. geboten, wonach ein Vertrag, durch den sich der eine Teil verpflichtet, das Eigentum an einem Grundstücke zu übertragen, der gerichtlichen oder notariellen Beurkundung bedarf? Soll statt dessen Schriftlichkeit oder selbst mündliche Vereinbarung genügen?

Nach § 313 B.G.B. bedarf ein Vertrag, durch den sich der eine Teil verpflichtet, das Eigentum an einem Grundstücke zu übertragen, der gerichtlichen oder notariellen Beurkundung.

Der Wortlaut könnte zu der Annahme verleiten, daß der Paragraph nur von der Verpflichtung zum Verkaufe, nicht aber von der zum Ankaufe handele. Aus den Motiven zum I. Entwurfe (II S. 189 ff.) und noch mehr aus den Protokollen der Kommission für die zweite Lesung (I S. 460 ff.) geht jedoch deutlich hervor, daß es sich auch um die Verpflichtung zum Erwerbe von Grundstücken handelt. Auch ist die Vorschrift nicht auf Kauf- und Tauschverträge zu beschränken, sie bezieht sich vielmehr auf jede andere Art des Erwerbes von Grundstücken, also auch auf den Erwerb bei Teilungen. Die Bestimmung geht weiter als die allgemeine Vorschrift des § 873 B.G.B., welche nur den abstrakt dinglichen Vertrag im Auge hat. Auch der obligatorische Vertrag bei Eigentumsübertragungen von Grundstücken ist, wenn er die vorgeschriebene Form nicht beobachtet, seinem ganzen Inhalte nach mit allen seinen Nebenverabredungen nichtig. Dies ergibt sich aus dem Absatz 2, wonach der Vertrag seinem ganzen Inhalte nach gültig wird, wenn die Auflassung und die Eintragung in das Grundbuch erfolgen. Dabei können Zweifel und Streitigkeiten entstehen, ob bei einem Vertrage, z. B. bei einem Gesellschaftsvertrage alle Bestimmungen oder nur ein Teil derselben nichtig sind (§ 139 B.G.B.).

Ist schon, wie sich aus Vorstehendem ergibt, die Fassung des Paragraphen keine einwandfreie, und enthält er die juristische Inkonsequenz, daß er eine heilbare Nichtigkeit aufstellt, so haben sich auch schon bald nach Inkrafttreten des B.G.B. schwere Bedenken gegen die Bestimmung selbst von vielen Seiten geltend gemacht. Es ist deshalb zu untersuchen, ob die Bestimmung ihre Berechtigung hat, oder ob sie abzuändern ist. Die Prüfung hat sich darauf zu erstrecken, welches der Zweck der Bestimmung ist, und ob dieser erreicht wird, sodann, ob nicht die zu vermeidenden Nachteile geringer sind als die durch die Bestimmung hervorgerufenen.

Als Gründe der Bestimmung sind in den Motiven (II, S. 190 ff.) hauptsächlich folgende angeführt.

In sozialer Hinsicht sei das Grundeigentum von der höchsten Bedeutung, es sei die natürliche Grundlage für die Seßhaftigkeit der Bevölkerung, auch sei es für die Lebensfähigkeit und den Beruf des Eigentümers von Bedeutung. Sodann hänge jedes Grundeigentum mit einer Reihe von Rechtsverhältnissen zusammen, welche wegen der Unvergänglichkeit des Grundeigentums von weitaussehender Dauer seien. Aus diesen Gründen sei eine besondere Vorsicht bei Veräußerung und Erwerb des Grundeigentums geboten. Da die Formfreiheit der Verträge ernste Übelstände hervorgerufen habe, sei eine bestimmte Form notwendig.

In der Kommission der zweiten Lesung wurde erwogen, die Form des Vertrages müsse vor Übereilung schützen. Da die schriftliche Form, wo sie bisher bestanden, diesen Zweck nicht erreicht habe, sei gerichtliche oder notarielle Beurkundung erforderlich (Prot. I S. 460 ff.). Diese biete eine größere Gewähr für die Vollständigkeit der Urkunden als die rein privatschriftliche Form.

Aus den Kommissionsverhandlungen geht hervor, daß man hauptsächlich den Schutz der Bauern bezweckt und besonders Wirtshausgeschäfte verhindern will (Prot. I S. 460 u. 461). Die Motive (II S. 190) erkennen aber keinen Grund an, die Formvorschrift auf landwirtschaftliche Grundstücke zu beschränken.

Der hauptsächlichste Grund der Bestimmung ist also der, bei Grundstücksveräußerungen vor Übereilung zu schützen und einen möglichst klaren Vertrag zu erzielen.

Die Begründung des hohen Wertes des Grundeigentums verdient alle Beachtung und ist durchaus anzuerkennen, also auch die Ansicht, daß bei Verträgen über Grundeigentum besondere Vorsicht und Sorgfalt geboten sind. Nicht dagegen ist anzuerkennen, daß diese Erwägungen dazu führen müssen, für den Verpflichtungsvertrag eine besondere Form vorzuschreiben.

Die Form ist etwas rein Äußerliches und folgt immer erst der Prüfung der Sachlage, der Überlegung und den Entschließungen nach, gleichviel welches auch die Form ist. Dasjenige, was ihr vorhergeht, ist die Hauptsache.

Es könnte also nur darauf ankommen, dieses zu schützen und vor allem nachlässiges Prüfen und Übereilung zu verhindern. Dazu ist aber kein Gesetz und keine Vorschrift im Stande.

Die Behauptung, die nachfolgende besondere Form der Bindung befördere die vorherige Prüfung, ermangelt jeden Beweises. Der Gang zum Gerichte oder Notar soll den Ernst der Sachlage klar machen und eine wohltätige Überlegungsfrist geben (Prot. I S. 461). Dies ist nicht als Regel anzuerkennen. Wenn jemand weiß, daß er durch sein einfaches Wort gebunden ist, wird er es nicht so leicht geben. Weiß er, daß er erst durch den Vertrag vor Gericht oder Notar gebunden ist, trotzdem er vorher sein Wort gegeben, so ist in den meisten Fällen wohl anzunehmen, daß er mit seinen Überlegungen abgeschlossen hat, besonders wenn der andere Teil ihn bestimmt hat, sofort mit ihm zum Gericht oder Notar zu gehen. Es ist sogar zu befürchten, daß eine Bindung in vielen Fällen rascher und unüberlegter zu Stande kommt, als wenn eine formelle Bindung genügt. Beide Teile glauben im ersten Momente, ein gutes Geschäft zu machen, und beeilen sich, weil sie den Anderen nicht gebunden wissen, schleunigst den Verpflichtungsvertrag zu vollziehen, ehe sie über die Einzelheiten klar geworden sind.

Wirtshausgeschäfte sollen verhindert werden. Weshalb dies in allen Fällen richtig sein soll, ist nicht einzusehen. Im Wirtshause werden viele und wertvolle Geschäfte abgeschlossen. Gerade dort wird häufig lange überlegt und geprüft, ehe man einig ist. Jede Partei hat ihre Berater, die mit verhandeln. Das Wirtshaus ist doch nicht immer ohne Weiteres ein ungeeigneter Ort; in vielen Ortschaften ist es der einzige, wo die Leute zusammenkommen. Nur dann wäre es zu verwerfen, wenn dort nur eine Zusammenkunft von betrunkenen Leuten stattfände. Wird aber wirklich von einem Betrunkenen ein Geschäft abgeschlossen — was übrigens auch außerhalb des Wirtshauses vorkommen kann — so gibt das Gesetz ihm Schutz genug, den Vertrag anzufechten. Wenn der Bauer, wie es in den Protokollen (I S. 463) heißt, erst nüchtern werden muß, um zu überlegen, dann hat er eben noch keinen Schaden zu befürchten, da er den Vertrag nicht anzuerkennen braucht.

Kommen aber auch wirklich Fälle vor, daß er mit der Anfechtung nicht durchdringt, oder daß er sich scheut, einen Prozeß zu führen, so ist dies nicht genügend, um wegen solcher Ausnahme eine allgemeine Regel in so einschneidender Weise zu durchbrechen und alle Fälle mit zu treffen. Daß jemand ein Vertrag später leid wird, ist eine Tatsache, die immer vorkommen wird, mag vorher noch so viel überlegt worden sein. Eine der Überlegung und Entschließung nachfolgende Form kann daran nichts ändern, die Erfüllung der Form garantiert nicht immer vorheriges Überlegen. Bei einer Versteigerung z. B. steigert Jemand ein Grundstück an, weil er es gerade für billig und für ihn günstig gelegen hält. Er unterschreibt das Protokoll, und nachher wird ihm die Sache leid. Hier schützt ihn also auch die Form nicht vor Übereilung.

Die Form des Vertrages bietet keine Garantie, daß vor dessen Abschlusse die Prüfung und Überlegung eine größere war als bei einem formlosen Vertrage. Mit der Erfüllung der Formvorschriften haben die Erwägungen eben ihr Ende erreicht, ebenso wie in dem Falle, daß mündliche Verabredung genügt.

Zu Vorstehendem kommt sodann noch der Umstand, daß es Mittel gibt, schon vor Abschluß des Vertrages in bindender Form einen Zustand herbeizuführen, welcher der Bindung gleich kommt. Die Vertragschließenden brauchen nur einem Dritten eine schriftliche, ja sogar bloß mündliche Vollmacht zur Vollziehung des Verpflichtungsvertrages zu erteilen und diese für eine bestimmte Zeit für unwiderruflich zu erklären. Da dies möglich ist, und es wird davon bereits Gebrauch gemacht, bleibt die nachfolgende Erfüllung der Formvorschriften eine nur noch rein äußerliche und daher überflüssige Sache, der Zweck des Gesetzes wird vollständig vereitelt.

Die Begründung, ein gerichtlicher oder notarieller Vertrag biete Gewähr für die Vollständigkeit der Urkunde, ist gewiß richtig, doch kann, wie schon bemerkt, gerade der Formzwang dazu führen, daß übereilt der Vertrag beurkundet werden muß, ohne daß es möglich ist, auf die Einzelheiten einzugehen. Die Beteiligten richten ihr Augenmerk darauf, möglichst rasch einen Verpflichtungsvertrag zu bekommen, da ja bis zur Unterschrift jeder zurücktreten kann.

Die Bemühungen des Richters oder Notars, einen vollständigen Vertrag zu erzielen, werden sehr häufig vergeblich sein, indem man bemerkt, für die Einzelheiten habe es noch Zeit, da die Nebenbestimmungen und Bedingungen ja formlos festgestellt werden können.

Der Zweck der Gesetzesvorschrift wird also nicht erreicht.

Der Abschluß eines formlosen Verpflichtungsvertrages schützt in der Regel die Vertragschließenden nicht weniger, wie der eines formellen.

Wenn die Vertragschließenden über wesentliche Punkte, über welche eine Einigkeit erzielt werden soll, noch nicht einig sind, so ist der Vertrag eben noch nicht abgeschlossen (§ 154 B.G.B.). Daß ein formeller Bindungsvertrag nicht nachfolgen muß, ist also kein Nachteil. Im linksrheinischen Rechtsgebiete wurden auch vor 1900 mit verschwindenden Ausnahmen die Verträge über Grundeigentum notariell abgefaßt und daher für eine gründliche Abfassung Garantie geboten, trotzdem der Verpflichtungsvertrag an sich an keine Form gebunden war.

Die formlose Bindung soll, so wird behauptet, schwere Schädigungen hervorgerufen haben. Diese Schädigungen können entweder in Übereilungen liegen oder aber darin, daß nachher Prozesse über einzelne Verabredungen geführt werden.

Daß Übereilungen durch den formellen Abschluß nicht immer verhindert werden, wurde vorhin bereits ausgeführt. Prozesse über Nebenbestimmungen werden auch durch einen formellen Vertrag nicht verhindert, da häufig die Aufnahme mancher Bestimmungen aus allen möglichen Gründen vermieden wird. So lange es Verträge gibt, wird es auch Prozesse über solche geben. Daß sie bei formlosen Verträgen leichter als bei formellen entstehen können, ist zuzugeben. Jedoch auch das kann die Notwendigkeit einer besonderen Form nicht rechtfertigen, denn diese hat, wenn sie auch für den Bindungsvertrag vorliegt, große Nachteile im Gefolge und führt zu Chikanen.

Gleich nach Inkrafttreten des B.G.B. erregten die Bestimmungen des § 313 großes Befremden. Das Volk wollte nicht einsehen, daß ein mündlicher Verpflichtungsvertrag nicht genügen solle, um bindende Erklärungen über die Übertragung von Grundstücken herbeizuführen. Anfangs glaubte man nicht recht an den Ernst der Sache, um jedoch bald eines anderen belehrt zu werden. In weiten Kreisen erhob sich eine große Entrüstung über die neue, unverständliche Gesetzesbestimmung, traten doch überall die größten Chikanen und Schädigungen hervor. Je mehr die Tragweite des § 313 erkannt wurde, desto mehr Mißbrauch wurde damit getrieben, und immer stärker tritt das Verlangen nach Beseitigung der Bestimmung hervor. Der Grundstücksverkehr hat schwere Schädigungen erfahren, und die Befürchtung liegt nahe, daß in ländlichen Kreisen, wenn dort dereinst die ganze Tragweite des § 313 erkannt sein wird, noch größerer Mißbrauch damit getrieben werden wird, als in den Städten.

Die Fälle, in welchen bisher unter Berufung auf den § 313 die

Übertragung von Grundstücken verweigert wurden, zerfallen in solche, in welchen kein wirklicher Schaden entstanden, und in solche, in welchen entweder der eine Teil oder auch beide Teile Schaden erlitten.

Die ersteren sind deshalb nicht ohne Bedeutung, weil sie gegen Treu und Glauben verstoßen und den alten Grundsatz „Ein Mann ein Wort" erschüttern. Wirft man Jemand vor, es sei unmoralisch und nicht rechtlich, sein mündlich gegebenes Wort nicht zu halten, so erhält man einfach sehr häufig die Antwort, was das Gesetz erlaube, könne nicht unmoralisch und unrechtlich sein.

In den anderen Fällen kamen Schädigungen in der Art vor, daß der Käufer eines Grundstückes sicher angelegte Kapitalien einzog, oder Wertpapiere mit Schaden verkaufte, um im bestimmten Termine den Kaufpreis des Grundstückes zu haben. Als der andere Teil den Abschluß des Kaufvertrages später verweigerte, wurde es dem Käufer oft nicht möglich, die Kapitalien ebenso sicher und zu gleichem Zinsfuße anzulegen. Auch hatte man sich in einigen Fällen, wo es sich um einen Hauskauf handelte, bereits bindend zum Verkaufe des eigenen Hauses verpflichtet und mußte sich jetzt um ein neues umsehen.

Der Käufer eines Grundstückes hatte bereits Baumaterialien zum Bau eines Hauses angeschafft und Ausschachtungen vorgenommen. Letztere brachten anderseits dem anderen Teile Schaden, weil für ihn die Ausschachtungen wertlos waren und wieder zugeschüttet werden mußten.

Wird ein Haus unter Vorbehalt der Erteilung einer Wirtschaftskonzession an den Käufer übertragen, so wird der Vertrag deshalb fast überall notariell oder gerichtlich beurkundet werden, weil der Verkäufer den Käufer gebunden sehen will. Zu einem solchen Vertrage muß der oft sehr hohe Stempel entwertet werden. Wird die Konzession versagt und der Kauf dadurch hinfällig, so besteht keine Verpflichtung zur Erstattung des Stempels. Er kann erstattet werden. Es sind genug Fälle vorgekommen, daß er nicht erstattet wurde. Dadurch entstehen viele Unzuträglichkeiten, die vermieden würden, wenn eine mündliche Bindung genügte.

Soll eine Reihe von nebeneinander liegenden Grundstücken gekauft werden zum Zwecke der Anlegung einer Wasserleitung, der Ausdehnung des Betriebes einer Fabrik, eines Steinbruches usw., so wird dies fast unmöglich, wenn eine gerichtliche oder notarielle Bindung erforderlich ist. Erfahrungsgemäß muß in solchen Fällen schleunigst gekauft werden, ohne daß der Nachbar etwas erfährt. Geschieht letzteres, so erfolgen die unsinnigsten Preissteigerungen. Die Weigerung auch nur eines Einzelnen kann das ganze Unternehmen vereiteln. Genügt eine mündliche Bindung, so werden die Grundstücke sich leichter rasch zusammenkaufen lassen, ohne daß der eine Verkäufer etwas von dem Kaufe des Nachbargrundstückes erfährt.

Von den bis jetzt wirklich vorgekommenen Fällen mögen besonders hervorgehoben werden:

1. Bei Teilungsverhandlungen bezüglich eines Nachlasses einigten sich die beiden Beteiligten nach langen Streitigkeiten dahin, daß der eine Erbe A. die sämtlichen Grundstücke zur Summe von 29000 Mk. übernehmen sollte. Man war über alle Punkte einig und beauftragte den Notar, die verwickelte Auseinandersetzung vorzunehmen. Zur Beurkundung wurde Termin anberaumt In diesem erklärte der A., die Grundstücke seien zu teuer, er verlange deren Versteigerung, da er nach § 313 B.G.B. nicht an die Verpflichtung zur Übernahme gebunden sei. Wenn der andere Teil nicht mit einer freiwilligen Versteigerung einverstanden sei, werde er das gerichtliche Teilungsverfahren einleiten. Nach mehreren Monaten einigte man sich zur öffentlichen Versteigerung. In letzterer steigerte der A. die sämtlichen Grundstücke für 26000 Mk. an und verkaufte sie sofort nach einigen Tagen für 29000 Mk. weiter.

2. Ein Pfälzer bestellte bei einem Notar in Köln einen Kaufakt über ein in Köln gelegenes Grundstück. Der Käufer hatte durch Drahtnachricht den Abschluß zu einem bestimmten Termin in Köln gewünscht. Trotzdem erschien er in diesem Termine nicht. Später erschien der Verkäufer wieder und bestellte Termin für den nächsten Tag mit der Erklärung, er habe am Kaufpreise 3000 Mk. nachlassen müssen. Im neuen Termine erschien der Käufer nicht, teilte aber durch eine Karte mit, er müsse als Zeuge ans Gericht, es liege ihm auch an dem Geschäfte nichts mehr. Der Verkäufer wurde also einige Tage in Köln hingehalten, und blieb es ihm überlassen, eine Schadensersatzklage für Reisekosten und dergleichen anzustrengen

3. Ein Maurer, der mit seinen erstehelichen Kindern ein kleines Häuschen besaß, war Schulden halber gezwungen, es zu veräußern. Er fand einen Liebhaber, welcher sich zum Ankaufe verpflichtete. Das Vormundschaftsgericht erteilte die Genehmigung. In dem zum Kaufakt angesetzten Termine erschien der Käufer nicht, weil er hoffte, das Haus billiger zu bekommen, wenn es versteigert werde. Da die Versteigerung nötig war, kam es dazu. Der frühere Liebhaber erstand das Haus um 300 Mk. billiger. Dazu mußten die Versteigerer alle Kosten tragen.

4. Der A. stand mit B. und C. in Verbindung, um ein Haus zu kaufen Er sagte dem B., er werde dessen Haus kaufen, wenn er das des C. nicht bekommen könne. Daraufhin ging B. zu C. und verpflichtete sich mündlich, dessen Haus zu einem höheren als von A. gebotenen

Preise zu kaufen. Als nun A. zu C. kam, um dessen Haus zu kaufen, erklärte dieser, es bereits dem B. verkauft zu haben. Infolgedessen kam der Kauf zwischen A. und B. notariell zu Stande. Der C. forderte jetzt den B. auf, den Kauf bezüglich seines Hauses zu betätigen. Der B. weigerte sich jedoch, indem er bemerkte, er sei ja nicht gebunden.

5. Im Jahre 1899 kaufte ein Bürgermeister von S. mündlich ein Grundstück, welches am Eingange des Bürgermeistereiortes lag. unter Vorbehalt der Genehmigung der Bürgermeistereiversammlung und des Kreisausschusses zur Errichtung eines Bürgermeistereigebäudes.

Einige Einwohner hatten ein Interesse daran, daß das neue Bürgermeistereigebäude nicht am Eingang, sondern in der Mitte des Ortes in der Nähe ihrer Geschäftshäuser errichtet werde, wo auch das alte stand. Nach dem 1. Januar 1900, während die Bürgermeistereiversammlung tagte, veranlaßten sie den S., ihnen das vom Bürgermeister in Aussicht genommene Grundstück zum selbigen Preise zu verkaufen. S. verkaufte es ihnen mündlich.

Die Bürgermeistereiversammlung genehmigte den vom Bürgermeister vorgenommenen bedingten Kauf. Da jedoch gegen S. hätte geklagt werden müssen und aus anderen Zweckmäßigkeitsgründen wurde später ein in der Mitte des Ortes gelegener Platz gekauft. Die interessierten Einwohner hatten ihren Zweck erreicht und weigerten sich, das Grundstück des S. zu kaufen.

Die vorstehenden Fälle mögen genügen, um zu zeigen, welche Folgen der § 313 hat. Das Resultat ist, daß die anständigen Leute geschädigt werden, während die Lumpen frei ausgehen. In einigen Fällen erhalten allerdings auch sie die verdiente Strafe. Man wird entgegenhalten, in allen Fällen hätte der Schaden vermieden werden können, wenn gleich eine gerichtliche oder notarielle Beurkundung erfolgt wäre. Wenn das Gesetz mehr bekannt sei, würde sofort eine Beurkundung erfolgen, der Übergang jedes Gesetzes sei mit Schwierigkeiten verbunden. Dem ist nicht ganz zuzustimmen. Nicht in allen Fällen ist eine sofortige Beurkundung möglich. Man denke an Geschäfte, die abends spät nach langen Verhandlungen und an solche, welche an weit vom Gerichte oder dem Amtssitze eines Notars entfernten Orten abgeschlossen werden. Zudem soll ja gerade der § 313 den schnellen Abschluß eines Vertrages über Grundstücke verhindern.

Am schlimmsten kann sich die Sache bei öffentlichen Versteigerungen gestalten. Bei diesen ist weder der Versteigerer noch der Ansteigerer an sein Gebot gebunden, so lange nicht die gerichtliche oder notarielle Beurkundung erfolgt und die Unterschriften abgegeben sind.

Es kann zu schweren Chikanen und Schädigungen führen, wenn ein Ansteigerer ein Grundstück hochgetrieben und nachher seine Unterschrift verweigert. Auch ein Versteigerer kann später die Unterschrift verweigern und dadurch Konflikte mit den anderen Versteigerern und den Ansteigerern herbeiführen. Bei der hohen Bedeutung der Grundstücksversteigerungen auf dem Lande können dadurch schwere Mißstände entstehen.

Aus den vorstehenden Ausführungen dürfte sich ergeben, daß die Forderung eines notariellen oder gerichtlichen Verpflichtungsvertrages bei Übertragung von Grundstücken den beabsichtigten Zweck nicht erreicht und zu schweren Schädigungen führen kann. Da nach den bisherigen Erfahrungen ein einfach schriftlicher Vertrag auch nicht zum Ziele führt, ergibt sich die Notwendigkeit, für den Bindungsvertrag die mündliche Verabredung genügen zu lassen.

Der Hauptzweck, eine gründliche Abfassung eines Kaufvertrages zu erzielen, dürfte auf einem anderen Wege zu erreichen sein.

Der § 98 Gr.B.O. sieht vor, daß die Landesgesetzgebung die Entgegennahme einer Auflassungserklärung von der Vorlegung eines gerichtlichen oder notariellen Verpflichtungsvertrages abhängig machen kann. Es empfiehlt sich, diese Bestimmung zum Reichsgesetze zu erheben. Geschieht dieses, so wird der Vorgang in zwei Teile zerlegt. Zunächst ist die mündliche Verpflichtung zur Übertragung nötig, sodann folgt die Übertragung selbst durch gerichtliche oder notarielle Urkunde. So war der Zustand im linksrheinischen Rechtsgebiete seit dem Jahre 1885 bis zum Inkrafttreten der Grundbuchgesetze. Schäden sind dabei nicht bekannt geworden. In dieser Weise würde verhindert werden, daß durch die Auflassung und Grundbucheintragung unklare und absurde Nebenverabredungen gültig werden. Wenn auch die Parteien bei der mündlichen Verpflichtung derartige Bestimmungen getroffen haben, so wird bei der späteren gerichtlichen oder notariellen Beurkundung der Richter oder Notar darauf hinwirken, über unklare Bestimmungen Klarheit zu schaffen und absurde Verabredungen zu beseitigen.

VI.

Gutachten des Herrn Justizrats Dr. J. Stranz in Berlin[1])

über die Frage:

Empfiehlt sich die Änderung der Vorschrift des § 313 B.G.B., wonach die obligatorische Verpflichtung zur Übertragung eines Grundstückseigentums an gerichtliche oder notarielle Beurkundung des Vertrages geknüpft ist?

Kaum drei Jahre sind seit dem Inslebentreten des B.G.B. vergangen, und schon beschäftigt sich der Juristentag, wie er vorher an Schöpfung und Aufbau des B.G.B., des Ganzen in seiner Einheit und Fülle, vorbereitend mitgewirkt hat, mit der Frage, ob nicht die heilende Hand an einzelne seiner Normen angelegt werden solle.

Nicht daß sich schon, was unsere Aufgabe betrifft, erhebliche Mißstände gezeigt hätten, welche die Reformbedürftigkeit des § 313 nahe legen. Aber sein Inhalt ist einerseits im Rahmen der sonst das Gesetzbuch beherrschenden Formfreiheit eine Anomalie, andererseits volkswirtschaftlich und rechtspolitisch von großer Bedeutung. So meldete sich jene Frage wie von selbst. Auch erregen in unserer sozialpolitisch durchtränkten Zeit diejenigen Rechtsnormen ein um so lebhafteres Interesse, in denen wirtschaftliche Bedürfnisse und soziale Interessen um ihren entsprechenden Ausdruck ringen. Dies war auch nicht zumindest der Reiz, den die Aufgabe auf den Verfasser dieses Gutachtens ausübte. Der Erledigung der Aufgabe glaubt er daher nicht genügen zu können durch

---

[1]) Vergl. das vorstehende Gutachten des Justizrats Dorst in Köln über dasselbe Thema.

eine Mitteilung seiner persönlichen Auffassung. Vielmehr sollen eine Darlegung des früheren Rechtszustandes, die Entstehungsgründe und der Zweck der hier fraglichen Bestimmung, eine kurze dogmatische Entwickelung ihres Inhaltes, sowie eine statistische Erhebung über die praktischen Erfahrungen aus den beiden vergangenen Jahren die Stützen und Tragebalken bilden, auf denen die Antwort sich aufbaut.

I. Präzisierung des Thema.

Der § 313 B.G.B. in seinem Wortlaute folgt an anderer Stelle (S. 147). Unser Thema betrifft im wesentlichen nur den ersten Satz des § 313. Nicht danach ist gefragt, ob sich eine Änderung des zweiten Satzes empfiehlt. Zur Frage gestellt ist, ob die durch den ersten Satz eingeführte Form der gerichtlichen oder notariellen Beurkundung beibehalten werden soll, oder ob eine Änderung in dieser Beziehung — in der Hauptsache, ob Formfreiheit oder einfache schriftliche Form — sich empfiehlt. Der zweite Satz des § 313 wird uns daher nur insoweit beschäftigen, als er mit dieser Frage im Zusammenhange steht: und dieser Zusammenhang ist vorhanden.

Zur Klarstellung des Thema sei ferner hervorgehoben: Es handelt sich nicht um die Form, durch welche das Eigentum übertragen wird, bezw. um die Form des dinglichen Vertrages, sondern um den zu Grunde liegenden obligatorischen Vertrag: um den Vertrag, durch den sich ein Teil verpflichtet, das Eigentum an einem Grundstücke zu übertragen. Nicht selten werden diese beiden Akte, selbst in den Rechtsquellen, verwechselt. Sie sind aber begrifflich grundverschieden. (Näheres unten S. 150). Der obligatorische Vertrag — dies gibt dem § 313 eine besondere Wichtigkeit — wird erfahrungsgemäß eine Zeit lang vor Auflassung und Übergabe geschlossen. Grundstücksveräußerungen sind meist Zeitgeschäfte; daher spielt die Form der Bindung eine große praktische Rolle.

II. Rechtszustand in Deutschland vor dem 1. Januar 1900.

Aus dem Vergangenen entsteht und erklärt sich die Gegenwart am besten. Der notwendige Rückblick auf den früheren Rechtszustand unterscheidet auch hier zunächst die drei großen Rechtsgebiete, die vor dem 1. Januar 1900 privatrechtlich Deutschland beherrschten. Im Herrschaftsgebiete des preußischen Landrechts (I. 10 § 17 A.L.R.; Gesetz vom

23. April 1821, welches die durch die A.G.O. - § 39 II. 1 — als Neuerung eingeführte gerichtliche und notarielle Form für Grundstücksverträge aufhob)[2]) und des französischen Rechts[3]) (Baden, Elsaß-Lothringen, Rheinpreußen linksrheinisch) war Schriftlichkeit nötig und ausreichend, während gemeinrechtlich diese Verträge formfrei waren. Indeß ist dies nur der grobe Umriß; namentlich das Bild des gemeinrechtlichen Gebietes war bunt genug. Viele Partikularrechte hatten sich der Formfreiheit hinsichtlich der Immobiliar-Veräußerungsverträge begeben. Gerichtliche oder notarielle Form verlangten Hannover (Gesetz vom 16. Dez. 1843 § 3), das Großherzogtum Hessen (Gesetz vom 4. August 1871), Schaumburg-Lippe (Gesetz vom 4. März 1870), vor allem aber Bayern im Notariatsgesetz vom 10. November 1861 Art. 14, welcher vorbildlich für den § 313 wurde[4]). In Nassau hatte das Stockbuchgesetz (vom 15. Mai 1851) für Grundstücksverträge eine besondere Form der Gerichtlichkeit eingeführt[5]). Schriftlichkeit genügte in Württemberg (Gesetz vom 23. Juni 1853) und in Sachsen (Sächs. Gesetzb. §§ 822, 824).

Von Interesse ist es aber, nicht nur die unmittelbare Vergangenheit vor dem 1. Januar 1900 kennen zu lernen, sondern weiter zurück in die früheren Jahrhunderte deutschen Rechtslebens zu gehen. Ob im ältesten deutschen Rechte Formfreiheit der Verträge bestand oder nicht, ist bekanntlich streitig. Den Grundsatz: „ein Mann ein Wort", hat man früher als einen germanischen betrachtet im Gegensatze zum römischen Recht, das für die rechtliche Bindung die stipulatio erforderte. Diese Ansicht ist bei eingehender Prüfung von angesehenen Rechtslehrern[6]) als irrig befunden worden. Das alte deutsche Recht nahm einen nicht beim — einfach gesprochenen — Wort, es verlangte zur Gültigkeit des Vertrages die Beobachtung bestimmter Formen. Gebunden war man erst entweder durch den Gebrauch von Symbolen und feierlichen Bestärkungen, z. B. die Auslieferung einer festuca, einer Urkunde (carta),

---

[2]) Weißler: Das Notariat der Preußischen Monarchie S. 112.

[3]) Förtsch: Vergl. Darstellung des C.c. und des B.G.B. S. 209; linksrheinisch war vom Jahre 1885 bis zum Inkrafttreten der Grundbuchgesetze mündliche Verpflichtung ausreichend (Dorst S. 142).

[4]) Stobbe: Handbuch des Deutschen Privatrechts Bd. 3 § 173 Anm. 7.

[5]) Weißler: a. a. O. S. 123.

[6]) So Sohm: Recht der Eheschließung S. 24 ff.; Stobbe: a. a. O. S. 165; Brunner in Goldschmidt's Zeitschrift XXII. S. 551 ff.; die Meinung, daß nach altem Recht auch der formlose Vertrag gültig war, wird z. B. von Gerber, Deutsches Privatrecht 15. Auflage, § 159, vertreten.

einer kleinen Summe (arrha, Gottespfennig) usw., oder durch den Abschluß vor Zeugen und Mahl oder Trunk mit ihnen gemeinsam (litkauf, Weinkauf) oder durch die Erfüllung bei geringwertigeren Geschäften des gewöhnlichen Verkehrs. Indeß schleifte sich im späteren Mittelalter das starre Formprinzip ab. Nach dem Sachsenspiegel (I. 7: sve icht vorget oder lovet, die sal't gelden, unde svat he dut, dat sal he stede halten) bindet auch der formlos geschlossene Vertrag. Als ferner bei der Aufnahme des fremden Rechts in Deutschland die römische „stipulatio", die dem deutschen Wesen widersprach, keinen Eingang fand, bürgerte sich je länger je mehr das Prinzip der Formfreiheit ein. Allein nicht mit ausnahmsloser Geltung. Für einzelne eigentümliche Vertragsarten (Vergabungen von Todeswegen), vor allem aber für alle Verträge, welche Immobilien zum Gegenstande hatten, wurde in weiten Teilen Deutschlands die Beurkundung, zumeist vor Gericht, verlangt. Das öffentliche Interesse in Beziehung auf das Grundeigentum sollte durch die obrigkeitliche Beihilfe ebenso gewahrt, wie die Vertragschließenden vor Unbesonnenheiten geschützt werden[7]). Die neueren Legislationen schlossen sich, wie wir oben dargelegt haben, seit 1800 ungefähr, hinsichtlich der verpflichtenden Kraft der Immobiliarverträge dem Formzwange an[8]).

---

[7]) Stobbe a. a. O. §§ 165, 184; Gerber § 162; Beseler 4. Aufl. § 109.

[8]) In manchen Partikularrechten ist es oft zweifelhaft, ob der Eigentumsübertragung, der Auflassung, die gerichtliche Form gilt, oder dem vorausgehenden Veräußerungsgeschäfte. Beide Akte werden verwechselt (Gerber § 162 Anm. 1; Beseler § 109). Es ist ein in Deutschland wohl auch für die älteste Zeit nachweisbarer und, wenn auch durch die Aufnahme des römischen Rechts zeitweise erschütterter, doch bis in die Gegenwart herrschender Grundsatz, daß das Eigentum an einem Grundstück (und überhaupt ein dingliches Recht am Grundstücke) nur durch eine feierliche öffentliche Handlung und später auch vorzugsweise vor dem Gerichte der belegenen Sache, im Echteding, übertragen werden müsse. Ane echte ding ne mut nieman sin egen geven (Sachsenspiegel I. Art. 52 § 1). Darauf beruht das Institut der gerichtlichen Auflassung und der — später üblich gewordenen — Eintragung in öffentlichen Büchern. Näheres Gerber § 89, Beseler § 88; dort auch über die verschiedenen Auffassungen in Bezug auf die in den alten Rechtsquellen erwähnten beiden Akte der sala, traditio (Auskleidung des Veräußerers?), und der vestitura, geweri (Einweisung in den Besitz oder Übereignungsakt?). Zu beachten bleibt die vielfach vertretene abweichende Meinung, die Auflassung fände sich nicht in so alter Zeit und in der Ausdehnung, wie man dies anzunehmen gewohnt sei (Stobbe Bd. 2 Abt. 1 § 94, die dort zitierten Laband, Bülowius; Weißler Preuß. Not. S. 8 ff., 47), der Hauptwert sei vielmehr in Deutschland stets auf die Beurkundung der Vertragsabrede gelegt worden.

III. Entstehungsgeschichte, Zweck des § 313 B.G.B.

Einem zerklüfteten Rechtszustande stand somit auch in unserer Frage der Gesetzgeber gegenüber. Räumlich war die Form der Schriftlichkeit am weitesten verbreitet (Preußen des A.L.R., Baden, Elsaß-Lothringen, das linke Rheinufer, Württemberg). Ein allgemeiner, das Volksbewußtsein beherrschender Gedanke, leitend oder hindernd, drängte sich dem Gesetzgeber nicht auf. Weder war es deutsch, das Vertrauen auf das Wort allein entscheiden zu lassen, noch war es deutsch, gerade eine **bestimmte** Form für Grundstücksveräußerungen zu verlangen. Vielmehr waren die Gesetzgebungen vorher im wesentlichen von Zweckmäßigkeitsgründen beherrscht worden. Solche Gründe waren es auch, die für die Normierung des B.G.B. maßgebend wurden.

Schon der erste Entwurf hatte die Bestimmung, sie blieb beim zweiten Entwurf inhaltlich unverändert, auch Bundesrat und Reichstag legten ihr bestätigendes Siegel auf sie[9]).

I. § 351.	II. § 265.	B. § 307. (R. § 302, G. § 313.)
Der Vertrag, durch welchen jemand sich zur Übertragung des Eigentumes an einem Grundstücke verpflichtet, bedarf der gerichtlichen oder notariellen Form. Der ohne Beobachtung der gerichtlichen oder notariellen Form geschlossene Vertrag erlangt durch die Auflassung und die Eintragung des Erwerbers in das Grundbuch nach seinem ganzem Inhalte Gültigkeit.	Ein Vertrag, durch den sich jemand verpflichtet, das Eigentum an einem Grundstücke zu übertragen, bedarf der gerichtlichen oder notariellen Beurkundung. Ein ohne Beobachtung dieser Form geschlossener Vertrag wird seinem ganzen Inhalte nach gültig, wenn die Auflassung des Grundstücks und die Eintragung in das Grundbuch erfolgt ist.	Ein Vertrag, durch den sich **der eine Teil** verpflichtet, das Eigentum an einem Grundstücke zu übertragen, bedarf der gerichtlichen oder notariellen Beurkundung. Ein ohne Beobachtung dieser Form geschlossener Vertrag wird seinem ganzen Inhalte nach gültig, wenn die Auflassung und die Eintragung in das Grundbuch erfolgen.

Die Gründe, welche den Gesetzgeber in den verschiedenen Stadien leiteten, sind ungefähr die gleichen. Sie lassen sich in drei Gruppen zusammenfassen.

---

[9]) Vgl. in Mugdan, Materialien zum B.G.B.: die Motive zum I. Entw. S. 104 f.; die Protokolle zum II. Entw. S. 619 ff.; die Denkschrift S. 1237; den Reichstags-Kommissionsbericht S. 1274 f.

Zunächst Gründe sozialer Bedeutung. Das Grundeigentum sei zwar in unserer Zeit des industriellen Kapitalismus nicht mehr der wertvollste Gegenstand des Vermögens, habe aber an sozialem Wert nichts eingebüßt. Bilde doch der Grundbesitz die natürliche Grundlage für die Seßhaftigkeit der Bevölkerung. Schon deshalb sei die Veräußerung nicht leicht zu nehmen.

Eng hiermit hängt der Grund zusammen, die minder geschäftsgewandte Bevölkerung durch den Zwang zu notariellem oder gerichtlichem Abschluß vor Übereilung und Ausbeutung zu bewahren. Die Form soll hier, wie in so vielen anderen Fällen, Schutznorm sein. Namentlich für den Bauer. Die Ausbeutung der bäuerlichen Bevölkerung durch bodenwucherische Geschäfte und die Zersplitterung des Grund und Bodens durch parzellierende Güterschlächter, insbesondere im Wege der Wirtshausgeschäfte, müßten gehindert werden. Die schriftliche Form allein habe sich nicht als ein genügender Schutz bewährt. Das Bedürfnis des öffentlichen Beurkundungszwanges sei aber auch in Ansehung anderer, als landwirtschaftlicher, Grundstücke anzuerkennen, ganz abgesehen von der Zweifelhaftigkeit der Frage, welche Grundstücke zu den landwirtschaftlichen gehören, oder als der Landwirtschaft dienend anzusehen seien.

Endlich fiel ins Gewicht die ungleich größere Gewähr für die Vollständigkeit, Richtigkeit und Verständlichkeit der Beurkundung, welche die Mitwirkung des Notars oder Richters bietet. Hängt doch jedes Grundeigentum, wie die Motive mit Recht ausführen, mit einer Reihe von Rechtsverhältnissen zusammen, die wegen seiner Unvergänglichkeit von weit aussehender Dauer sind, so daß also auch die Veräußerung und der Erwerb immer eine besondere Vorsicht zur Vermeidung späterer Schwierigkeiten erfordern.

Diese drei Gruppen von Erwägungen sind es in nuce, welche in allen Stadien den Sieg über die Gegengründe und die Abänderungsvorschläge herbeigeführt haben. Die Formfreiheit ist nur von den beiden Mecklenburg verlangt worden; sämtliche übrigen Regierungen stimmten bei ihren gutachtlichen Äußerungen dem I. Entwurf bei, selbst diejenigen, in deren Staaten bisher Formfreiheit oder die einfache Schriftform geherrscht hatte. Auch in der II. Kommission und in den späteren Stadien ist ein Antrag auf Formfreiheit von maßgebender Seite nicht aufgetaucht. Dagegen wurde die einfache Schriftform sowohl in der II. Kommission (Mugdan S. 620) wie auch in der Reichstagskommission (Mugdan II. Bd. S. 1275) als zur Gültigkeit des Vertrages ausreichend beantragt. Die Gründe zu Gunsten der einfachen Schriftform werden wir weiter unten in einem andern Zusammenhange einer kritischen Würdigung unterziehen. (S. 178 ff.)

Von Wichtigkeit ist jedoch, hier dem Schicksal einiger der Anträge nachzugehen, die zum § 313 (früher 351) in der II. Kommission gestellt wurden.

Ein Antrag, die Errichtung in „öffentlicher Urkunde" vorzuschreiben, statt die Parteien bloß auf die gerichtliche oder notarielle Beurkundung zu beschränken, wurde abgelehnt. Dagegen fand die Billigung der Kommission ein Antrag, im Einführungsgesetze zu bestimmen:

> „Unberührt bleiben die landesgesetzlichen Vorschriften, nach welchen zur Aufnahme der im § 351 (jetzt 313) des B.G.B. vorgeschriebenen Urkunden auch andere Behörden und Beamte als die Gerichte und Notare zuständig sind."

Dieser Antrag, später ein Bestandteil des Art. 142 E.G., ist, wie wir nachher (S. 184) sehen werden, von großer praktischer Bedeutung geworden.

Für den Antrag, die Formvorschrift auf obligatorische Verträge zur Begründung, Übertragung oder Belastung jedes dinglichen Rechts an einem Grundstücke auszudehnen, erkannte die Kommission ein Bedürfnis nicht an. Denn die Formalisierung des dinglichen Vertrages genüge hier, zu einem Schutze gegen Übereilung liege keine Veranlassung vor, und die strengere, als die privatschriftliche Form, müßte vielfach zur Erschwerung und Beeinträchtigung des Verkehrs führen, insbesondere bei Hypotheken (Darlehenzusagen der Landschafts-Direktionen, Schlußscheinen der Hypothekenmakler).

Endlich ist auch der wichtige Antrag, den zweiten Satz (damals noch Absatz) zu streichen, also die Heilung des Formmangels durch Auflassung nicht zuzulassen, abgelehnt worden. Überwiegende Gründe sprechen für die Ablehnung, wie wir an anderer Stelle noch darlegen werden.

IV. Erläuterung des § 313.

Eine kurze dogmatische Erläuterung empfiehlt sich, weil nur dadurch der Einblick in den gegenwärtigen Rechtszustand voll erschlossen wird. Ob Änderungen wünschenswert, ob sie notwendig, kann erst eine genaue Untersuchung des status quo ergeben; an die Diagnose schließt sich die Prognose.

Satz 1.

1. Der obligatorische Vertrag ist es, den der § 313 im Auge hat: der Vertrag, durch den sich der eine Teil **verpflichtet**, das Eigentum zu übertragen. Von diesem obligatorischen Vertrag des § 313, dem obligatorischen Grundgeschäft, ist der dingliche Vertrag, die rechtsgeschäftliche Verfügung über das Grundstück, die Einigung des Veräußerers und Erwerbers, welche das B.G.B. Auflassung nennt, mit ihrer die Rechtsänderung unmittelbar bewirkenden Folge scharf zu unterscheiden.[10]) Dies ist der Gegenstand der §§ 873 und 925. Der in der Form des § 313 abgeschlossene Vertrag ist weder der dingliche Vertrag noch ersetzt er ihn; er begründet nur ein Recht auf Vollziehung desselben und Abgabe der Erklärungen gemäß § 925 (Planck Anm. 1 zu § 313.)

2. Jeden obligatorischen Vertrag, durch welchen sich jemand verpflichtet, das Eigentum an einem Grundstücke zu übertragen, hat der § 313 im Auge, nicht etwa bloß Kauf- oder Tauschverträge (vgl. auch unten 6a).

3. Nur das Eigentum an einem Grundstück, nicht sonstige dingliche Rechte trifft der § 313. Auch für Verträge, durch die sich jemand zur Begründung oder Übertragung eines Erbbaurechts verpflichtet, greift er Platz (§ 1017).

Der obligatorische Vertrag, welcher die Verpflichtung auf Bestellung, Änderung oder Übertragung eines sonstigen dinglichen Rechts (abgesehen vom Eigentum) betrifft, ist der Regel nach formfrei. Er bedarf, um bindend zu sein, auch nicht der im § 873 Abs. 2 vorgeschriebenen Formen, welche nur für die Bindung hinsichtlich des dinglichen Vertrages gelten. Es kann daher aus einem bloß mündlichen Vertrag auf formgerechte Bestellung des in ihm versprochenen dinglichen Rechts geklagt werden. Von dieser Regel[11]), welche das Reichsgericht — Entsch. in Zivils. Bd. 48 S. 135 — mit Recht aus den Normen des B.G.B. ableitet, gibt es verschiedene Ausnahmen. Die wichtigste bildet

---

[10]) Dernburg, Bürgerl. Recht III. §§ 63, 88; II. § 80 Nr. IV; Endemann, Einführung in das Studium des B.G.B. I. § 104, Nr. II. § 96; II. § 17 ff.; Planck Anm. 1 zu § 313. Vgl. auch oben S. 108 Anm. 8.

[11]) Die Frage ist kontrovers; Küchenbahl (in Jur. Woch. 1901 S. 701 und im „Recht" 1902 S. 200) ist abweichender Ansicht. Gegen ihn und für das Reichsgericht Eugen Fuchs a. a. O. S. 747, sowie Wunderlich und Cohen S. 791 und 792.

der § 313, der eine lex specialis für das Grundstückseigentum im Verhältnis zu § 873 darstellt.

4. Auch der bloße Antrag bedarf, wenn für einen Vertrag gerichtliche oder notarielle Form vorgeschrieben ist, dieser Form, um bindend zu sein (§§ 128, 145 B.G.B). Das ist beim Grundstückverkehr von besonderer Bedeutung, wie wir noch sehen werden.

5. Die Wirkung des Formmangels ist Nichtigkeit (§ 125), vorbehaltlich der heilenden Vorschrift im Satz 2. Also ist kein Recht auf Nachholung der Form, geschweige denn auf Erfüllung begründet. Weder Klage noch Einrede sind gegeben. Es besteht kein Vorvertrag, Bestärkungs- und Sicherungsmittel, insbesondere auch Konventionalstrafen, sind ungültig[12]).

6. Aus der scharfen Wirkung des Formangels und aus den im öffentlichen Interesse wurzelnden Zwecken des § 313 ist zu folgern, daß, wie die Bestärkungs- und Sicherungsmittel, so auch alle zur Umgehung des § 313 geschlossenen Geschäfte, alle Umgehungsgeschäfte ungültig sind. Beispiele:

a) Nicht selten wird durch Erteilung von unwiderruflichen schriftlichen Vollmachten eine Bindung des Grundeigentümers zur Übertragung seines Grundstücks beabsichtigt. Entweder so, daß der Kauf direkt in der Form einer Vollmacht gekleidet wird[13]), oder so, daß der Käufer einer dem Einfluß des Käufers unterworfenen Person Vollmacht erteilt. Die Gerichte sind dieser Umgehungsform bereits entgegengetreten. Die Abmachungen bestanden z. B. in einem, vom O.L.G. Marienwerder entschiedenen Falle[14]) darin, daß der Bevollmächtigte berechtigt, aber nicht verpflichtet war, die beabsichtigte Parzellierung innerhalb eines gewissen Zeitraums vorzunehmen, die Vollmachtgeber aber gehalten sein sollten, bis zum Ablauf der gestellten Frist die Ermächtigung zur Parzellierung nicht zurückzunehmen. Mit letzterer Bestimmung war die Verpflichtung der Vollmachtgeber intendiert, ihren Grundbesitz an denjenigen Käufer, der ihnen der Bevollmächtigte innerhalb des bestimmten Zeitraums bezeichnen würde, zu veräußern und aufzulassen. Diese Voll-

---

[12]) So auch schon die frühere preußische Praxis (Dernburg Preuß. Priv. I. § 98; Förster-Eccius I. § 79) sowie die bayerische.

[13]) Zeitschr. des Deutsch. Notar-Vereins, Jahrg. 1901 S. 359.

[14]) Deutsche Notar-Zeitschr. Jahrg. 1902 S. 140. — Das Reichsgericht hat sich unter dem 5. Februar ebenso ausgesprochen (Dtsch. Jur.-Ztg. 1902 Nr. 10 S. 249).

macht und diese Abmachungen hat das O.L.G. mit Recht insoweit für nichtig erklärt, als sie die Vollmachtgeber verpflichten sollten, die erteilte Vollmacht nicht zu widerrufen und ihre Grundstücke an die ihnen von dem Bevollmächtigten bezeichneten Personen zu veräußern. Denn der § 313 habe nicht nur den Kauf- und Tauschvertrag im Auge, sondern umfasse jede vertragsmäßige Bestimmung, durch die sich jemand zur Übertragung des Eigentums an einem Grundstücke verpflichtet. Dabei sei es unerheblich, ob eine solche Verpflichtung den ausschließlichen Inhalt des Vertrages oder nur einen Bestandteil desselben bilde; im letzteren Falle wirke nur der § 139 noch ein, nach welchem sich entscheide, ob das ganze Rechtsgeschäft nichtig ist oder nicht.

b) Die Einreichung privatschriftlicher Veräußerungsverträge bei dem Grundbuchamt ist keinesweg geeignet, die Form des § 313 zu ersetzen. Ein Landgericht hat, unter Berufung des § 873 Abs. 2, ausgeführt, daß „die Mitwirkung zur Auflassung auch dann gefordert werden könne, wenn der dingliche Vertrag bei dem Grundbuchamt in schriftlicher Form eingereicht sei". Das Landgericht übersieht, daß § 313 eine Ausnahme von der Vorschrift des § 873 bildet (vgl. oben zu 3). Überdies würde durch Aufnahme der obligatorischen Verpflichtungen in den dinglichen Vertrag und die Einreichung ans Grundbuchamt die leichteste Handhabe zur Umgehung der wichtigen und wohlerwogenen Vorschrift des § 313 gegeben sein[15]).

c) Auch die Abtretung des Rechts aus einem gerichtlichen Vertrage über Übertragung des Eigentums an einem Grundstücke bedarf gerichtlicher oder notarieller Form, da es dem Zwecke des § 313 widerspräche, wenn durch das Mittel der formlosen Zession im Augenblicke ihrer Vornahme die Bindung der interessierten Beteiligten einträte[16]).

Satz 2.

1. Zur Heilung ist Auflassung und Eintragung erforderlich. Nach § 10 des preußischen Gesetzes vom 5. Mai 1872 war, vielleicht konsequenter, nur die Auflassung als der heilende Akt erwähnt; zu berücksichtigen ist aber, daß nach preußischem Grundbuchrecht die Eintragung sofort nachfolgte.

---

[15]) So mit Recht Consbruch Dtsch. Jur.-Ztg. 1901 S. 431 mit Nachweisen aus Literatur und Rechtsprechung.

[16]) So zutreffend Brettner im „Recht" 1900 S. 319; a. M. Landsberg Dtsch. Jur.-Ztg. Jahrg. VI S. 350.

2. Nur Mängel der Vertragsform werden geheilt, nicht andere Mängel, z. B. im Willen, oder die fehlende vormundschaftliche Genehmigung. Der Vertrag muß, abgesehen von der mangelnden Form, sonst gültig sein.

3. Die Übertragung (Auflassung und Eintragung) muß selbst gültig sein. „Ist die Auflassung nichtig, oder ist sie anfechtbar und angefochten, so wird auch der obligatorische Vertrag nicht gültig" (Planck Anm. 2 zu § 313.

4. Durch die nachfolgende Auflassung und Eintragung wird der ganze Inhalt des Vertrages gültig: also das Versprechen der Gegenleistung, etwaige neben dem schriftlichen Vertrage getroffene Abreden, etwaige spätere, nicht schriftliche Zusätze zu einem früheren schriftlichen Vertrage. Überhaupt werden diejenigen Grundsätze sinngemäße Anwendung finden, welche die Judikatur zu dem entsprechenden § 10 des preußischen Gesetzes vom 5. Mai 1872 entwickelt hat (Entsch. des Ob.-Trib. 81 S. 9; 82 S. 180; R.G. 16 S. 267)[17])

V. Erfahrungen der Praxis mit dem § 313 in den ersten beiden Jahren seines Bestehens.

Der Wichtigkeit der Aufgabe glaubte es der Verfasser schuldig zu sein, die gestellte Frage nicht bloß deduktiv zu entscheiden, sondern, soweit es irgend möglich, auch induktiv Tatsachen-Material über die praktischen Erfahrungen seit dem 1. Januar 1900 herbeizuschaffen, um einen möglichst festen Grund und Boden zu gewinnen.

Hierfür war es von besonderem Interesse, festzustellen:

1. Wie vielen der Grundstücksauflassungen, welche im Jahre 1900 und im Jahre 1901 getätigt sind, liegen: a) notarielle, b) gerichtliche, c) privatschriftliche Verträge zu Grunde? d) wie viele kamen ohne Vertragsurkunden vor?
2. Wie war das Zahlenverhältnis über die eben angeregten Punkte im Jahre 1899, dem letzten Jahre vor dem Inkrafttreten des Bürgerlichen Gesetzbuches?
3. Ist die Zahl der notariell errichteten Grundstücksverträge in den Jahren 1900 und 1901 im Verhältnis zu der Anzahl in den

[17]) Vergl. noch Dernburg P. Privatr. I § 98 Anm. 6, § 242 Anm. 11; Förster-Eccius I. § 79, Anm. 67, III. § 178 Anm. 53, 57, 63.

früheren Jahren gestiegen? War die Steigerung eine erhebliche? In welchem Zahlenverhältnis hat sie stattgefunden? Ist sie aller Wahrscheinlichkeit nach auf die Vorschrift des § 313 B.G.B. zurückzuführen?

Amtliche Zahlen und Veröffentlichungen lagen und liegen über obige Punkte nicht vor[18]). Der Verfasser war daher auf eine private Umfrage angewiesen, die selbstverständlich nur in bescheidenem Umfange veranstaltet werden konnte. Die leitenden Gesichtspunkte für die Auswahl der Angefragten waren folgende: Hinsichtlich der Fragen zu 1 und 2 waren die Gerichte, hinsichtlich der Frage zu 3 die Notare die gegebenen Adressen. Die außerpreußischen Staaten mußte der Verfasser ausscheiden, weil er auf Material von dort nicht hoffen konnte; aus Bayern gingen indes Mitteilungen (vom Rechtsanwalt Siegel I) ein. Ausgeschieden wurde ferner Rheinpreußen, weil für die Frage noch ein rheinischer Gutachter bestellt war.

Die Anfragen gingen an 15 Landgerichte für deren ganzen Bezirk und an vier Amtsgerichte. Hierbei wurden entsprechend berücksichtigt die verschiedenen Provinzen der Monarchie, Gerichte sowohl mit vorwiegend ländlicher als auch mit vorwiegend städtischer Bevölkerung, endlich die beiden Rechtsgebiete des allgemeinen Landrechts und des gemeinen Rechts. Antworten gingen indes nur von zwölf Gerichten[19])

---

[18]) Auch im preußischen Justizministerium liegen noch keine Berichte vor (Mitteilung des Geh. Rats Vierhaus).

[19]) Es sind dies: das Amtsgericht I Berlin (für sämtliche 9 Abteilungen, also den ganzen Stadtbezirk); das Amtsgericht II Berlin (für 2 Abteilungen, von denen die eine die Stadt Schöneberg, die andere die Grundbuchsachen aus verschiedenen ländlichen Ortschaften der Kreise Teltow und Niederbarnim bearbeitet); das Amtsgericht Breslau (für 2 Breslau eingemeindete Vororte — Kleinburg und Pöpelwitz — und acht überwiegend ländliche Gemarkungen im Umkreise von 5 bis 25 Kilometer von Breslau); das Landgericht Köslin (für alle Amtsgerichte); das Landgericht Graudenz (für die Amtsgerichte Graudenz, Marienwerder und Schwetz); das Landgericht Guben (für alle Amtsgerichte); das Amtsgericht Iserlohn (für 3 ländliche Gemeinden); das Amtsgericht Lyck (für die Stadt Lyck und neun umliegende Dörfer); das Landgericht Nordhausen (für die vier Amtsgerichte Nordhausen, Heiligenstadt, Worbis und Sangerhausen; das Amtsgericht Schlawe. Außerdem sind von den Landgerichten zu Arnsberg und zu Schneidemühl zwar keine Zahlenaufstellungen, aber wertvolle Mitteilungen eingegangen. Die Aufstellungen der Amtsgerichte Canth, Neumarkt, Winzig, Wohlau — aus dem Bezirke des Landgerichts Breslau — sind leider zu spät eingegangen.

ein, die sich auf die Mark Brandenburg, die Provinzen Pommern, Posen, West-Preußen, Ost-Preußen, Sachsen, Schlesien, Westphalen verteilen.

Von den Notaren wurden 18 Berliner und 34 außerhalb Berlins angefragt; geantwortet haben neun Berliner[20]) und 14 auswärtige[21]). Vertreten sind hierbei die Mark Brandenburg, die Provinzen Pommern, Posen, West-Preußen, Ost-Preußen, Sachsen, Schlesien.

Hiernach sind die statistischen Quellen nicht allzureich geflossen. Die gesammelten Erfahrungen beschränken sich auch auf eine relativ kurze Zeit. Ein Schelm aber gibt mehr, als er hat. Jedenfalls sind die Mitteilungen, zumal sie Material aus den verschiedenen Rechts- und Wirtschaftsgebieten bringen, als positive Grundlage wie auch als Spiegel verschiedenster Auffassungen für die Lösung unserer Aufgabe sehr wertvoll. Mit diesen Vorbehalten und unter dem Hinweise darauf, daß sich auf Zahlen-Material in einer entsprechenden Abänderung das Goethesche Wort anwenden läßt:

Mit Zahlen läßt sich trefflich streiten,
Mit Zahlen ein System bereiten,
An Zahlen läßt sich trefflich glauben,
Von einer Zahl läßt sich kein Jota rauben,

sei nunmehr an die Mitteilung der wichtigsten Ergebnisse der Umfrage gegangen.

1. Mitteilungen der Gerichte.

Wir lassen aus diesen hier einige derjenigen genauen **Aufstellungen** folgen, die eine vergleichende Übersicht darüber gewähren, wieviele notarielle, gerichtliche oder privatschriftliche Urkunden den Auflassungen im betreffenden Gerichtsbezirk in den Jahren 1899, 1900 und 1901 zugrunde gelegen haben, und wie viele Auflassungen ohne Vertragsurkunden getätigt sind.

---

[20]) Breslauer, v. Gordon, Max Jacobsohn, Irmler, Kempf, Krebs, Lisco, Lobe.

[21]) Cohn (Breslau), Jacobi (Bergen), Jacoby (Stolp), Lurjé (Stettin), Seelig (Königsberg), Weißler (Halle), Wolfen (Bromberg), Zülzer (Ratibor), sowie sämtliche Danziger Notare (Citron, Levisohn, Meyer, Steinhardt, Syring, Weiß).

A. Amtsgericht I Berlin (Stadtbezirk Berlin).

Abteilung	Jahr 1899				Jahr 1900				Jahr 1901			
	Zahl der notariellen Verträge	Zahl der gerichtlichen Verträge	Zahl der privatschriftlichen Verträge	Auflassungen ohne Vertragsurkunde	Zahl der notariellen Verträge	Zahl der gerichtlichen Verträge	Zahl der privatschriftlichen Verträge	Auflassungen ohne Vertragsurkunde	Zahl der notariellen Verträge	Zahl der gerichtlichen Verträge	Zahl der privatschriftlichen Verträge	Auflassungen ohne Vertragsurkunde
113 (112)	93	3	70	27	113	5	26	10	119	3	15	5
114	64	1	67	12	107	—	20	14	116	—	10	2
115	67	3	61	37	123	—	26	9	104	3	7	9
116	61	2	35	24	117	1	13	10	116	1	12	8
117 (120)	160	6	107	53	145	2	41	38	198	3	23	25
118	94	—	49	35	112	—	20	25	138	1	11	18
119	73	5	91	7	147	2	17	7	210	—	15	13
121	69	—	36	22	155	—	8	28	197	—	4} 7}	32
124 (122, 123)	177	9	124	31	174	3	25	16	171	—	12	15
Summe	858	29	640	248	1193	13	196	157	1369	11	116	127
	1775				1559				1623			

B. Amtsgericht II Berlin; Bezirk der Stadt Schöneberg (Abt. 5).

Im Jahre 1899 lagen

185 Auflassungen notarielle Verträge,
99 Auflassungen privatschriftliche Verträge zugrunde;
144 Auflassungen kamen ohne Vertragsurkunde vor.

Summe 428

Im Jahre 1900 lagen

247 Auflassungen notarielle Verträge,
31 Auflassungen privatschriftliche Verträge zugrunde;
84 Auflassungen kamen ohne Vertragsurkunde vor.

Summe 362

Im Jahre 1901 lagen

293 Auflassungen notarielle Verträge,
11 Auflassungen privatschriftliche Verträge zugrunde;
81 Auflassungen kamen ohne Vertragsurkunde vor.

Summe 385

C. Amtsgericht II Berlin; einzelne ländliche Ortschaften der Kreise Teltow und Niederbarnim (Abt. 5a).

Im Jahre 1899 lagen

118 Auflassungen notarielle Verträge,
2 Auflassungen gerichtliche Verträge,
198 Auflassungen privatschriftliche Verträge zugrunde;
193 Auflassungen kamen ohne Vertragsurkunde vor.

Summe 511

Im Jahre 1900 lagen

156 Auflassungen notarielle Verträge,
2 Auflassungen gerichtliche Verträge,
118 Auflassungen privatschriftliche Verträge zugrunde;
142 Auflassungen kamen ohne Vertragsurkunde vor.

Summe 418

Im Jahre 1901 lagen

250 Auflassungen notarielle Verträge,
8 Auflassungen gerichtliche Verträge,
106 Auflassungen privatschriftliche Verträge zugrunde;
106 Auflassungen kamen ohne Vertragsurkunde vor.

Summe 470

D. Bezirk des Königlichen Landgerichts Guben.

Es haben den Auflassungen zu Grunde gelegen:

Laufende Nr.	Beim Amtsgericht	Notarielle Verträge			Gerichtliche Verträge			Privatschriftliche Verträge			Keine Urkunden		
		1899	1900	1901	1899	1900	1901	1899	1900	1901	1899	1900	1901
1	Crossen a. O.	189	276	268	60	40	41	206	67	55	75	83	33
2	Forst i. L.	207	182	154	2	2	4	94	75	28	89	26	72
3	Fürstenberg a. O.	60	56	70	17	18	16	148	115	103	110	97	75
4	Guben	232	257	309	31	39	36	172	89	73	107	96	89
5	Pfoerten	43	9	20	31	28	40	37	15	7	18	22	21
6	Schwiebus	1	70	85	13	10	13	97	63	7	12	31	33
7	Sommerfeld	89	138	126	7	2	3	100	25	11	50	33	29
8	Sorau, N.-L.	5	151	174	6	22	27	237	88	95	56	59	54
9	Triebel	—	63	105	9	16	6	157	90	29	9	33	41
10	Züllichau	89	136	128	28	26	18	60	48	11	33	37	39
	Summe für den Landgerichtsbezirk	915	1338	1439	204	203	204	1308	675	419	559	517	486

Gesamtzahl der Auflassungen: 1899: 2986, — 1900: 2733, — 1901: 2548.

Für den Amtsgerichtsbezirk Sommerfeld (oben zu 7) verteilt sich die Zahl der Auflassungen auf städtische und ländliche Grundstücke wie folgt:*)

	Notarielle 1899	Notarielle 1900	Notarielle 1901	Gerichtliche 1899	Gerichtliche 1900	Gerichtliche 1901	Privatschriftliche 1899	Privatschriftliche 1900	Privatschriftliche 1901	Keine Urkunden 1899	Keine Urkunden 1900	Keine Urkunden 1901
Städtische Grundstücke	31	77	63	—	—	—	45	13	6	23	19	11
Ländliche "	58	61	63	7	2	3	55	12	5	27	14	18
Summe:	89	138	126	7	2	3	100	25	11	50	33	29

*) Mitgeteilt vom Amtsgerichtsrat Hirschfeld in Sommerfeld.

E. Bezirk der Amtsgerichte Graudenz, Marienwerder und Schwetz.

Bezeichnung der Gerichte	Jahr	Notarielle Verträge	Gerichtliche Verträge	Privatschriftliche Verträge	Verträge ohne Schriftform	Gesamtzahl
Graudenz . .	1899	81	—	399	31	511
	1900	188	1	150	33	372
	1901	241	2	86	18	347
Marienwerder .	1899	63	49	195	18	325
	1900	124	26	86	38	274
	1901	203	42	48	25	318
Schwetz . . .	1899	59	11	285	25	380
	1900	112	9	307	89	517
	1901	193	7	185	96	481

Die vorstehenden Proben werden genügen, um über die Art der gerichtlichen Mitteilungen zu orientieren. Diesseits sind nun sämtliche Mitteilungen aller Gerichte, um nicht totes Ziffernmaterial zu geben, in der Weise gesichtet und verarbeitet worden, daß die Prozentziffer der Auflassungen ohne Vertragsurkunde, der mit privatschriftlicher Vertragsurkunde und der mit „öffentlicher" (d. h. gerichtlicher oder notarieller) Vertragsurkunde[22]) für die drei Jahre 1899, 1900 und 1901 berechnet wurde. Die nachstehende Tabelle veranschaulicht das Bild in Prozentziffern und gewährt eine rasche Übersicht über die prozentuale Höhe, in der die Auflassungen in den einzelnen Bezirken zu der Form des Grundgeschäftes stehen, sowie über das Steigen und Fallen dieser Verhältnisziffer

---

[22]) Bemerkt sei hier, daß die gerichtlichen Verträge gegenüber den notariellen sowohl vor 1900 als nach 1900 in den größeren Städten nur eine geringe Rolle spielen. Aber auch in ländlichen Bezirken treten sie nach Zahl und Bedeutung durchaus zurück hinter den notariellen, namentlich seit dem Jahre 1900. Die größere Bequemlichkeit, die das Publikum beim Aufsuchen des Notars hat, fällt hier entscheidend ins Gewicht. Alle Erfahrungen und die oben zu A, C, D und E mitgeteilten Aufstellungen ergeben den ziffernmäßigen Beweis hierfür. Die gerichtliche Form wird namentlich bei Erbauseinandersetzungen oder in Gegenden, wo ein Notar fehlt, gewählt. Für unsere Frage ist es aber ohne Belang, ob das Publikum die eine oder die andere Form wählt; frägt es sich ja doch, ob überhaupt die Form der öffentlichen Beurkundung, worunter wir der Kürze halber die notarielle und gerichtliche Form zusammenfassen wollen, beibehalten werden soll. Von diesem Gesichtspunkte aus ist daher für unsere Zwecke eine Scheidung der notariellen und gerichtlichen Verträge nicht erforderlich.

Tabelle.

Jahreszahl	Berlin	Amtsgericht II Berlin: Abth. 5a. Einzelne ländliche Ortschaften der Kreise Teltow u. Niederbarnim	Amtsgericht II Berlin: Abth. 5. Stadt Schöneberg	Breslau: 7 meist ländliche Gemarkungen (5–25 km von Breslau)	Breslau: 2 Vororte (Kleinburg, Pöpelwitz)	Cöslin	Graudenz	Marienwerder	Schwetz	Guben
	%	%	%	%	%	%	%	%	%	%
	Auflassungen ohne Vertragsurkunden.									
1899	$13^{69}/_{71}$	$37^{393}/_{511}$	$33^{69}/_{167}$	$12^{3}/_{4}$	$43^{7}/_{51}$	14	$6^{34}/_{511}$	$5^{7}/_{13}$	$6^{11}/_{19}$	$18^{1076}/_{1493}$
1900	$10^{110}/_{159}$	$33^{203}/_{209}$	$23^{37}/_{181}$	$10^{1}/_{2}$	$23^{1}/_{3}$	$15^{1}/_{4}$	$8^{27}/_{31}$	$13^{119}/_{137}$	$17^{111}/_{517}$	$18^{2506}/_{2733}$
1901	$7^{1339}/_{1623}$	$22^{26}/_{47}$	$21^{3}/_{77}$	$6^{1}/_{2}$	$40^{20}/_{47}$	$14^{1}/_{2}$	$5^{65}/_{347}$	$7^{131}/_{159}$	$19^{461}/_{481}$	$19^{47}/_{637}$
							$99=6^{26}/_{304}$	$00=13^{881}/_{1163}$	$01=12^{74}/_{573}$	
	Auflassungen mit privatschriftlichem Vertrage.									
1899	$36^{4}/_{71}$	$38^{382}/_{511}$	$23^{14}/_{107}$	$61^{3}/_{4}$	$41^{9}/_{51}$	*) Vgl. unten Anmerkg.	$78^{42}/_{511}$	60	75	$43^{1201}/_{1493}$
1900	$12^{892}/_{1559}$	$28^{48}/_{209}$	$8^{102}/_{181}$	$10^{1}/_{2}$	$13^{1}/_{3}$		$40^{10}/_{31}$	$31^{53}/_{137}$	$59^{197}/_{517}$	$24^{1908}/_{2733}$
1901	$7^{239}/_{1623}$	$22^{26}/_{47}$	$2^{66}/_{77}$	15	$8^{24}/_{47}$		$24^{272}/_{347}$	$15^{15}/_{159}$	$38^{222}/_{481}$	$16^{283}/_{637}$
							$99=72^{87}/_{304}$	$00=46^{802}/_{1163}$	$01=27^{479}/_{573}$	
	Auflassungen mit Vertrag in öffentlicher (notarieller oder gerichtlicher) Form.									
1899	$49^{69}/_{71}$	$23^{247}/_{511}$	$43^{24}/_{107}$	$25^{1}/_{2}$	$15^{35}/_{51}$	*) Vgl. unten Anmerkg.	$15^{435}/_{511}$	$34^{6}/_{13}$	$18^{8}/_{19}$	$37^{709}/_{1493}$
1900	$77^{557}/_{1559}$	$37^{167}/_{209}$	$69^{42}/_{181}$	79	$63^{1}/_{3}$		$50^{25}/_{31}$	$54^{102}/_{137}$	$23^{209}/_{517}$	$56^{1052}/_{2733}$
1901	$85^{45}/_{1623}$	$54^{42}/_{47}$	$76^{8}/_{77}$	$78^{1}/_{2}$	$51^{3}/_{47}$		$70^{10}/_{347}$	$77^{7}/_{159}$	$41^{279}/_{481}$	$64^{307}/_{637}$
							$99=21^{191}/_{304}$	$00=39^{643}/_{1163}$	$01=60^{20}/_{573}$	

*) Die Aufstellung von Cöslin hat die Auflassungen mit privatschriftlichem und mit öffentlichem Vertrage nicht unterschieden. Mit Vertrag kamen vor: 1899: 2160, 1900: 2059, 1901: 1992.

Jahreszahl	Iserlohn 3 ländliche Gemeinden %	Lyck Stadt Lyck und 9 umliegende Dörfer %	Nordhausen Gerichtseingesessene 1901 städtisch 28000 ländlich 14722 %	Heiligenstadt Gerichtseingesessene 1901 städtisch 8000 ländlich 28152 %	Worbis Gerichtseingesessene 1901 städtisch 12000 ländlich 20287 %	Sangerhausen Gerichtseingesessene 1901 städtisch 5000 ländlich 21498 %	Schlawe %	Arnsberg	Schneidemühl
			Auflassungen ohne Vertragsurkunden.						
1899	$27^{7}/_{9}$	$9^{3}/_{13}$	$14^{214}/_{349}$	$27^{323}/_{951}$	$40^{340}/_{839}$	$25^{10}/_{36}$	etwa 5		Hierüber liegt keine Auskunft vor.
1900	$11^{1}/_{2}$	17	$76^{7}/_{18}$	$35^{165}/_{781}$	$48^{37}/_{81}$	$23^{359}/_{367}$	10		
1901	$21^{3}/_{7}$	18	$81^{23}/_{77}$	$34^{226}/_{311}$	$56^{78}/_{162}$	$28^{38}/_{119}$	8		
			Auflassungen mit privatschriftlichem Vertrage.						
1899	$29^{5}/_{9}$	$47^{9}/_{13}$	$56^{56}/_{349}$	$66^{34}/_{951}$	$57^{477}/_{839}$	$33^{12}/_{36}$	etwa $47^{1}/_{2}$	Regel privatschriftlich oder mündlich	Zahlreiche schriftliche, aber Abnahme gegen die Zeit vor dem 1. 1. 00.
1900	$11^{1}/_{2}$	$38^{5}/_{13}$	0	$53^{507}/_{781}$	$45^{5}/_{81}$	$4^{332}/_{367}$	im Ganzen 2 oder 3 Verträge		
1901	$16^{2}/_{7}$	$37^{1}/_{2}$	$3^{29}/_{77}$	$44^{266}/_{311}$	$34^{117}/_{162}$	$2^{142}/_{179}$			
			Auflassungen mit Vertrag in öffentlicher (notarieller oder gerichtlicher) Form.						Anzahl aller notariell. Verträge:
1899	$42^{6}/_{9}$	$43^{1}/_{13}$	$29^{77}/_{349}$	$6^{694}/_{951}$	$2^{22}/_{839}$	$41^{14}/_{36}$	etwa $47^{1}/_{2}$		= 417
1900	77	$44^{8}/_{13}$	$23^{11}/_{18}$	$11^{109}/_{781}$	$6^{39}/_{81}$	$71^{43}/_{367}$	in der Regel notariell		= 736
1901	$62^{2}/_{7}$	$44^{1}/_{2}$	$15^{25}/_{77}$ *)	$20^{130}/_{311}$	$8^{129}/_{162}$	$68^{178}/_{179}$			= 706

*) Vgl. S. 162 Anm. 23.

Niemandem mehr, als dem Verfasser, stehen lebhafter die schon oben hervorgehobenen Momente vor Augen, die den Wert der von ihm ermittelten Ziffern beeinträchtigen. Aber in einem, und einem wesentlichen, Punkte ist die Sprache der Tabelle eine deutliche. Schon unter altem Rechte kamen eine sehr erhebliche Anzahl von Grundstücksverträgen vor die Gerichte und Notare. Und sodann die Prozentziffer der in öffentlicher Form geschlossenen Verträge ist in den beiden letztvergangenen Jahren gegenüber dem Jahre 1899 überall gestiegen[23]: in den Großstädten, ihren Vororten, in Mittelstädten, in kleinen Städten und in ländlichen Bezirken Außer in Lyck, wo es sich um eine Steigerung von nur etwa $1^1/_2$ % handelt, zeigen sich Steigerungen bis zu 10 %, 20 %, ja selbst bis zu 40 und 50 %. Innerhalb der Jahre 1900 und 1901 zeigte sich in einzelnen Bezirken zunächst ein Anschwellen und dann ein Sinken.

Ein interessantes Resultat liefert der Blick auf die Tabelle rücksichtlich der ohne jede Vertragsurkunde und auf Grund privatschriftlichen Vertrages erfolgten Auflassungen. Durchwegs zeigt sich ein prozentuales Sinken **bei den privatschriftlichen Verträgen**; auch diese Erscheinung gilt in gleicher Weise für Stadt, Land und gemischte Bezirke[24]). Die privatschriftliche Form bröckelt ab zu Gunsten bald der formlosen bald der öffentlich beurkundeten Geschäfte; wie von zwei Mahlsteinen, ist sie von diesen beiden Arten in die Mitte genommen. Und zwar weicht sie in Bezirken, wo die Städte überwiegen, oder gar in ausschließlichen Stadtbezirken zu Gunsten der notariellen Form; denn in Berlin, Schöneberg und in den Vororten Berlins und Breslaus ist ein Sinken der Auflassungen ohne Urkunde wahrnehmbar. Sie weicht aber in den Bezirken, wo die ländlichen Grundstücke zahlreich sind, bezw. in ausschließlich ländlichen, wie Worbis, Lyck, zu Gunsten der urkundlosen Grundgeschäfte, die dort eine erhebliche Steigerung in den beiden letzten Jahren erfahren haben. Freilich gibt es auch stark ländliche Bezirke, wie Schlawe, und selbst ausschließlich ländliche, wie die drei Gemeinden um Iserlohn, bei denen die privatschriftliche Form zu Gunsten der öffentlichen zurückgegangen ist.

---

[23]) Eine Ausnahme zeigt Nordhausen, doch nur scheinbar, da dort häufig einer Auflassungsverhandlung mehrere Verträge zu Grunde liegen, z. B. Parzellierungen.

[24]) Mit diesem Ergebnis aus den gerichtlichen Aufstellungen stimmen übrigens viele Berichte der Notare überein; es kommen z. B. in Stolp Auflassungen auf Grund privatschriftlicher Verträge fast nie vor, in Danzig sind sie auf ein Minimum zurückgegangen.

Wie erklärt sich wohl dieser Einbruch des § 313 gerade in die privatrechtliche Form? wie erklärt es sich, daß die urkundlosen Auflassungen unter seiner Herrschaft nicht so rasch und stark beeinträchtigt wurden, als die mit privatrechtlichen Verträgen, daß sogar erstere in manchen Landbezirken eine Mehrung erfahren haben[25])? Mancherlei Momente wirken hier zusammen. Zunächst wo Vorsicht geboten ist, bei wertvollen Grundstücken, oder wo infolge subjektiver Neigung Vorsicht geübt wird, greift man zur urkundlichen Fixierung. Und da man weiß, daß die Schriftform nicht genügt, drängt die Vorsicht notwendigerweise weiter zur Wahl der allein verbindlichen öffentlichen Form. In Gegenden aber mit zersplittertem Grundbesitz, mit kleinen, nicht sehr wertvollen Parzellen begnügt man sich mit dem Wort und schreitet ohne Urkunde zur Auflassung. Denn auch die privatschriftliche Urkunde würde dort im Verhältnis zum Wert des Objekts unverhältnismäßige Kosten verursachen. Sind doch die beteiligten Kreise nicht geschäfts- und federgewandt genug, um selbständig einen schriftlichen Vertrag zu entwerfen. Sie würden sich der Hilfe eines Rechtskonsulenten, Maklers usw. bedienen müssen, der für das Konzipieren eine Vergütung beansprucht. Und selbst eine geringe Vergütung wäre eine erhebliche Last in Bezirken, in denen — wie in den Kreisen Siegen uud Wittenstein laut der Mitteilung des Landgerichtspräsidenten von Arnsberg — die einzelnen Parzellen im Durchschnitt 10 ar groß, die meisten noch kleiner sind, in denen Parzellen im Werte von 20 Mark und daruter nicht zu den Seltenheiten gehören. Aus dem gleichen Bezirke wird berichtet, daß in den ländlichen Kreisen im ganzen noch Treu und Glauben und eines Mannes Wort gelten, und daher die Formlosigkeit vielfach ohne Gefahr herrsche. Dies wird gewiß auch für manche andere Bezirke gelten müssen.

Für die festen Wurzeln der Formfreiheit gegenüber der Privatschrift spricht auch die durch unsere Tabelle sowie durch sonstige Erfahrungen bestätigte Tatsache, daß selbst in denjenigen Gegenden, wo vor dem 1. Januar 1900 nur Schriftlichkeit zur Gültigkeit des Vertrages genügte, die Anzahl der Auflassungen ohne Vertragsurkunde sehr erheblich war. Endlich erklären sich eine Reihe von Auflassungen ohne Vertragsurkunden in den Städten durch Straßenland-Auflassungen. So lagen in Charlottenburg bei den Auflassungen des Jahres 1900 vor: 140

[25]) Reichsgerichtsrat Förster bemerkt in einem Aufsatz, daß Kaufvertrag über Grundstücksteile jetzt fast regelmäßig privatschriftlich geschlossen werden; eine durch Material nicht unterstützte, und wohl kaum zutreffende Bemerkung (vergl. Dtsch. Notar-Zeitung Jahrg. 1902 S. 79).

notarielle Verträge, 24 Privatverträge, 9 wurden ohne Vertragsurkunden erklärt, daneben noch 36 Auflassungen von Straßenland ohne Urkunde. Leider war aus den mir zugegangenen gerichtlichen Mitteilungen nicht festzustellen, ob derartige Auflassungen von Straßenland überhaupt mitberücksichtigt sind.

2. Mitteilungen der Notare.

Die Umfrage an die Notare[26]) über ihre Beobachtungen hinsichtlich der Anzahl der notariellen Verträge vor und nach dem 1. Januar 1900 betraf sowohl die Erfahrungen aus der eigenen Praxis als auch die allgemeinen. Die ersteren allein, die von der jeweiligen Entwickelung der Praxis und der Art der Klientel abhängen, hätten einen wenig ausreichenden Maßstab geliefert. Nur sie in Verbindung mit den Beobachtungen aus dem gesamten Bezirke waren wertvoll. Um so wertvoller, als die Notare und nicht die Gerichte für die Beurkundung von Grundstücksanträgen vom Publikum bevorzugt werden[27]).

Die überwiegende Mehrheit der Notare berichtete sowohl für ihre Praxis, als auch für ihren Bezirk eine erhebliche Steigerung der notariellen Verträge, sowohl absolut als relativ[28]). Auch wird von den meisten die Steigerung im Wesentlichen als Folge des § 313 bezeichnet. Freilich wird auch in einzelnen Bezirken auf die dort stattgefundene Belebung des Grundstücksmarktes aus lokalen Gründen mit als Ursache hingewiesen. Sehr bezeichnend ist es aber, daß sonst im allgemeinen gerade die Jahre 1900 und 1901 unter dem Zeichen einer wirtschaftlichen Depression standen, und namentlich der Grundstücksverkehr außerordentlich zu leiden hatte. Trotzdem zeigt sich auch dort, wo der Grundstücksverkehr hinter den normalen Grenzen zurückbleibt, ein Aufschwung der notariellen Form. So ist z. B. in Berlin für die Zeit vom April 1900 bis April 1901 die Umsatzsteuer auf 1766957 Mark (von 2166527 im Vorjahre) gefallen und für das Etatsjahr April 1901 bis April 1902 wurden nur 1615000 Mark Einnahmen aus dieser Steuer veranschlagt. Damit stimmt auch das Bild aus der Aufstellung der Auflassungen des Amtsgerichts I Berlin (oben zu A) über-

---

[26]) Vergl. oben Frage 3 S. 153.

[27]) Weshalb die gerichtliche Verträge eine geringe Rolle spielen, darüber siehe S. 159 Anm. 22.

[28]) In Stolp z. B. um das Dreifache gegen die Zeit vor dem 1. Jan. 1900; freilich ist Stolp eine aufstrebende Stadt, die sich in den letzten Jahren räumlich und industriell erheblich entwickelt hat.

ein, die einen Rückgang der Zahl der Auflassungen in den Jahren 1900 und 1901 hinter 1899 zeigt[29]). Nichtsdestoweniger hat in Berlin, wie die Tabelle — oben S. 156 — erweist, ein starkes prozentuales Anschwellen der Vertragsabschlüsse in notarieller Form stattgefunden. Ähnliches wird aus Königsberg trotz der erheblichen Geschäftsstille im Grundstücksverkehr seit dem Jahre 1900 berichtet.

Als Schlußergebnis, dessen weitere Würdigung noch vorbehalten bleibt, der von den Gerichten und den Notaren mitgeteilten Zahlen kann somit eine erhebliche, im wesentlichen auf den § 313 zurückzuführende Steigerung der Verträge in öffentlicher Form bezeichnet werden.

An die Notare sind, abgesehen von dem Ersuchen um statistische Mitteilungen, noch folgende Fragem gerichtet worden:

a) Empfindet der Verkehr die neue Form als eine Fessel? Aus welchem Grunde? Welche Mittel werden zur Vermeidung der Vorschrift des 313 gewählt?

b) Welches ist die persönliche Stellung des Berichterstatters zur Frage einer etwaigen Änderung des § 313 [30])?

Nur ein Berliner Notar und ein auswärtiger erklärten mit aller Entschiedenheit, der Verkehr empfände die neue Form als Fessel: beide freilich unter Bezugnahme auf den großstädtischen Verkehr (Berlin, Breslau). Sonst war, wenngleich für einzelne Ausnahmefälle — Erbteilung bei Erben in verschiedenen Bezirken, Ankauf von Terrains zu größeren Unternehmungen — Mißstände beklagt wurden, Einstimmigkeit darüber vorhanden, daß der legitime Grundstücksverkehr eine lästige Erschwerung durch den § 313 weder erfahren habe noch eine solche in ihm sehe.

Weder die Kosten der notariellen Form, die im Vergleiche zu den sonstigen Kosten (Stempel, Umsatzsteuer) nicht ins Gewicht fielen, noch die Umständlichkeit, die das Aufsuchen des Notars und das Warten bei ihm im Vergleiche zu der Bequemlichkeit des Geschäftsabschlusses im Komtoir, in der Wohnung, im Wirtshaus mit sich bringen könne, — also die beiden Haupterschwernisse, welche die öffentliche Form mit sich führe, seien kaum je als Gründe dafür bekannt geworden, daß sich ernsthafte Kaufverhandlungen zerschlügen. Da der gesunde Verkehr die Vor-

[29]) Für das Etatsjahr 1902/1903 sind zwei Millionen als voraussichtliche Einnahmen aus der Umsatzsteuer eingestellt worden, weil ein flottes Geschäft erwartet wird. Zu beachten ist auch, daß die gerichtliche Aufstellung die Zeit vom Januar 1900 bis Januar 1902, der Etat die Zeit vom 1. April 1900 bis 1. April 1902 umfaßt.

[30]) Leider sind Bescheide von den Interessenten selbst — Grundstücksbanken, Grundstücksmaklern —, an die sich die Umfrage über diese Punkte gleichfalls richtete, nicht eingegangen.

schrift des § 313 als lästig nicht empfinde, würde auch vom Publikum selten nach Mitteln zur Umgehung des § 313 gefragt, und ebenso selten kämen sie zur Anwendung. Freilich mit zwei Ausnahmen: einer, die eine wohltätige Folge des Gesetzes sei, einer anderen, über welche die Ansichten geteilt sind.

Als Fessel werde nämlich das Gesetz einmal von Terrain- und Bauspekulanten, von Parzellanten und Güterschlächtern empfunden, weil es sie an der Ausnutzung des günstigen Augenblicks hindere. Diesen Leuten gegenüber sei aber auch die Form als Fessel beabsichtigt. Sodann aber empfinden die Grundstücksmakler den Mangel der bindenden Schriftofferte, des früher üblichen Schlußscheines, als Hemmung ihrer geschäftlichen Tätigkeit. Und gewiß ist dieser Mißstand aufmerksamer Beachtung wert, wenngleich auch gewissenlose Makler laut den Berichten aus verschiedenen Bezirken durch Schlußscheine die Vertragsinteressenten schädigen. Man begreift, daß gerade im Schlußschein- und Offertenverkehr Mittel und Wege zur Vermeidung des § 313 gesucht werden; als solche werden namentlich Konventionalstrafen und unwiderrufliche Vollmachten, die in einzelnen Gegenden schon in gedruckten Formularen vorkommen, genannt.

Dem Ergebniß der Umfrage über den ersten Punkt entspricht es, wenn auf die Frage nach der persönlichen Stellung der Angefragten zu einer etwaigen Änderung des § 313 von der erdrückenden Mehrheit mit einem runden Nein geantwortet wurde. Abgesehen von zwei Stimmen, welche den § 313 für eine überflüssige Bevormundung der Parteien halten, aber gegen eine Änderung nach so kurzer Zeit sich erklären, treten nur die beiden Notare, welche im § 313 eine nicht zu rechtfertigende Fessel für den Verkehr erblicken, für die sofortige Aufhebung der erschwerenden Formvorschrift und den Ersatz durch die einfache Schriftform ein.

Das ganze Register aller für die Beibehaltung der erschwerenden Form und gegen die Schriftlichkeit und Formfreiheit von den Berichterstattern geltend gemachten Gründe können wir hier nicht wiederholen, weil wir sie an anderer Stelle im Zusammenhange kennen lernen werden. Aber von Bedeutung und Interesse ist es, einige der aus der reichen Quelle unmittelbarer Erfahrungen geschöpften Äußerungen hier wörtlich mitzuteilen. So schreibt ein Notar aus gemeinrechtlichem Gebiet, wo bisher Formfreiheit gewaltet hatte:

„Gerade diese Vorschrift ist eine der besten des ganzen Gesetzbuchs, ein wirklicher Fortschritt und eine wahre Wohltat für die Bevölkerung. Wir können dies hier im Gebiete des gemeinen Rechts besonders fühlen; die widerlichsten Prozesse über die Frage, ob die Kontrahenten über den

Verkauf eines Grundstücks einig geworden seien, ob sie ernstlich verhandelt hätten usw., waren hier an der Tagesordnung. Aus der Unterhaltung am Biertisch, im Wirtshause wurde häufig ein Kaufvertrag konstruiert. Es ist ein wahrer Segen, daß dies anders geworden ist. Die Bevölkerung hat sich auch sofort in den veränderten Rechtszustand gefügt. Eine Klage habe ich noch nie gehört. Der Verkehr empfindet die neue Form keineswegs als eine Fessel, sondern als eine Wohltat."

Und aus einem Bezirke in Pommern, wo früher Schriftlichkeit genügte, heißt es:

„Ich halte die Vorschrift im Interesse des Publikums als eine Wohltat. Gerade die ländliche Bevölkerung in unseren östlichen Provinzen, welche sich bekanntlich durch ein Übermaß von Intelligenz nicht auszeichnet, wird durch den Zwang, den Kaufvertrag bei dem Notar oder vor dem Richter abzuschließen, vor großem Unglück bewahrt. Dabei soll nicht unerwähnt bleiben, daß durch die vorsichtigere und sorgfältigere Fassung der Verträge auch über einzelne Bestimmungen sicherlich zahlreiche Prozesse vermieden werden, und daß die Niederschrift durch einen rechtskundigen, über den Parteien stehenden Beamten eine größere Gewähr für die Beurkundung des wahren Willens der Kontrahenten gewährt, als ein von der Partei selbst, oder einem provisionslüsternen Kommissionär gefertigter Entwurf. Die einzigen Interessenten, welche die Änderung wünschen, sind die gewerbsmäßigen Parzellanten. Dieselben waren und sind gewohnt, ihre Verkaufstermine in den Wirtshäusern auf dem Lande abzuhalten, und haben sich nicht selten der mit Provision belohnten Hilfe der Gastwirte zu erfreuen. Wenn die mit Freibier und Branntwein traktierten Leute dann in der richtigen Stimmung sind, wird sofort zu Papier und Feder gegriffen, der Verkaufsvertrag nach dem Formular entworfen und unterschrieben. Ich habe in meiner Praxis mehrere Fälle gehabt, in welchem die Parzellenkäufer gegenüber der Klage des Parzellanten den Einwand der sinnlosen Trunkenheit erhoben."

Ein anderer Berichterstatter schreibt:

„Für die ländliche Bevölkerung Oberschlesiens ist der Zwang zu notariellem oder gerichtlichem Protokoll ein wahrer Segen, da die Interessenten in der Hand von Winkelkonsulenten liegen. So viel kann ich nach Jahrzehnte langer Praxis konstatieren, daß von der ländlichen Bevölkerung, die fast durchweg noch fremdsprachig ist, Niemand im stande ist, einen Kaufvertrag zu konzipieren. Wenige können Deutsch lesen. Für die hiesige Bevölkerung ist der § 313 direkt geschaffen. Aber auch die städtische Bevölkerung ist selten im stande, einen Kaufvertrag sachgemäß zu verfassen."

Diesen Not- und Freuderufen zugleich ließen sich ähnliche Stimmen aus anderen Teilen der preußischen Monarchie anreihen. Besonders wertvoll ist aber, wie übereinstimmend der Bericht aus Bayern, also aus einem gewiß zu den obigen Bezirken in vielen Beziehungen grundverschiedenen Gebiete des deutschen Vaterlandes, lautet:

„Die Spruchpraxis der bayerischen Gerichte hat den Art. 14 des Notar. Ges., laut welchem alle Verträge über Eigentum und dingliche Rechte verbrieft werden müssen, dahingehend ausgedehnt, daß alle Nebenberedungen für ungültig erklärt werden, wenn sie nicht in der Urkunde aufgenommen waren. Trotz der denkbarsten Erschwerungen durch die Spruchpraxis gegen mündliche Abmachungen hat sich die Bevölkerung dabei wohl gefühlt, weil eine außerordentliche Rechtssicherheit vorhanden war, und der dem § 313 B.G.B. zu Grunde liegende Gedanke, vor Übereilung bei Vertragsabschlüssen, die sich auf Grundstücke beziehen, zu schützen, als eine Wohltat empfunden wurde."

Endlich hat auch, nach einer mir gemachten Mitteilung, über unsere Frage ein Meinungsaustausch in einer Vorstandssitzung des Deutschen Notarvereins, an welcher zahlreiche Notare aus allen Teilen Deutschlands teilnahmen, stattgefunden. Als einstimmige Meinung hat sich herausgestellt, daß die Vorschrift des § 313 sich in der Praxis bewährt habe, und an ihr nicht gerüttelt werden solle.

VI. Schlußergebnisse, Votum.

Die bisherigen Erörterungen — Geschichte, gesetzgeberischer Zweck und Inhalt der Vorschrift, praktische Erfahrungen — haben die Elemente geliefert, deren man zu einer sachgemäßen Entscheidung bedarf. Die Entscheidung ist keine leichte. Da eine positive Vorschrift auch richtiges Recht ist, d. h. ob sie den Bedürfnissen der Bevölkerung im weitesten Sinne genommen, nicht nur ihren wirtschaftlichen, entspricht, wird stets eine verwickelte Sache bleiben. Zumal in einer Frage, die sich auf das Grundeigentum bezieht. Sind doch in diesem Punkt die Bedürfnisse der Bevölkerung in Nord und Süd, in Ost und West unseres Vaterlandes, in Stadt und Land, beim Großgrundbesitz und beim Kleinbesitz vielgespaltene und nicht selten gegensätzliche. Trotzdem ist in unserer Frage eine einheitliche gesetzliche Regelung möglich und geboten. Und mit denjenigen Vorbehalten, die jede Antwort auf tiefgreifende prinzipielle Fragen, auf Fragen der Gesetzesreform, erheischt, gelange ich nach sorgfältiger Erwägung von Gründen und Gegengründen zu dem Schluß:

daß sich eine Änderung der Vorschrift des § 313 **nicht** empfiehlt.

Keinesfalls ist jetzt schon an ihr zu rütteln und, wenn einmal eine Änderung erfolgen sollte, dann ist die öffentliche Form durch die privatschriftliche zu ersetzen, nicht aber Formfreiheit einzuführen.

Mein Gutachten kommt also zu einem gegensätzlichen Ergebnis, wie das des andern Gutachters, des Justizrats Dorst. Dieser tritt für die Beseitigung des § 313 ein und empfiehlt, „für den Bindungsvertrag die mündliche Verabredung genügen zu lassen". Freilich empfiehlt er — von seinem Standpunkte aus inkonsequent und gewissermaßen eine Billigung unseres Standpunktes — die Bestimmung des § 98 der Grundbuchordnung [31]) zum Reichsgesetze zu erheben, um durch die öffentliche Beurkundung darauf hinzuwirken, daß unklare Bestimmungen und absurde Abreden beseitigt und vermieden würden.

Die Begründung meines Votums ist folgende:

1. Den Kern- und Angelpunkt für die Entscheidung müssen die wirtschaftspolitischen und sozialen Erwägungen bilden; ihnen gegenüber treten Erwägungen anderer Art zurück.

Tendenz und Endergebnis des § 313 zielen wirtschaftlich gegen die Mobilisierung des Grundbesitzes. Der Verkehr in Grundstücken ist nicht nur als ein privates, die Interessen der Einzelnen angehendes, sondern nicht minder als ein öffentliches Geschäft angesehen, quod ad utilitatem rei publicae spectat. Grund und Boden sind ein Werkzeug, dessen sich die Nation zu ihrer Wohlfahrt bedienen, aber keine Ware, die man beliebig verschachern soll. Die Seßhaftigkeit der Bevölkerung, der Schutz vor Übereilung und Leichtsinn, wie vor Ausbeutung und Spekulationswut, die Erschwerung einer Zersplitterung des Grundbesitzes, — dies sind ausgesprochene, im Allgemeininteresse wurzelnde Zwecke, zu deren Verwirklichung die Form der öffentlichen Beurkundung mitwirken soll.

Es handelt sich also in der Hauptsache um ein juristisches Mittel zu einem ökonomischen Zwecke. Freilich um ein in seiner Wirksamkeit begrenztes Mittel, dem aber eine gewisse Beeinflussung auch des wirtschaftlichen Lebens nicht abzusprechen ist.

Sind nun die oben dargelegten ökonomischen Zwecke, die eine Mobilisierung des Grundbesitzes verhindern wollen, rechts- und sozialpolitisch zu empfehlen? Unseres Erachtens sicherlich. Was den städtischen Grundbesitz betrifft, so dürften die Sozialpolitiker aller Wegen in der

---

[31]) Der § 98 der Grundbuchordnung lautet: Durch Landesgesetz kann bestimmt werden, daß das Grundbuchamt die Erklärung der Auflassung nur entgegennehmen soll, wenn die nach § 313 des B.G.B erforderliche Urkunde vorgelegt wird.

Hauptsache der Meinung sein, daß diejenige Bodenpolitik, welche den städtischen Grundbesitz an die private Spekulation ausliefert, ihn mobilisiert und gleich einer Ware behandelt, die schwersten Übelstände gezeitigt hat. Auf der einen Seite ungeheuerliche Preissteigerungen des bebauten und unbebauten Stadtbodens, auf der andern Seite Wohnungsnot und Wohnungselend mit ihren unheilvollen Krebsschäden für den Volkskörper[32]).

Für Berlin und seine Vororte hat Voigt (in dem unten zitierten Werke) an einem hervorragenden und vorbildlichen Beispiele und in wissenschaftlich nicht anfechtbaren Untersuchungen folgenden Nachweis, der nicht scharf genug unterstrichen werden kann, geliefert:

Vom Mittelalter bis zum Ausgange des 18. Jahrhunderts — wir folgen hier so wörtlich als möglich den Voigtschen Ergebnissen[33]) — hat die Anlage und Erweiterung einer Stadt, die Schaffung der Existenzgrundlage für die städtische Bevölkerung, als eine im eminentesten Sinne öffentlich-rechtliche Angelegenheit und deshalb auch stets als Aufgabe der städtischen oder staatlichen Gewalt gegolten; erst dem 19. Jahrhundert blieb es vorbehalten, die Schaffung der Existenzgrundlage der ganzen Bevölkerung — des Baulandes, des Baukapitals, der Bauunternehmung — der privaten Spekulation zu überlassen. Vom Regierungsantritt des Großen Kurfürsten bis zum Tode Friedrichs des Großen entwickelte sich Berlin aus einer kümmerlichen Landstadt von 9 bis 10000 Einwohnern zu einer glänzenden Residenz mit etwa 150 000 Einwohnern. Und doch ist trotz dieser Zunahme der Bevölkerung, die hinter den Jahren des reißendsten Anschwellens im neunzehnten Jahrhundert verhältnismäßig nicht zurücksteht, niemals Wohnungsnot oder eine ungesunde Steigerung der Mieten oder Grundstückspreise eingetreten. Die Stadt wurde nicht nur eine der bestbebautesten, sondern eine der gesündesten. Die günstige Wirkung der Wohnungsverhältnisse zeigte sich auch in den Sterblichkeitsziffern. Mirabeau rühmt an ihr: C'est ainsi que Berlin est devenue une ville bien construite, bien percée abondante en logements sains et commodes. C'est contribuer fortement au bien-être des hommes que les bien loger.

Die Lösung des Rätsels liegt in der umsichtigen Boden- und Wohnungspolitik, die von der Idee der salus publica getragen war.

---

[32]) Dr. Paul Voigt: „Grundrente und Wohnungsfrage in Berlin und seinen Vororten", Jena 1901; „Einst und jetzt in der Berliner Boden- und Wohnungspolitik" von Dr. von Mangoldt, Dresden (Soziale Praxis, Jahrg. Nr. 29, 30); Eberstadt: „Der deutsche Kapitalmarkt", Leipzig 1901.

[33]) Vgl. namentlich Voigt a. a. O. S. 91 bis 93.

Durch diese Politik, auf deren Einzelheiten hier nicht eingegangen werden kann, wurde alle private Spekulation in Terrains, aller Handel mit Bauland, aller Mietswucher fast gänzlich im Keime erstickt. Für billiges Bauland wurde erforderlichen Falls dadurch gesorgt, daß eine Enteignung ackerbürgerlichen Grundbesitzes zu angemessenem Werte erfolgte und dieser zu gleichem Preise an Baulustige vergeben wurde[34]): die Entstehung des „Millionenbauerntums" war damit im Keime erstickt.

Eine solche Boden- und Baupolitik zeigte den schönen Erfolg, daß noch 1785 im Innern Berlins etwa $^1/_3$, in den Vorstädten fast die Hälfte im eigenen Hause wohnte, hat auch sonst in der Mark Brandenburg den „Flor der Städte" herbeigeführt[35]).

Diese günstigen Ergebnisse sind im Laufe des 19. Jahrhunderts, welches die private Spekulation auf diesem Gebiete fast zur Alleinherrscherin gemacht hat, in Trümmer geschlagen worden. Statt Licht und Luft, den Besitz einer eigenen Scholle, oder wenigstens den Besitz preiswerter gesunder Mietswohnungen der Bevölkerung zu sichern, ist das Massenmietshaus Sieger geblieben. Dies namentlich, seitdem noch durch unglückliche Bauordnungen, welche die nötige rechtliche Basis für die Operationen des Spekulantentums gaben, die Mietskaserne auch in den Vorortgebieten für zulässig erklärt war. Eine schrankenlose Bodenspekulation griff Platz, die Preise schnellten in die Höhe, die Bevölkerung wurde, mit Ausnahme der obersten Zehntausend, zusammengepfercht. Fabelhafte Gewinne flossen in die Taschen Einzelner. Allein für Charlottenburg berechnet Voigt die Wertsteigerung des Grund und Bodens für das Jahrzehnt 1887 bis 97 auf mehr als eine Viertel Milliarde Mark. Was durch Voigt für Berlin und seine Vororte nachgewiesen ist, darf im großen und ganzen als der Typus großstädtischer Verhältnisse betrachtet werden.

Auf die Frage, was soll zur Beseitigung dieser Übelstände geschehen, können wir hier, wo wir nicht Boden- und Wohnungs-Politik zu treiben haben, nicht eingehen. Aber dies ist klar: eine größere öffentliche Überwachung und Leitung dieser Zustände muß eintreten. Vor allem muß der Grundsatz, daß die Anlage der Stadt, die Schaffung der Existenzgrundlage für die städtische Bevölkerung, ein „öffentliches Geschäft" sei, wieder zu Ehren kommen. Aus diesem Gesichtspunkte heraus wird

---

[34]) Ein interessantes Patent von 1667 verordnete sogar, daß „die wüsten Stellen (Baustellen) von den Magistraten frey umbsonst zu geben und anzuweisen seien" (Voigt, S. 35. — Für die Zeit Friedrichs des Großen, vgl. dort S. 70 ff. 75 ff.).

[35]) Voigt, S. 83.

man auch die öffentliche Beurkundung des Veräußerungsgeschäfts fordern müssen, die aus dem gleichen Anschauungs-Erdreich herauswächst und in gleicher Richtung wirkt.

Was aber die ländlichen Grundstücke betrifft, so ist hier nicht der Ort, die Agrarfrage aufzurollen. Aber einige mit unserem Gegenstand im engen Zusammenhange stehenden Grundsätze seien hier hervorgehoben und betont. Überall und mit Recht wird als Ziel gesunder Agrarpolitik betrachtet, den mittleren Grundbesitz zu stärken und zu befestigen, gegenüber den Gefahren der Latifundienwirtschaft auf der einen und des Zwergbetriebs auf der andern Seite. Ein kraftvoller Bauernstand gilt als das Rückgrat des Staatskörpers. „In allen europäischen Ländern[36]) mit stark entwickeltem Großgrundbesitz macht sich deshalb, um den mittleren Besitz zu stärken, unter dem Drucke der gewerblichen Umwälzungen, der übermäßigen Abwanderung der Arbeiter in die Industrialbezirke, der landwirtschaftlichen Krisis und Schuldennot eine starke Bewegung geltend, welche durch planmäßige Begründung neuer und die Erweiterung von zu kleinen alten Bauernstellen den ländlichen Mittelstand mehren, die Landarbeiter durch Verleihung von Bodenbesitz seßhaft machen will. Fast gleichzeitig haben Deutschland, England und Rußland entsprechende Gesetze erlassen". Für Preußen kommen hier namentlich in Betracht die Gesetze vom April 1886 über die Beförderung deutscher Ansiedelungen in Westpreußen und Posen, vom Juni 1890 und Juli 1891 über Rentengüter und die Beförderung ihrer Errichtung durch das Eintreten der Rentenbanken. Dadurch sind große Flächen an den Bauernstand zurückgefallen, die er früher im Wege des freien Güterverkehrs an den Großgrundbesitz oder an Güterschlächter verloren hatte.

Dieser Tendenz der Gesetzgebung zur Neuschaffung von landwirtschaftlichen Mittelbetrieben, zur Seßhaftmachung des Bauernstandes entspricht auch der Formzwang; er bewegt sich in derselben Richtung, wie bei der Beratung des § 313 ausdrücklich betont worden ist.

Die größten Gefahren drohen nun dem kraftvollen bäuerlichen Besitz durch das Güterschlachten und Parzellieren[37]). Die Gründe für diese mörderischen Erscheinungen sind verschiedenfache.

Der Großgrundherr zunächst sucht seinen Besitz durch Ankauf und Parzellierung von nachbarlichen Bauerngütern zu arrondieren.

Eine bekannte Tatsache ist ferner, daß die kleineren Güter teurer sind, als die großen. Je lebhafter die Zunahme der Bevölkerung, je

[36]) Sering in Conrad's Handwörterbuch der Staatswissenschaften, 2. Aufl. 1900, Bd. V, 247.

[37]) Vgl. Kautsky: „Die Agrarfrage", S. 165 ff.

notwendiger eine eigene Scholle als Grundlage für die soziale Selbstständigkeit und die Begründung eines Familienhaushaltes zu erlangen, je zäher der Eigentumsfanatismus des an seinem Grund und Boden hängenden Bauern, um so größer die Preise, die für ein Stück Land gezahlt werden. Der höhere Preis der kleinen Güter ist natürlich ein starker Anreiz zur Zerschlagung der größeren Güter. Die Güterschlächterei kann hierbei in verheerendem Umfange anwachsen.

Endlich aber wachsen die Geldbedürfnisse des Bauernstandes nicht selten durch unrationelle Wirtschaft oder durch die gesteigerten Ansprüche des Staates oder der Gemeinde. Hypothekenschulden sind die Folge, für die ferner auch fast jeder Besitzwechsel, weil selten das Gut voll bar ausbezahlt wird, und jede Erbteilung eine mächtige Ursache bilden.

In allen obigen Fällen wird dem Bauer sein Besitz zu groß; er sieht sich genötigt, ihn zu verkleinern. Alle diese Gründe, in Verbindung mit der oben erwähnten Landflucht, zehren an einem kraftvollen Bauernbesitze[38]); sie steigern die Tendenz zur Bodenzerstückelung. Unter den gegebenen Verhältnissen — der Herrschaft des Privateigentums an Grund und Boden sowie der freien Konkurrenz — erwächst dem Staate die Aufgabe, die bäuerlichen Grundbesitzer in ihrem Eigen zu schützen und auch den Landarbeitern durch entsprechende Maßnahmen die Möglichkeit, ein Stück Land zu erwerben und das Erworbene zu behaupten, zu erleichtern.

Hiernach kann als Schlußergebnis der wirtschaftlichen und sozialen Erwägungen für den städtischen wie für den ländlichen Grundbesitz betrachtet werden, daß die Veräußerung, wie auch die Motive[39]) schon hervorheben, im Interesse der Seßhaftigkeit der Bevölkerung nicht leicht zu nehmen sei. Die Veräußerung von Grundbesitz ist kein Warenhandel und nicht mit dem Umtausch anderer Vermögensobjekte auf gleiche Linie zu stellen. Sie ist gegen die Auswüchse des Spekulantentums, gegen die Verwüstung durch unsolide Güterschlächterei nnd Bodenzerstückelung sicher zu stellen. Schon darum ist dieses Geschäft, weil es geradezu die öffentlichen Interessen immer mitberührt, auch einer öffentlichen Form zu unterwerfen. Der Formzwang ist nicht nur Sinnbild und Wegweiser

---

[38]) In neuester Zeit hat in Deutschland die Bedrängung des mittleren Grundbesitzes durch Parzellierung im allgemeinen allerdings aufgehört. Grade die mittleren bäuerlichen Güter von 5 bis 20 Hektar sind es, die am meisten gewonnen haben, nämlich 560000 Hektar (Kautsky a. a. O., S. 172). Unzweifelhaft ist dies eine Folge der veränderten (Rentenguts-) Gesetzgebung und ein Ansporn, auch juristische Mittel und Wege, neue Rechtsbildungen, nicht zu gering anzuschlagen.

[39]) Vgl. oben S. 148.

für die prinzipielle Auffassung, er wird auch einen, wenngleich begrenzten, Einfluß auf den Grundstückshandel, den Bodenpreis und den Bodenbesitz ausüben und der Bevölkerung die Rechtsberatung bei einem Geschäfte verbürgen, das für Lebensstellung und Beruf zu den sozial und wirtschaftlich wichtigsten gehört.

2. Bei dieser sozialen Bedeutung des Grundbesitzes, bei der Wichtigkeit, die man im Interesse des Volkswohles einer Erschwerung der Mobilisierung des Grundbesitzes beilegt, ist es klar, daß sich die öffentliche Form nicht bloß als eine, der Wichtigkeit des Geschäfts entsprechende, ihr adäquate empfiehlt, sondern daß sie auch — hiermit im innigsten Zusammenhange — zugleich als Schutznorm vor Übereilung und gegen Ausbeutung gedacht und geschaffen ist. Die minder geschäftsgewandten Klassen der Bevölkerung, Frauen, Geschäftsunkundige, Bauern, sollen, wie schon an anderer Stelle hervorgehoben ist (oben S. 148) eben durch die Form vor diesen Gefahren bewahrt werden.

Zur Steuer gegen die sogenannten Wirtshausgeschäfte — dies wurde in den gesetzlichen Vorberatungen mit Recht betont — müsse eine Ausnahme von der Formfreiheit gemacht werden. Diese Schriftform sei kein genügender Schutzwall Tinte und Feder seien leicht zur Hand. Die Unterschrift des Bauern genüge zur Vollendung des schriftlichen Vertrages, dessen Entwurf von dem Güterhändler in Eile hergestellt oder bereits in der Tasche mitgebracht werde. Durch den Gang zum Gericht oder Notar werde dagegen dem Bauer der Ernst der Sache klar gemacht und eine wohltätige Überlegungsfrist gegeben.[40]) Auch in den Mitteilungen der Notare sind ähnliche Momente für die Beibehaltung des Formzwanges geltend gemacht worden. Nicht bloß auf dem Lande, sondern auch in der Stadt sind viele Fälle bekannt geworden, in denen Geschäftsunkundige durch Punktationen über Grundstücke, deren Bedeutung sie nicht erkannt haben, erheblich geschädigt worden sind.

Ein weiterer gewichtiger Vorzug des Zwanges zur öffentlichen Beurkundung ist die größere Gewähr, welche die Mitwirkung des Richters oder Notars für die Vollständigkeit, Richtigkeit und Verständlichkeit der Beurkundung bietet. Dieser Vorzug ist außer Zweifel; selbst die Gegner (Dorst, S. 137) erkennen ihn an. Er fällt umsomehr ins Gewicht, als die mit dem Grundeigentum zusammenhängenden Rechtsverhältnisse von „weitausschauender Dauer" sind und sehr verwickelte Seiten bieten. Es könne aber, wirft Dorst ein, gerade der Formzwang dazu führen, daß der Vertrag übereilt beurkundet werden müsse. „Die

[40]) Vgl. Protokolle der II. Kommission.

Beteiligten richten ihr Augenmerk darauf, möglichst rasch einen Verpflichtungsvertrag zu bekommen, da ja bis zur Unterschrift jeder zurücktreten kann. Die Bemühungen des Richters oder Notars, einen vollständigen Vertrag zu erzielen, werden sehr häufig vergeblich sein, indem man bemerkt, für die Einzelheiten habe es noch Zeit, da die Nebenbestimmungen und Bedingungen ja formlos festgestellt werden können". Wäre diese Argumentation richtig, dann wäre in der Tat nach dieser Richtung hin der Zweck der Gesetzesvorschrift vereitelt. Indes handelt es sich auch hier nur um einen Fall, der — als „Problema, so zu sagen" — konstruiert wird. Solch Fall kommt wohl kaum vor; von ihm aus kann keinesfalls die Gesetzesvorschrift beurteilt werden. Wer selbst vor Notar und Gericht, welche gegen die Übereilung ihr Möglichstes aufbieten werden, übereilt handelt, dem ist überhaupt nicht zu helfen.

Der heilsame Zweck der Vorschrift, eine richtige und sachgemäße Beurkundung herbeizuführen, springt namentlich in der Übergangszeit, wo die Bestimmungen des neuen Rechts den beteiligten Kreisen noch nicht in Fleisch und Blut übergegangen sind, recht deutlich in die Augen. Eine Anzahl der referierenden Notare hat gerade dieses Moment betont. Zu den vielfachen neuen Vorschriften des B.G.B., welche das Grundeigentum, die Hypothekenverhältnisse und die sonstigen mit den Grundeigentum zusammenhängenden Verhältnisse betreffen und die noch nicht genügend dem Publikum bekannt geworden sind, gehören insbesondere die Bestimmungen über die verschiedenen neuen Arten der Hypotheken (Brief-, Buch-, Sicherungs-, Maximal-Hypothek); über Modalitäten im Hypothekenverkehr (Kündigung der Briefhypotheken, Anspruch auf Abtretung bei der Tilgung von Hypotheken); über die Schuldübernahme beim Grundstücksvermerk (§ 416); über die Miets- und Pachtverhältnisse (§ 578 u. a.) und dergleichen mehr. Nur bei Gelegenheit der Beurkundung kann durch Rücksprache und Aufklärung über die einschlägigen Verhältnisse gar manche Partei vor Schaden bewahrt werden.

4. Vielfach wird aber selbst von denen, welche die Zweckmäßigkeit der öffentlichen Form gelten oder sie zumindest dahingestellt sein lassen, erklärt, die Ziele seien durch die Vorschrift der öffentlichen Form nicht zu erreichen, ihr ständen auch sonst schwere Bedenken entgegen. Die Gegner des öffentlichen Beurkundungszwanges sind aber in ihren positiven Forderungen geteilt. Eine Gruppe verlangt volle Formfreiheit, eine andere einfache Schriftlichkeit. Eine kritische, sine ira vorgenommene Würdigung der Gegengründe führt zur Ablehnung sowohl der Formfreiheit als der einfachen Schriftlichkeit.

a) Formfreiheit.

α) Als Hauptgrund zu Gunsten der Formfreiheit, für die sich auch Dorst erklärt, führt er an, die Form sei etwas rein äußerliches und folge immer erst der Prüfung der Sachlage nach. Dasjenige, was ihr vorhergehe, sei die Hauptsache. Nachlässige Prüfung und Übereilung zu verhindern, dazu sei kein Gesetz im Stande. Die Erfüllung einer Form garantiere und befördere nicht das vorherige Überlegen[41]). Man wird diesen Sätzen nicht beipflichten können; sie widersprechen allgemeiner Erfahrung. Schon die längere Zeit, die der notarielle oder gerichtliche Abschluß verlangt, gibt ein spatium deliberandi. Der Gang zum Gericht oder Notor vergegenwärtigt Bedeutung und Ernst der Sachlage. Dazu die Einwirkung der Amtspersonen, die von ihnen angeregte Besprechung aller Seiten und aller Folgen, endlich auch die größere Scheu, welche die arglistige Partei vor dem Lichte der Öffentlichkeit hat. Außerdem unterschätzen die Gegner die Bedeutung, welche die Form an sich im Rechtsleben hat. Den Kontrahenten kommt bei der Wahrung einer Form weit eindringlicher der Inhalt des Geschäftes zum Bewußtsein, als wenn das rasch gesprochene und rasch eilende Wort zur Bindung genügt.

β) Der Vorschrift des § 313 wird auch Inkonsequenz vorgeworfen; sie sei ein einschneidender Durchbruch gegenüber dem ganzen System des B.G.B. Hier sei alles auf Formfreiheit gestellt, selbst holographische Testamente könne man errichten. Gewiß ist die Formfreiheit eine allgemeine Regel des B.G.B. Indes, wo die Form ausnahmsweise begründet ist, da muß sie auch ihre Stelle finden. Gleichmacherei soll man nirgends treiben; nur wirklich Gleiches soll gleich behandelt werden, Ungleiches aber ungleich. Grundstücksveräußerung und Erwerb sind aber, wie nachgewiesen, so wesentlich von anderen Verkehrsgeschäften verschiedene Dinge, daß sie ihren eigenen Weg gehen müssen, und nicht dem Popanz dürrer Konsequenz hinzuopfern sind[42]).

γ) Endlich wird zu Gunsten der Formfreiheit der grobe Mißbrauch, der mit dem § 313 getrieben werden könne, ins Feld geführt. Wenn wirklich bereits eine formlose Einigung erfolgt sei, so verstoße die Berufung auf § 313, abgesehen davon, daß sie dem andern Teile Schaden bringen könne, schon an sich gegen Treu und Glauben, und erschüttere den alten Grundsatz: „Ein Mann ein Wort" (Dorst S. 139). Dorst exemplifiziert auch an einigen krassen Fällen, in denen Kontrahenten zum Schaden des anderen Teiles und im eigensüchtigen Interesse unter

---

[41]) Dorst S. 136.

[42]) Auch die holographischen Testamente halten wir für keinen Segen.

Berufung auf § 313 zurückgetreten seien. Er fügt hinzu: „Das Resultat ist, daß die anständigen Leute geschädigt werden, während die Lumpen frei ausgehen. In einigen Fällen erhalten allerdings auch sie die verdiente Strafe."

Wir haben schon (S. 145 ff.) auseinandergesetzt, daß der Grundsatz: „Ein Mann ein Wort", so deutsch er auch klingt, für das alte deutsche Recht nicht nachweisbar ist. Gerade das Umgekehrte war der Fall. Der altgermanische Grundsatz wollte Prüfung, Erwägung und formelle Bindung nur bei Beobachtung feierlicher Form. Überdies würde sich der Vorwurf der Unanständigkeit weit mehr gegen den Gesetzgeber, als gegen denjenigen, der von dem Gesetz Gebrauch macht, richten. Und ist es denn wirklich unanständig, wenn der Gesetzgeber unter Erwägung aller Gründe für und gegen in gewissen Fällen die Beobachtung bestimmter Formen vorschreibt? Dann müßte mit unseren ganzen Formalvorschriften tabula rasa gemacht werden. Ein nicht beweisendes Schlagwort ist es auch, die „Lumpenhaftigkeit" desjenigen, der sich auf eine formelle Schutznorm beruft, zu behaupten. Wer ist unanständig, der Bauer, dem vom Güterschlächter sein Grundstück für einen weit unter dem Werte stehenden Preis abgelockt worden ist, und der sich auf die Ungültigkeit dieser Abmachung beruft, oder der Wucherer, der sich auf das Wort des Bauern beruft? Der Inhalt des Einzelfalles ist zu prüfen, um vom Standpunkte der Moral zu einer Entscheidung darüber zu kommen, wer anständig oder unanständig handelt. Die Tatsache aber allein, daß Jemand die Rechtsform beobachtet haben will, verstößt keineswegs gegen die guten Sitten. Wenn wirklich in einzelnen Fällen ein Schaden entsteht, nun, so hätte er vermieden werden können durch Beobachtung der Form. Die Fälle, in denen eine baldige Beurkundung unmöglich ist, werden mehr als selten sein. Endlich je mehr die Vorschrift des § 313 bekannt werden wird, um so weniger wird die Berufung auf ihn mit einem moralichen Stigma belegt werden können. Denn die Kontrahenten werden bei ihren Vorverhandlungen sich dessen wohl bewußt sein, daß sie vorläufig nur unverbindliche Traktate verabreden. Zu beachten bleibt auch, daß die Beobachtung einer öffentlichen Form für Grundstücksveräußerungen seit langen Jahrhunderten im deutschen Volksbewußtsein feste und lebendige Wurzeln geschlagen hat.

δ) Gegen die Formfreiheit spricht auch die Tatsache der häufigen Streitigkeiten darüber, ob überhaupt die mündlichen Abreden zum endgültigen Abschluß gediehen wären, oder sich nur im Stadium unverbindlicher Vorverhandlungen bewegt hätten. Die widerwärtigsten Prozesse folgen hieraus. Gerade deswegen haben die Berichterstatter aus denjenigen Gebieten des Gemeinen Rechts, wo Formfreiheit bis 1900 bestand, die Änderung geradezu als Segen gepriesen (vgl. oben S. 128 ff.).

b) Schriftform.

Auch die Schriftform — entweder einfache oder unter Hinzutritt der Unterschriftsbeglaubigung —, welche vielfach empfohlen wird, und die namentlich auch in der II. Kommission warme Vertretung fand, ist gegenüber der öffentlichen Beurkundung mit allzu schweren Nachteilen verknüpft. Ohne Belang für unsere Frage ist die hin und wieder gewünschte Unterschriftsbeglaubigung, da diese als Erfordernis nicht für die Bindung, sondern für die Anträge ans Grundbuch verlangt wird. Lassen wir die für die Schriftform geltend gemachten hauptsächlichsten Gründe Revue passieren!

α) Die Schriftform wäre im allgemeinen genügende Garantie für die Richtigkeit des Inhalts. Gerade bei dieser Form aber besteht die Gefahr, wie die Motive mit Recht hervorheben, daß sie zum Abschluß des Vertrages führt, ohne daß die in Frage stehenden Rechtsverhältnisse eine vollständige Regelung erfahren, ja ohne daß die Vereinbarungen der Vertragschließenden vollständig aufgenommen werden. Ungenauigkeiten und Unvollständigkeiten sind hier häufig. Denn das Publikum ist selten imstande, einen sachgemäßen Grundstückskaufvertrag zu entwerfen. Die Mängel werden auch durch Zuziehung von Rechtskonsulenten und Konzipienten nicht vermieden, sondern meist gesteigert.

β) Der Bauer, der vor allem geschützt werden solle, sei vorsichtig mit seiner Unterschrift. Die Wirtshausgeschäfte und ihre Gefahren werden von den Gegnern nicht hoch angeschlagen. Im Wirtshause, meint Dorst, werden viele und wertvolle Geschäfte abgeschlossen; grade dort werde häufig lange überlegt und geprüft, ehe man einig sei. Nun, daß auch ein Wirtshaus häufig ein geeigneter Ort für den Abschluß von Geschäften ist, darüber kann kein Zweifel sein. Nur werden unter Wirtshausgeschäften grade diejenigen Geschäfte bezeichnet, bei denen weniger der Ort, als der feuchtfröhliche Geist des Ortes („spiritus“ loci) das entscheidende war. Wirtshausgeschäfte in diesem Sinne sind nicht bloße Phantasien. Berüchtigt sind die vielen im Wirtshaus bei animierter Stimmung dem Bauern abgelockten Scheine über seinen Grundbesitz. Auch bei meiner Umfrage sind lebhafte Klagen über derartige Geschäfte aus Schlesien, Pommern usw. (oben S. 167) laut geworden, und die neue Form wurde gerade deswegen als ein wahrer Segen bezeichnet. Daß der Vertragschließende, wenn er seine sinnlose Betrunkenheit nachweist, an das Geschäft nicht gebunden ist, wirkt nur als schwacher Schutz, weil dieser Nachweis schwer zu führen ist. Auch ist es nicht die sinnlose Trunkenheit, die zu den Gefahren führt, vielmehr die gehobene, animierte, durch Alkohol gereizte Stimmung.

γ) Die Einführung der öffentlichen Beurkundung lege dem gesamten Grundstücksverkehre schwere Fesseln an. Diese Befürchtung hat, wie aus unseren Erhebungen zu schließen ist, sich nicht bestätigt. Wenn infolge der strengen Form der Güterwucher auf dem Lande und der unsolide Handel mit städtischen Bauterrains durch Schlußscheine erschwert werden, so ist eine solche Erschwerung, wie wir nachgewiesen haben, nur von Vorteil.

δ) Endlich ist auch der hohe Aufwand von Kosten als ein unnötiger bezeichnet worden. Die Kosten sind aber, wie wir noch dartun werden, nicht erheblich; sie können auch durch Gebührengesetze in maßvollen Grenzen gehalten werden. Nirgends aber sind die Kosten nötiger aufgewendet, als hier. Bei Veräußerung kleiner wertloser Parzellen bietet schließlich der Satz 2 des § 313 ein Mittel zur Kostenersparnis.

ε) So erweisen sich denn die Gründe für die Schriftform nicht als zugkräftig. Vor allem ist ihr aber auch die oben (S. 163) eingehend behandelte und gewürdigte Erfahrungstatsache entgegen zu halten, daß sie keine festen und tiefen Wurzeln ins Leben geschlagen hat, selbst in Bezirken, wo sie früher ausreichend war, und daß sie gegenüber den anderen Formen abbröckelte und abbröckelt.

5. Was endlich die Volksauffassung, die Meinung der Juristen und die praktischen Erfahrungen betrifft, so sprechen auch diese Momente für die Beibehaltung des § 313. Wir legen auf diese Momente, vor allem auf die Erfahrungen der Praxis Hauptwert. Selbst wenn alle zu 1 bis 4 dargelegten Erwägungen für die Beibehaltung sprächen, so würden diese Momente doch bedenklich ins Gewicht fallen, weil sie auf die Unrichtigkeit der theoretischen Erwägungen, auf irgend einen error in calculo, hinwiesen.

Wie schon mehrfach hervorgehoben, ist die Volksauffassung in Deutschland seit langen Zeiten einer feierlichen öffentlichen Form für Grundstücksveräußerungen durchaus zugetan. Und mit der Volksauffassung steht — gewiß ein beachtenswertes Symptom — die Meinung der Juristen im Einklang. Haben doch auf die diesseitige Anfrage nur zwei Notare eine sofortige Änderung des § 313 für wünschenswert erklärt, während alle anderen für seine Beibehaltung eintraten (näheres S. 165). Der Einwurf, die Notare sprächen pro domo, für ihre Gebühren, dürfte wohl gegenüber dem Ernste der Angelegenhei kaum auftauchen. Sind doch auch nur Gründe aufgeführt worden, die das Interesse des Publikums, die Heilsamkeit der Vorschrift für die Bevölkerung im Auge hatten.

Die aus grauer Vorzeit schon stammende Volksauffassung ist sich aber bis in die jüngste Zeit treu geblieben. Dies beweist das vielfältige im Abschnitt IV mitgeteilte Erfahrungsmaterial, aus dem einige springende Punkte hervorgehoben sein mögen. Bezeichnend ist vor allem die Tatsache, daß selbst in denjenigen Gebieten, in denen früher nur mündliche Abrede oder einfache Schriftform zur Bindung ausreichend waren, doch eine erhebliche Anzahl öffentlicher Grundstücksverträge geschlossen wurden. Dies ergeben die für die Zeit vor 1900 mitgeteilten Ziffern aus den gerichtlichen Aufstellungen (vgl. S. 156 ff. und die Tabelle S. 160, 161). Aber auch Notare berichten über die allgemeine Beobachtung, daß schon unter altem Recht die Grundstücksverträge häufig notariell geschlossen wurden. „Besonders auch die Landbevölkerung" — heißt es in einem kernigen Bericht —, „die doch sehr den Kostenpunkt bedenkt, hat den Notar fast regelmäßig angegangen, in der festgewurzelten Überzeugung, daß zum Grundstückskauf doch mehr gehört, als zum Schweinekauf." Und selbst Dorst (S. 138) gibt zu: „Im linksrheinischen Rechtsgebiete wurden auch vor 1900 mit verschwindenden Ausnahmen die Verträge über Grundeigentum notariell abgefaßt und daher für eine gründliche Abfassung Garantie geboten, trotzdem der Verpflichtungsvertrag an sich bis zum Inkrafttreten der Grundbuchgesetze an keine Form gebunden war."

Und muß nicht das oben (S. 165) für die Zeit seit dem 1. Januar 1900 mitgeteilte Schlußergebnis aus den Berichten der Gerichte und Notare, wonach seither eine erhebliche Steigerung der in öffentlicher Form geschlossenen Verträge stattgefunden hat, auch als Symptom für die Richtigkeit der Annahme gelten, daß die Form sich einbürgert, in Fleisch und Blut übergeht, und nicht bloß fremd aufgepfropft ist? Sonst würde das Publikum mehr zu dem Aushilfsmittel greifen, die Verträge privatschriftlich zu entwerfen und ihnen die Heilung durch die Auflassung angedeihen zu lassen. Aber in Stadt und Land greift die Bevölkerung immer mehr zur öffentlichen Form und holt bei dieser Gelegenheit gern rechtsverständige Hilfe ein.

Das Erfahrungsmaterial hat ferner den Beweis dafür geliefert, daß der legitime Verkehr die öffentliche Form als eine Fessel nicht empfindet (vgl. S. 165 ff.) Ein besonders beachtenswertes Indiz für die Richtigkeit dieser Beobachtung ist es auch, daß im gesunden Verkehr verhältnismäßig wenige Mittel und Fälle zur Umgehung der Formvorschrift, abgesehen von den noch zu erwähnenden Maklergeschäften, bemerkbar sind. Und in der Tat, faßt man die drei Interessenten-Gruppen, die beim Grundstückverkehr in Betracht kommen, nämlich die Verkäufer, die Käufer und die Grundstücksmakler, scharf ins Auge, so wird es leicht begreiflich, warum es sich am letzten Ende um keine zu schwer empfundene Fessel handelt.

Die Verkäufer tragen nach den meisten Ortsgebräuchen nicht die Kosten. Warum sollten sie also, es sei denn, daß sie Heimlichkeiten im Schilde führen, die öffentliche Beurkundung scheuen? Die Käufer aber schätzen die sichere Gewähr richtiger und sachgemäßer Abfassung des Vertrages höher, als die geringe Kostenlast. Kommen doch die Beurkundsgebühren gegenüber den Kosten, die sonst mit einem Grundstücksgeschäft verbunden sind, kaum in Betracht. So beträgt bei einem Berliner Grundstück im Werte von 500 000 Mark der staatliche Stempel (1 %) 5000 Mk, die Umsatzsteuer (1/2 %; bei Terrains und überhaupt in Vororten sogar 1 % 2500 Mk., die Provision (1 %) 5000 Mk. Spielen hierbei die Beurkundungsgebühren von 160 Mark eine nennenswerte Rolle? Und ähnlich liegt es bei Kaufverträgen höherer oder geringerer Objekte. Anders freilich ist es bei Kaufverträgen mit ganz geringem Objekte, wie dies z. B. aus den Kreisen Siegen und Wittenstein berichtet ist (S. 125). Derartige Objekte können selbst die geringste Kostenbelastung nicht vertragen. Hier hilft aber Satz 2, auf den wir noch zurückkommen.

Dagegen empfinden die Grundstücksmakler den Formzwang als große Fessel; dies wird übereinstimmend aus allen Gegenden gemeldet. Indes können die Interessen und Wünsche der Makler keine entscheidende Bedeutung beanspruchen. Die wirklichen ausschlaggebenden Interessen sind die der Bodenbesitzer und Bodenerwerber, der Verkäufer und Käufer. Nur insofern, als diese Interessen durch die Erschwerung der Maklertätigkeit beeinträchtigt werden, müßte man auf Abhilfe bedacht sein. Derartige schädigende Einflüsse sind wohl möglich. Ein Grundstücksbesitzer, dem daran liegt, sein Eigentum zu veräußern, oder ein Kauflustiger, der ein Grundstück nötig braucht, wird vom Makler häufig die Antwort erhalten, daß er Bemühungen nur dann aufwende, wenn der Auftraggeber sich einige Zeit (Wochen, Monate) binde. Auch bei direkten Verhandlungen zwischen Veräußerer und Erwerber ist häufig eine Bindung des einen Teils an sein Gebot auf längere Zeit wünschenswert. Früher war diese Bindung durch einfache Schlußscheine in Gebieten, wo Schriftlichkeit oder Mündlichkeit zur Gültigkeit ausreichten, möglich und üblich. Jetzt muß die mit Kosten verknüpfte

Offerte in notarieller oder gerichtlicher Form gewählt werden. Die Kosten werden gescheut, weil die größte Mehrzahl der Makelaufträge oder Grundstücksanstellungen nicht zum wirklichen definitiven Kaufabschluß führen. Die unwiderrufliche Vollmacht, welche behufs Kostenersparnis hier und dort an die Stelle der notariellen Offerte gesetzt wurde, ist als eine Umgehungsform mit Recht für unzulässig erklärt worden. Anderen Umgehungsformen wird kein besseres Schicksal bereitet sein, da § 313 iuris publici ist.

Im Interesse solcher, immerhin nur als Ausnahme in Betracht kommender Fälle das Gesetz zu ändern, kann selbstverständlich im Hinblick auf die sonst entgegenstehenden großen Nachteile, die wir dargelegt haben, nicht in Erwägung gezogen werden. Es würde sich aber empfehlen, die Gebühr für die notarielle oder gerichtliche Offerte im Interesse der Erleichterung des Grundstücksverkehrs in den oben erwähnten und ähnlichen Fällen herabzusetzen; so z. B. in Preußen, wo die Gebühr für die Offerte von $^{15}/_{10}$ auf $^{10}/_{10}$ oder $^{5}/_{10}$ ermäßigt werden könnte.

6. Starren Formalismus, öde Prinzipienreiterei hat glücklicherweise der Gesetzgeber nicht getrieben. Er übersah nicht gewisse Fälle, in denen die Vorteile der öffentlichen Form von den Nachteilen überwogen werden. Aus diesen berechtigten Erwägungen erklären sich folgende Ausnahme-Regelungen:

a) So zeigt sich die sofortige Inanspruchnahme eines Notars öfters bei Parzellierungen ländlicher Grundstücke schwierig. Hier ist es üblich, zunächst einen Termin an Ort und Stelle mit Kauflustigen abzuhalten. Früher wurden, wenn Einigkeit erzielt wurde, meist schriftliche Vorverträge abgeschlossen. Unzuträglichkeiten entstehen auch, wenn mehrere der bei einem Veräußerungsvertrage Beteiligten, z. B. mehrere Erben bei einem Erbteilungsvertrage, in verschiedenen Bezirken wohnen; das früher übliche Zirkulieren des Vertrages kann nicht mehr in Anwendung kommen. Weit wichtiger ist die aus § 313 leicht entspringende Störung, wenn eine Reihe nebeneinanderliegender Grundstücke zum Zwecke einer einheitlichen Unternehmung erworben werden sollen. Dies wird oft erschwert, wenn gerichtliche oder notarielle Verträge mit jedem einzelnen Besitzer erforderlich sind. Sobald die Nachbarn Wind erhalten, erfolgen dann meist unsinnige Preissteigerungen[43]). Allzu kostspielig erweist sich endlich die Form für Beurkundungen bei ganz kleinen Objekten.

Für diese und ähnliche Fälle ist die Bestimmung im Satz 2 wie geschaffen. Gewiß liegt sie nicht in der Rechtskonsequenz. Gewiß werden

---

[43]) Darauf weist Dorst (S. 139) hin.

durch sie häufig auch die Zwecke der Formvorschrift aus Satz 1 vereitelt, die aus sozialpolitischen Gründen erstrebte Erschwerung der Veräußerung zunichte gemacht werden. Indessen ist sie aus folgenden Erwägungen trotz alledem aufrecht zu erhalten.

Die Vorschrift hatte sich in der preußischen Praxis (vgl. oben S. 115) bewährt. Auch waren seiner Zeit das preußische Landes-Ökonomie-Kollegium, der westfälische Bauernverein, landwirtschaftliche Vereine aus Bayern usw. für die Beibehaltung eingetreten. Sie bildet, wie in der II. Kommission mit Recht ausgesprochen wurde, eine unentbehrliche Ergänzung des Satzes 1, unentbehrlich im Interesse der Rechtssicherheit. Der Verkäufer hätte sonst während der ganzen Verjährungsfrist (30 Jahre lang) trotz der Auflassung den Kondiktionsanspruch auf Rückgabe wegen der Ungültigkeit des obligatorischen Vertrages und die Möglichkeit, auf Kosten des Erwerbes zu spekulieren. Ebenso dient zur Rechtssicherheit, daß den nicht formgerechten Nebenabreden zur Gültigkeit verholfen wird, und damit viele Zweifel beseitigt werden. Unentbehrlich ist der Satz 2 auch für die häufigen Fälle, in denen sehr geringwertige Parzellen veräußert, oder Parzellen schuldenfrei gegen sofortige Barzahlung aufgelassen werden.

Abgeschwächt freilich wird die Formvorschrift des Satzes 1 durch den Nachsatz, aber nicht vereitelt. Ihr Hauptzweck, Schutz vor Übereilung wird noch in ausreichendem Maße, wenigstens bezüglich der wichtigsten Frage, der Höhe des Kaufpreises, erreicht. „Denn zwischen den formlosen Abschluß und das Gültigwerden des obligatorischen Vertrages schiebe sich die Auflassung ein. Der Bauer werde nüchtern, gewinne Frist zur Überlegung, zur Rücksprache mit der Frau usw." [44]). Die Aussicht auf ein überlegtes, verständiges, die Verhältnisse berücksichtigendes Handeln bleibt somit trotz des Satzes 2 erhalten. Wir würden daher auch nicht vorschlagen, daß etwa Preußen, wie von einem der angefragten Notare empfohlen wurde, von der Vorschrift des § 98 der Grundbuchordnung Gebrauch mache, um zu verhüten, daß Satz 1 durch Satz 2 umgangen werde. Die Befürchtungen einer „Außerkurssetzung" des Satzes 1 durch Satz 2 widerlegt die Erfahrung. Der Satz 2 hat aber innerhalb der oben gezeigten Grenzen ein wohltätiges Wirkungsgebiet.

b) Ebenso empfiehlt sich das Abgehen von der öffentlichen Form in denjenigen Fällen, in welchen die wesentlichen Gründe des Gesetzes, Schutz der minder geschäftsgewandten Bevölkerung und größere Gewähr für sachgemäße Beurkundung, nicht zutreffen. Cessante ratione legis

[44]) Protokolle der II. Kommission.

cessat lex ipsa. Daher der Vorbehalt des Art. 142 E.G.[45]) und der Gebrauch, den die Landesgesetze von ihm gemacht haben. So z. B. hat Preußen insoweit von dem Vorbehalt Gebrauch gemacht, als einer der Vertragschließenden durch eine öffentliche Behörde vertreten wird (Art. 12, § 2 pr. A.G. zum B.G.B). Es soll dann nämlich für die Beurkundung des Vertrages außer den Gerichten und Notaren auch der Beamte zuständig sein, welcher von dem Vorstande der zur Vertretung berufenen Behörde oder von der vorgesetzten Behörde bestimmt ist. Anregungen der größeren Städte führten zum Erlaß dieser Bestimmung, die aus folgenden Gründen befürwortet wurde. Die Gefahren, gegen die § 313 schützen solle, treffen ohnedies bei den Verträgen nicht zu, welche Staat, Kommunen und überhaupt öffentliche Körperschaften abschließen. Fast alle diese Verträge bedürfen ferner der Genehmigung anderer Faktoren, gewöhnlich der Aufsichtsbehörde oder der Gemeindevertretung. Sollten diese Verträge erst gerichtlich oder notariell geschlossen werden, so würden unnötige Kosten erwachsen, wenn nachher die Genehmigung versagt wird, anderseits müßten diese Kosten aufgewendet werden, weil sonst die Beteiligten nicht gebunden wären. In der Tat sind auch diese Gründe schwerwiegend genug, um die im § 2 des Art. 12 getroffene Ausnahme von der Formvorschrift des § 313 zu rechtfertigen.[46])

7. Alles in allem genommen ist somit — wir kommen zum Schluß — ein Anlaß zur Änderung des § 313 nicht gegeben; weder in Bezug auf die Formfrage, die uns zunächst interessiert, noch in Bezug auf die Heilungsfrage (Satz 2), die mit der ersten in innigem Zusammenhange steht. Selbst eine Erwägung, ob der § 313 vielleicht auf die Veräuße-

---

[45]) Art. 142 E.G. zum B.G.B. lautet: „Unberührt bleiben die landesgesetzlichen Vorschriften, welche in Ansehung der in dem Gebiete des Bundesstaats liegenden Grundstücke bestimmen, daß für die Beurkundung des im § 313 des Bürgerlichen Gesetzbuchs bezeichneten Vertrags sowie für die nach § 873 Abs. 2 des Bürgerlichen Gesetzbuchs zur Bindung der Beteiligten erforderliche Beurkundung der Erklärungen außer den Gerichten und Notaren auch andere Behörden und Beamte zuständig sind."

[46]) Stranz-Gerhard, Kommentar zum pr. A.G. zum B.G.B., S. 109, Anm. 11 ff. Dort auch über die weiteren im Art. 12 vorgesehenen Ausnahmefälle, den Rentengutsvertrag und die Zuständigkeit der Bürgermeister im Gebiete des vormaligen Herzogtums Nassau an Orten, die nicht Sitz eines Amtsgerichts sind, Kauf- und Tauschverträge über Grundstücke ihres Amtsbezirkes zu beurkunden, wenn der Kaufpreis oder der Wert der eingetauschten Gegenstände nicht mehr als 500 M. beträgt. — Daß überhaupt auf dem Gebiete des der Landesgesetzgebung vorbehaltenen Rechts auch Eingriffe in den § 313 innerhalb der Grenzen des Vorbehaltsrechts gemacht werden dürfen, sei hier nur kurz hervorgehoben (vgl. z. B. auch Stranz-Gerhard a. a. O. S. 112, Anm. 21).

rung ländlicher Grundstücke zu beschränken sei, ist abzuweisen. Haben auch vornehmlich agrarpolitische Rücksichten den Gesetzgeber bei Normierung des § 313 geleitet, so muß doch, wie nachgewiesen, eine gute Bodenpolitik auch für den städtischen Grundbesitz das öffentliche Wohl, nicht die Interessen privater Spekulation in den Vordergrund setzen. Überdies ist der Unterschied zwischen städtischen und ländlichen Grundstücken in der Kleinstadt nicht nur, sondern auch in den Großstädten, deren ländliche Vororte unmerklich in das Stadtgebiet übergehen, gesetzlich kaum faßbar.

Was de lege ferenda am Ende des vorigen Jahrhunderts die Verfasser der Entwürfe, die Kommissionen zu ihrer Beratung, die Stimmen der Kritik, die Regierungen, die Landes-Ökonomie-Kollegien, die interessierten Klassen der Bevölkerung und schließlich Reichstag und Bundesrat mit überwältigenden Mehrheiten als notwendig und zweckmäßig erachtet haben, hat sich auch in den beiden ersten Jahren dieses Jahrhunderts im großen und ganzen de lege lata bewährt. Und wie in Bayern, wo die notarielle Form seit etwa 40 Jahren herrscht, Klagen nicht laut geworden sind, so wird sich der § 313 im gesamten Reiche als sozial wohltätige Norm und als Gewähr der Rechtsberatung stets mehr einbürgern. Ein Allheilmittel ist auch § 313 nicht. Aber seinen Nachteilen stehen so überwiegende und so segensvolle Vorteile entgegen, daß einer Änderung nicht scharf genug widersprochen werden kann. Vollends jetzt schon, in der Übergangszeit so zu sagen, nachdem eben erst das neue Recht ins Leben getreten ist, an der Vorschrift des § 313 zu rühren, wäre nur Zeugnis einer ungesunden Neuerungssucht.

Wir glauben aber auch, daß auf eine lange Zukunft hinaus die Akten über den § 313 als geschlossen betrachtet werden können. Sit ut est!

VII.

Kurze Bemerkungen

zur Frage der Aufhebung oder Änderung des § 313 des Bürgerlichen Gesetzbuchs

von Herrn Rechtsanwalt und Notar Karl Haenschke zu Berlin.

Meines Erachtens empfiehlt sich eine Aufhebung oder Änderung des § 313 Bürgerliches Gesetzbuch nicht.

Die Übelstände, die aus dieser Vorschrift resultieren, sind auf einer Seite die Unbequemlichkeit und Mehrkosten, die für die Beteiligten durch den formgültigen Abschluß gegenüber der Formlosigkeit erwachsen, und auf der andern Seite die Schädigung, die bei formlosen Abschluß für denjenigen entstehen kann, der darauf vertraute, der andere Teil werde den ungültigen Vertrag erfüllen.

Die Übelstände treten gegenüber den Vorteilen der Gesetzesbestimmung zurück. Bei Grundstückskaufverträgen war es hierorts bereits vor Inkrafttreten des Bürgerlichen Gesetzbuchs überwiegend üblich, obgleich die bloße Schriftform zur Klagbarkeit ausreichte, den Abschluß notariell vorzunehmen. Notariatskosten fallen bei den sonstigen hohen Kosten (1 % Vertrags- beziehungsweise Auflassungsstempel, $^1/_2$ oder 1 % Gemeindeumsatzsteuer, wozu noch in der Regel 1 % Provision für den Vermittler tritt) hierorts nicht erheblich ins Gewicht. Der Mißstand, daß derjenige, der den wegen Formmangels ungültigen Vertrag abschließt, daraus keine Rechte erwirbt und Schaden erleidet, wenn er im Vertrauen auf die Gültigkeit oder darauf, daß der Gegen-Kontrahent ohne rechtliche Verpflichtung den Vertrag erfüllen werde, sein Vermögen berührende weitere Maßregeln vornimmt, findet sich bei allen einer besonderen Form bedürfenden Verträgen. Geht man davon aus, daß es gewisse Rechtshandlungen gibt, für die sich die Vorschrift einer Form zur Gültigkeit empfiehlt, so wird man Verträge über Überlassung von Grundstücken unter diese zu rechnen haben. Regelmäßig sind solche für Veräußerer und Erwerber von besonderer Wichtigkeit und Übereilung dabei von besonders schwerwiegenden Folgen. Von den beiden Übeln, daß eine formgültig verabredete Grundstücksübertragung unterbleibt, weil einem der Beteiligten dieselbe leid wird, und dem andern, daß solche formlos gültig vereinbarte Übertragung stattfinden muß, obwohl sie einem der Beteiligten leid wird, ist das erstere das kleinere. Auch der andere Grund, der für die Form geltend gemacht wird, nämlich auf sachgemäße Fassung hinzuwirken und rechtliche Schwierigkeiten zu beseitigen, ist von erheblicher Bedeutung. Je länger die Grundbuchblätter bestehen, desto unübersichtlicher werden sie, desto schwieriger wird es für den Laien, dieselben richtig zu lesen, und desto umständlicher wird die Beseitigung materiell gegenstandslos gewordener älterer Belastungen.

Bei bloß mündlichem Abschlusse bietet eine auf Grund von Parteieiden oder Zeugenaussagen getroffene Feststellung des Streites, ob bloße Vorverhandlungen oder ein Vertragsabschluß stattgefunden und welches der Inhalt der Abreden war, nicht die Gewähr der objektiven Richtigkeit. Aber auch die Parteischriftform verursacht Übelstände, die bei öffentlicher Beurkundung vermieden werden. Es ist mir wiederholt vorgekommen, daß Parteien mit einer ihrer Meinung nach erschöpfenden Punktation zur sofortigen Beurkundung eines Grundstückskaufvertrages zu mir kamen und daß sich dann bei der Besprechung herausstellte, daß beide über den Inhalt des Grundbuchs im Unklaren waren, dessen Einsicht überhaupt nicht für notwendig angesehen hatten, der Vertragsabschluß mit Rücksicht hierauf aufgeschoben wurde und die von mir vorgenommene Einsicht des Grundbuchs das Vorhandensein von Eintragungen ergab, die eine Berücksichtigung und Klarstellung der gegenseitigen Rechte und Verbindlichkeiten in dem demnächst abgeschlossenen Vertrag erforderlich machte. Auch in solchen Fällen halte ich es für das kleinere Übel, daß der Vertragsabschluß aufgehoben wird und, eventuell mit Rücksicht auf die Anstände, die sich aus dem Grundbuch ergeben, unterbleibt, als wenn der Überlassungsvertrag ohne genügende Berücksichtigung der Rechtslage des Grundstücks abgeschlossen wird und sich dann erst bei der Erfüllung Schwierigkeiten ergeben und daraus Prozesse entstehen, und für den einen oder anderen der Vertragschließenden oder auch für beide sich ein ganz anderes wirtschaftliches Resultat ergibt, als das von ihm durch den Vertragsschluß bezweckte.

Nicht zu verkennen ist, daß die Gründe, die für einen gerichtlichen oder notariellen Abschluß sprechen, bei anderen Verträgen, als Kauf- und Tausch, nicht in gleichem Maße vorliegen. Indes ist hier meines Erachtens zu berücksichtigen, daß die Grenzbestimmung schwer zu ziehen ist und im Interesse der Rechtssicherheit es vorzuziehen ist, die Formvorschrift, wie geschehen, auf alle Verträge, die eine Verpflichtung zur Übertragung des Eigentums an einem Grundstücke enthalten, zu beziehen, als nur auf bestimmte Verträge. Letzterenfalls würde oft Streit entstehen, ob ein Vertrag rechtlich ein Kauf oder Tausch einerseits oder ein anderer Vertrag anderseits ist, und es für den Laien unverständlich sei, weshalb bei den, gleichen wirtschaftlichen Zwecken dienenden Verträgen, je nach der gewählten rechtlichen Konstruktion bald ein mündliches Abkommen bindend, bald öffentliche Beurkundung zur Gültigkeit notwendig ist. Fälle, in denen die Vorschrift des § 313 Bürgerlichen Gesetzbuches zu Unträglichkeiten geführt hat, sind mir nicht bekannt geworden. Auch die von Dorst in dem Gutachten für den 26. Juristentage S. 134 ff. angeführten Fälle kann ich nicht zu solchen rechnen, die eine Abänderung des § 313 Bürgerlichen Gesetzbuches erforderlich machen. Es sind das nicht besondere Gründe, die speziell für Grundstücksübertragungsverträge zutreffen, sondern solche, die bei allen Rechtsakten zutreffen, bei denen die vom Gesetz zur Gültigkeit erforderte Form nicht innegehalten ist. Wer im Vertrauen auf die Erfüllung eines mündlichen Schenkungsversprechens oder eines mündlichen Erbvertrages Ausgaben macht, wer auf Grund eines mündlichen Bürgschaftsversprechens seitens eines Zahlungsfähigen einem Kreditunwürdigen Kredit gewährt, erleidet Schaden, wenn die Erfüllung der unverbindlichen Zusage verweigert wird.

Die Konsequenz der Dorstschen Ansicht müßte dahin führen, alle Formvorschriften abzuschaffen. Die meisten Fälle, die Dorst anführt, ergeben doch nur, daß dem einen der Vertragschließenden das mündliche Abkommen später leid wurde, er also übereilt gehandelt hatte. Diese Fälle lassen sich daher mit demselben Rechte für die Bestimmungen des § 313 Bürgerliches Gesetzbuch wie gegen dieselbe verwerten.

In der Zeit meiner Beschäftigung im Vorbereitungsdienste beim Kammergericht im Jahre 1883 ist mir ein Fall aufgefallen und in Erinnerung geblieben, der vor dem 4. Zivilsenat des Kammergerichts schwebte, in welchem sich die Nachteile der Gültigkeit von Privatverträgen über Grundstücke besonders fühlbar machten. Ein Restaurateur hatte sein mehrere hunderttausend Mark wertes Grundstück an einen vermögenslosen Agenten durch einen in seinem Restaurationslokale unterschriebenen privat-schriftlichen Vertrag zu einem den Wert nicht erreichenden Preise verkauft und in dem Kaufvertrage mehrjährige Stundung des durch Übernahme von Hypotheken nicht gedeckten Teils des Kaufpreises gewährt, ohne daß dieses Restkaufgeld als Hypothek eingetragen werden sollte. Durch Erfüllung dieses Vertrages wäre der

Verkäufer ruiniert worden. Er wendete im Prozeß, der gegen ihn auf Erfüllung des Vertrages angestellt war, ein, daß er bei der Unterschrift durch den Genuß geistiger Getränke so animiert gewesen sei, daß er sich habe übertölpeln lassen, und erst, nachdem er vollständig nüchtern geworden sei, ihm klar geworden sei, welch unsinnigen Vertrag er abgeschlossen habe. Beweis für einen die Anfechtung begründenden Grad der Trunkenheit konnte er nicht erbringen. Die Mitglieder des Senats waren einer Meinung, daß es bedauerlich sei, daß einfache Schriftform bei solchen Verträgen nach dem Gesetze genüge.

Soweit ich Juristen und solche Laien, die Erfahrungen im Grundstückverkehr haben, gefragt habe, habe ich überwiegend die Ansicht gefunden, daß der Nutzen, den § 313 Bürgerliches Gesetzbuch stifte, größer sei, als die Nachteile, die aus demselben entspringen können, und sich deshalb die Beibehaltung empfehle.

Es wird kein Gesetzbuch geben, das in allen seinen Bestimmungen jedem recht ist. Die Möglichkeit eines einheitlichen Rechtes für das Deutsche Reich war nur dann gegeben, wenn zwischen den größtenteils einander direkt entgegengesetzten Anforderungen an die Gestaltung desselben ein Kropromiß geschlossen würde. Dies ist bei grundlegenden Fragen, zum Beispiel im Eheschließungs-, Ehescheidungsrechte, im ehelichen Güterrechte, im Vereinsrechte, beim Dienstvertrag usw., wo religiöse, politische und soziale Meinungsverschiedenheiten vorlagen, gelungen. Auch bei der Einzelbestimmung des § 313 Bürgerliches Gesetzbuch sind die Gründe, die jetzt für und gegen dieselbe geltend gemacht werden, bereits bei den Vorarbeiten und Beratungen erörtert. Jetzt, nachdem das Gesetzbuch kurze Zeit in Kraft ist, einzelne Bestimmungen wieder zu beseitigen, ist unerwünscht. Nur wenn sich aus einer Bestimmung unvorhergesehene, allgemein als solche anerkannte Unzuträglichkeiten ergeben würden, würde einer alsbaldigen Beseitigung und Abänderung nicht zu widersprechen sein. Diese Voraussetzungen liegen aber meines Erachtens bei § 313 des Bürgerlichen Gesetzbuchs nicht vor.

VIII.

Gutachten des Herrn Reichsgerichtsrats a. D. Stenglein in Leipzig

über die Frage:

Soll die Strafbarkeit der fahrlässigen falschen eidlichen Aussage vor Gericht im deutschen Rechte beibehalten, im österreichischen Rechte eingeführt werden?

Die gestellte Frage vermag ich nur verneinend zu beantworten.

Die Wurzel alles Strafrechts muß man in der Rechtsüberzeugung des Volkes finden. Man wird keinem Volke auf die Dauer aufdrängen können, daß es eine Handlung bestrafen läßt, welche seinem Rechtsgefühl als berechtigt erscheint, noch wird die Gesetzgebung es auf die Dauer festhalten können, das Rechtsgefühl des Volkes dadurch zu verletzen, daß eine von ihm als strafwürdig erkannte Tat straflos bleibt. Die jeweilig geltende Strafgesetzgebung erscheint hierdurch als ein Prüfstein des Rechtsbewußtseins im Volk. Betrachtet man aber die Kodifikationen, welche in Deutschland oder in Teilen von Deutschland zustande kommen, so zeigt sich die Erscheinung, daß die Gesetze den fahrlässigen Falscheid nicht gleichförmig zur Strafe zogen, sondern bald bestraften, bald straflos ließen. So kennt weder die Carolina, noch die Constitutio criminalis Theresiana noch der Cod. jur. Bavarici criminalis von 1751 den fahrlässigen Falscheid, wohl aber das Preußische Allgemeine Landrecht.

Von den Strafgesetzbüchern des 19. Jahrhunderts hat das bahnbrechende bayerische Strafgesetzbnch von 1813 keine ausdrückliche Bestimmung gegen fahrlässigen Falscheid, hat aber allerdings solche allgemeine Bestimmungen über Fahrlässigkeit aufgenommen, daß auch ein fahrlässiger Falscheid konstruiert werden kann, indem es eine Abstufung von Strafen für fahrlässige Begehung strafbarer Handlungen im allgemeinen je nach der Bestrafung der vorsätzlich verübten aufstellte. Dem bayerischen Gesetzbuche folgte hierin wie überhaupt das oldenburgische Strafgesetzbuch *) vom 10. September 1814 (Art. 58—65).

Das Sachsen-Altenburgische Kriminalgesetzbuch vom 3. Mai 1841 (älteres königlich sächsisches Kriminalgesetzbuch vom 30. März 1838) Art. 187 bestraft den leichtsinnigen Eid, der in seinem Tatbestand mit dem fahrlässigen Eid in der Hauptsache zusammentrifft und das Delikt bei dessen eigentümlicher Gestaltung besser treffen dürfte, als durch die Verwendung des auch sonst im Strafrecht vorkommenden Begriffes der Fahrlässigkeit. Ähnliche Bahnen geht das braunschweigische Strafgesetzbuch vom 10. Juli 1840 §§ 29, 137 (auch in Lippe-Detmold unterm 18. Juli 1843 eingeführt), das hannoveranische Kriminalgesetzbuch vom 8. August 1840 Art. 214, obgleich dieses daneben noch allgemeine Bestimmungen über Fahrlässigkeit enthält (Art. 46—50); ferner das thüringische St.G.B. von 1850 (Art. 177) und das königlich sächsische Strafgesetzbuch vom 13. August 1855 (Art. 48, 227), sodann das hamburgische Kriminalgesetzbuch vom 30. April 1869 Art. 113; und das lübeckische vom 20. Juli 1863 § 103.

Dagegen enthält das Strafgesetzbuch von Württemberg vom 1. März 1839 zwar allgemeine Bestimmungen über Fahrlässigkeit (Art. 58, 59) jedoch unter Vorbehalt einer speziellen Strafandrohung, welche für den fahrlässigen Falscheid fehlt (Art. 227—233); ebenso das hessische vom 17. September 1841 (Art. 57, 233—243), das badische vom 6. März 1845 (§§ 101, 102, 481—508), das nassauische vom 14. April 1849 (Art. 54, 227—236).

Das preußische Strafgesetzbuch vom 14. April 1851, das Vorbild des Reichsstrafgesetzbuches, an welches sich das anhalt-bernburgische vom 5. Februar 1852, das waldeckische vom 15. Mai 1855 und das oldenburgische vom 3. Juli 1858 eng anschließen, enthält in § 132 eine Strafvorschrift gegen fahrlässigen Falscheid. Dagegen das bayerische Strafgesetzbuch vom 10. November 1861, welches die vom Reichsstrafgesetzbuch ersetzte Reihe partikularrechtlicher Gesetzgebungen schließt, hat keine solche Bestimmung.

Ebensowenig das österreichische Gesetzbuch vom 27. Mai 1852, wie schon die gestellte Frage zum Ausdruck bringt, ebensowenig der Code pénal oder das Strafgesetzbuch für Italien vom 30. Juni 1889.

---

*) Bei sämtlichen hier benannten Gesetzbüchern wird nur der ursprüngliche Redaktion derselben in Betracht gezogen, nicht aber spätere Abänderungen derselben, da dies für den Zweck das Gutachtens viel zu weit führen würde.

Schon diese kurze Übersicht zeigt, daß es eine gewagte Behauptung sein würde, eine Strafvorschrift gegen den fahrlässigen Falscheid werde vom Rechtsgefühl des Volkes verlangt.

Es ist aber auch schwierig, den Tatbestand dieses Delikts mit einer zutreffenden Definition des Begriffs „Fahrlässigkeit" in Einklang zu bringen. Diese wird angenommen, wenn eine Handlung einen rechtswidrigen, jedoch nicht gewollten Erfolg herbeiführt, dessen Möglichkeit der Täter zwar voraussah, sich aber im Übermut und in der Hoffnung, er werde nicht eintreten, darüber wegsetzte (während bei Eventualdolus der Täter den als möglich vorhergesehenen Erfolg in seinen Willen mit aufnimmt); oder wenn der Täter den drohenden rechtswidrigen Erfolg seiner Handlung durch Mangel an pflichtgemäßer Aufmerksamkeit und Überlegung nicht erkannte. Als der rechtswidrige Erfolg müßte beim fahrlässigen Falscheid die nachteilige Wirkung einer objektiv unwahren Aussage betrachtet werden. Allein alle Gesetze, welche dieses Delikt unter die strafbaren Handlungen aufgenommen haben, strafen es, analog dem wissentlich abgegebenen Meineid oder falschen Zeugeneid ohne alle Rücksicht auf seine Wirkung, es sei denn, daß diese durch rechtzeitigen Widerruf vom Täter selbst verhindert wurde; also auch dann, wenn die Aussage keinen Glauben findet oder widerlegt ist, oder wenn sie sich als unerheblich herausstellt usw. Die Existenz einer unwahren Aussage an sich schon als einen rechtswidrigen Erfolg anzusehen, dürfte aber doch nicht angehen. Es liegt also in dem Tatbestand eine Abnormität gegenüber anderen Fahrlässigkeitsdelikten, und dieselbe fällt umsomehr in das Gewicht, als bei den sonstigen Fahrlässigkeitsdelikten stets der Nachweis eines Kausalzusammenhangs zwischen der Handlung und dem rechtswidrigen Erfolg verlangt wurde.

Es sagt denn auch das Reichsgericht in einem Urteile des III. Strafsenats vom 11. Juni 1881 (Entsch. in Straff. IV 316, mein Lexikon S. 642):

> „Es ergeben schon die amtlichen Motive, daß die Fahrlässigkeit beim Falscheide eine eigentümliche, von anderen Fahrlässigkeitsdelikten abweichende Bedeutung hat. Nicht in dem Akt des Schwörens, durch welchen der Schwörende der Regel nach nur einer Rechtspflicht genügt, liegt das verpönte, fahrlässige Handeln, sondern unmittelbar zuächst in der Unwissenheit, mittelbar in dem Verhalten, welches die Unwissenheit hervorgerufen hat, liegt das verantwortliche, fahrlässige Tun bei dem Falscheide."

Es bedarf jedoch nur eines Hinweises, welche Abnormität darin liegt, daß ein und derselbe technische Ausdruck für zwei ganz verschiedene, rechtliche Begriffe verwendet werden soll, und es wurde deshalb oben die Meinung ausgesprochen, daß, wenn die Strafandrohung bei einer Revision des St.G.B. beibehalten werden sollte, die Bezeichnung „leichtsinniger Falscheid" oder „Falscheid aus Unachtsamkeit" besser sein würde, als jener aus Fahrlässigkeit.

Mag man den Falscheid im weiteren Sinne unter dem Gesichtspunkt des Religionsvergehens oder des Vergehens gegen Treu und Glauben, oder gegen die publica fides, oder als Fälschungsdelikt strafbar finden, (auf die Gesichtspunkte näher einzugehen und dieselben zu kritisieren, würde zu weit führen und ist nutzlos); unter allen Umständen hat noch kein Kriminalist daran gedacht, ein fahrlässiges Religionsvergehen, oder Vergehen gegen Treu und Glauben, oder gegen den öffentlichen Glauben, oder ein fahrlässiges Fälschungsdelikt zu konstruieren. Es ist also auch in dieser Hinsicht das Delikt des fahrlässigen Falscheids eine Abnormität, und keiner der Staaten, der dasselbe nicht aufgenommen hatte, fühlte ein Bedürfnis darnach. Wollte man aber ein Recht auf Wahrheit statuieren, so müßte man doch damit anfangen, die unbeeidete, unwahre Aussage zu bestrafen. Keinesfalls wäre aber eine nicht gewollte Verletzung der Wahrheit eine Verletzung jenes Rechts. Aber auch in anderer Richtung entspricht der Tatbestand des fahrlässigen Falscheides nicht den an ihn zu stellenden Anforderungen. Daß auch der gewissenhafteste Zeuge möglicher Weise irrt, daß auch bei solchen Selbsttäuschungen vorkommen, welche bei einer ganz bestimmten Aussage eines durchaus glaubwürdigen Zeugen oder einer solchen Partei eine objektiv unwahre Aussage ermöglichen, gehört so sehr dem allgemeinen Wissen an, daß es einer Verwahrung des Aussagenden in dieser Richtung nicht bedarf. Jedes menschliche Erkennen wird von einer solchen Summe von Zufälligkeiten beeinflußt, welche teils ihre Ursachen in dem über sein Erkennen Aussagenden, teils außerhalb desselben ihren Sitz haben, daß man keinen Eid über Tatsachen als eine Bekräftigung dieser Tatsachen unmittelbar, sondern nur als eine Bekräftigung des Aussagenden über seine eigene Überzeugung von dem Vorliegen jener Tatsachen betrachten kann. Der Zeuge oder die Partei, welche auf Eid aussagt, hat also nur die Verpflichtung, darüber auszusagen, was sie für wahr halten, nicht darüber, was wahr ist. (Vergl. Thomsen im Gerichtssaal, Bd. 59, S. 56 fg.)

Dieser Verpflichtung kommt auch der sich irrende Zeuge nach, wenn er das Behauptete für wahr hält. Hält er es nicht für wahr oder behauptet er auch nur die Wahrheit, obgleich er an derselben zweifelt und ohne seinem Zweifel Ausdruck zu geben, so leistet er den Eid nicht fahrlässig, sondern wissentlich falsch. Wollte man aber die Fahrlässigkeit in dem Mangel an Sorgfalt im Erkennen der Wahrheit finden, so geht man auf den Denkprozeß des Aussagenden ein, obgleich sich derselbe der Beobachtung völlig entzieht. Wie will man denjenigen, der das genaueste Nachdenken angewendet hat, um jeden Irrtum ferne zu halten, von demjenigen unterscheiden, der auf oberflächliche Eindrücke hin, ohne langes Besinnen, die Überzeugung von der Richtigkeit der von ihm bestätigten Tatsachen erlangt hat.

Die Sammlung des Geistes, welche unter Umständen Wahrheit oder Unwahrheit bekundeter Tatsachen erkennen läßt, und von der das oben angeführte Urteil des Reichsgerichts vom 11. Juni 1881 spricht, entzieht sich jeder Beobachtung und läßt gewissenhaftes und nicht gewissenhaftes Verhalten nicht unterscheiden. Wenn z. B. eine Person eine andere Person erkannt zu haben glaubt und deren Anwesenheit an einem bestimmten Ort zeugeneidlich bestätigt, wird kein späteres Nachdenken im Stande sein, die glaublich gemachte Wahrnehmung zu korrigieren.

Es kann demnach auch einem Urteile des Reichsgerichts II. Senat vom 30. Juni 1885, Entsch. XII. 317, Lexik. S. 645, nicht zugestimmt werden, welches eine Verurteilung bestätigt, die erfolgt war, weil der Schwörende über die Tage eines bestimmten Vorfalls im Irrtum war, obgleich nicht einmal Umstände festgestellt waren, welche den Zeugen auf seinen Irrtum hinzuführen geeignet gewesen wären. (Vergl. dagegen Urt. des R.G. I. Sen. vom 24. Juni 1880, Rechtspr. II. 104 a. E., und vor allem R.G. IV. v. 8. Januar 1892, Entsch. XXII. 297, Lexik. S. 648, in welchem alle Bedenken gegen die Anforderung, der Zeuge hätte durch besseres Nachdenken oder auf Grund entgegenstehender Zeugenaussagen seine Erinnerung berichtigen sollen, sehr richtig dargelegt sind. In gleicher Weise geschieht dies im Urt. II. v. 2. Oktober 1894, Entsch. XXVI. 133; IV. v. 16. Febr. 1894, Entsch. XXV. 122, Lexik. S. 649. Abweichend dagegen wieder Urt. des R.G, II. 2. April 1897, Entsch. XXX. 53, Lexik. S. 650.)

Die Annahme, Nachdenken müsse den Erfolg haben, daß der zum Schwur Verhaltene die Wahrheit richtig erkenne, ist eine willkürliche, durch nichts gerechtfertigte. Es kommt lediglich auf die Lebhaftigkeit des irre führenden Eindrucks an, ob ein solches Nachdenken den Erfolg hat, daß der Nachdenkende eine bessere Überzeugung gewinnt oder doch zweifelhaft an derselben wird, oder ob er glaubt etwas gesehen, gehört oder sonst wahrgenommen zu haben, wobei er nicht glaubt zweifeln zu müssen.

Handelt es sich aber um Aufklärungen von außen, so besteht vor allem keine Verpflichtung, Erkundigungen einzuziehen. (Übereinstimmend

Urth. d. R.G. I. v. 21. Juni 1880, Rechtspr. II. 89 und II. v. 6. März 1888, Entsch. XVII. 185, Rechtspr. X. 210, Lexik. S. 633, 656.)

Die Partei oder der Zeuge soll über seine eigenen Wahrnehmungen und die daraus gezogenen Schlußfolgerungen aussagen, nicht über das, was ihm von anderer Seite suggeriert wurde; und er ist zudem nicht verpflichtet, einem anderen das zu glauben, was geeignet wäre, seine eigenen Wahrnehmungen zu berichtigen. (Urt. d. R.G. I. v. 11. Juni 1894, Goltd. Arch. XLII. 243, Lexik. S. 650. Ein gegenteiliges Urteil des Reichsgerichts (III. 18. Febr. 1883, Entsch. VIII. 108, Rechtspr. V. 127, Lexik. S. 645) kann als richtig nicht anerkannt werden. Vgl. Urt. II. v. 27. Febr. 1885, Entsch. XII. 58, Lexik. S. 645.)

Noch viel weniger kann es natürlich als richtig anerkannt werden, wenn in der Bestimmtheit einer aufgestellten Behauptung eine Fahrlässigkeit erblickt wird, welche durch die Anerkennung möglichen Irrtums beseitigt sein würde. Der Vorbehalt des Irrtums ist selbstverständlich. (Abweichend Urt. des R.G. II. v. 7. Dezbr. 1894, Goltd. XLII. 403, Lexik. S. 650.)

Die in der Praxis vorgekommenen Fehlgriffe zeigen, wie unklar der Begriff des fahrlässigen Falscheides ist, und dies erklärt auch das offensichtliche Schwanken des Reichsgerichts in dessen Urteilen. Dies wird aber noch vielmehr dadurch erklärt, daß das Reichsgericht sich mit dem positiven Recht abzufinden, sich nicht de lege ferenda zu entscheiden hatte. Wenn das Gesetz eine Fahrlässigkeit für konstruierbar hält, so hat das Gericht nicht die Aufgabe, das Gesetz durch Betonung seiner Zweifel ad absurdum zu führen oder dasselbe zu verbessern, sondern den Willen des Gesetzgebers nach Möglichkeit zu finden und nach diesem zu handeln. So erklärt es sich auch, wenn es einen fahrlässig geleisteten Manifestationseid (Urt. II. 21. April 1882, Entsch. VI. 205, Rechtspr. IV. 372, Lexik. S. 643; und IV. 7. Januar 1885, Rechtspr. VII. 20) oder einen solchen Kredulitätseid (Urt. III. v. 7. Oktober 1882, 16. Oktbr. 1883, Entsch. VII. 185, VIII. 108, Rechtspr. IV. 733, V. 127, Lexik. S. 644) für rechtlich möglich hält. Das Experiment kann allerdings nur dadurch gelingen, daß das behauptete Nichtwissen beim Offenbarungseid, oder das Glauben beim Kredulitätseid mittelst Interpretation zu einem Wahrheitseid umgestaltet, und angenommen wird, es sei zur Fahrlässigkeit zuzurechnen, wenn der Schwörende die Wahrheit nicht erkannt habe. Daß jedoch die zugespitzte Jurisprudenz nicht Gemeingut der Laien sein kann, sondern daß letztere sich an den Wortlaut der Eidesformel halten und glauben, einen Eid des gegebenen Inhalts leisten zu dürfen, bedarf keiner weiteren Darlegung.

In Wirklichkeit ist jeder Eid nur ein Eid darüber, daß der Schwörende glaubt, die zu beweisenden Tatsachen verhielten sich so, wie es die Eidesformel ausspricht. Als Meineid erscheint es, wenn der Schwörende diesen Glauben nicht hat; ob er aber Mittel und Wege gehabt hätte, einen anderen Glauben zu gewinnen und ob er dieselben fahrlässiger Weise unbenützt ließ, entzieht sich jeder Nachprüfung und eignet sich nicht zur Konstruktion eines strafbaren Tatbestandes. Deshalb würde zu wünschen sein, daß bei Revision des R.St.G.B. das Delikt des § 163 aus demselben entfernt, in das österreichische St.G.B. dasselbe aber nicht aufgenommen werden würde.

Es kann nicht anerkannt werden, daß sich hierbei eine Lücke in dem System strafbarer Handlungen zeigen würde; vielmehr tritt der wissentliche Falscheid um so schärfer hervor, und es entsteht nicht leicht das Gefühl, welches Urteile gegenwärtig zuweilen erzeugen, als habe man es mit einem Kompromiß in der Überzeugung der Richter zu tun, welche durch Annahme fahrlässigen Falscheids zu einer milderen Strafe für einen Tatbestand zu gelangen suchen, der in Wirklichkeit wissentlich falscher Partei- oder Zeugeneid ist. Der Unterzeichnete hat an der Judikatur der bayerischen Gerichte über das Strafgesetzbuch von 1861 teilgenommen, so lange es in Kraft war, allerdings nur acht Jahre — weniger als das vortreffliche Gesetzbuch verdiente —, aber nie hat sich ein Bedürfnis nach Statuierung einer Strafe für fahrlässigen Falscheid gezeigt.

Druck von Leonhard Simion Nf. in Berlin SW.

FSC
www.fsc.org
MIX
Papier | Fördert gute Waldnutzung
FSC® C083411

Kolibri 360 GmbH
Ferdinand-Jühlke-Straße 7
99095 Erfurt, Deutschland
produktsicherheit@kolibri360.de